中共佛山市委政法委员会　编

南狮起

特大城市市域社会治理现代化的佛山样本

周如南　钟继军　编著

中国社会出版社
国家一级出版社·全国百佳图书出版单位

图书在版编目（CIP）数据

南狮起：特大城市市域社会治理现代化的佛山样本 / 周如南，钟继军编著；中共佛山市委政法委员会编 . -- 北京：中国社会出版社，2023.3（2024.8 重印）

ISBN 978-7-5087-6854-0

Ⅰ . ①南 … Ⅱ . ①周 … ②钟 … ③中 … Ⅲ . ①特大城市 – 城市管理 – 研究 – 佛山 Ⅳ . ① F299.276.53

中国国家版本馆 CIP 数据核字 (2023) 第 016270 号

南狮起：特大城市市域社会治理现代化的佛山样本

出 版 人：程　伛

终 审 人：胡晓明

责任编辑：秦　健

装帧设计：时　捷

出版发行：中国社会出版社

（北京市西城区二龙路甲 33 号　邮编 100032）

印刷装订：永清县晔盛亚胶印有限公司

版　　次：2023 年 3 月第 1 版

印　　次：2024 年 8 月第 2 次印刷

开　　本：170mm × 240mm　1/16

字　　数：280 千字

印　　张：18.5

定　　价：78.00 元

目　录
CONTENTS

序：南狮奋起，锤炼市域社会治理真功夫

佛山市地处珠江三角洲腹地，东倚广州，毗邻深港澳，是珠三角西翼经贸中心、综合交通枢纽和粤港澳大湾区三大极点之一，与广州共同构成“广佛都市圈”。历史上，佛山素有“四大名镇”“天下四聚”的美誉，因水路发达而繁荣起来的商贸带动了以手工业为主的制造业发展，明清时期佛山已是南中国有名的铸造业中心和陶瓷名都。改革开放以来，佛山在经济发展上同样取得了令人瞩目的成绩，2020 年国内生产总值（GDP）突破万亿，成为新一线城市。

繁荣的商贸和制造业经济也滋养了独特的地方文化和精神特质，作为广府文化的核心城市，佛山是南派功夫、南派醒狮的发源地。“龙狮精神”是佛山市地域文化品格的集中体现，也是佛山人民的内在精神特质。有学者就精辟地将“龙狮精神”总结为七个字“商、敢、先、实、活、容、信”[①]，即重视商贸，敢为天下先，务实能干，灵活变通，开放包容，讲究诚信。

佛山的城市发展和社会治理也体现着龙狮精神的深远影响。“十三五”时期，佛山市创新发展实现新突破，获批建设国家创新型城市，建设面向全球的国家制造业创新中心步伐不断加快。通过深化改革激发出新活力，推动了经济高质量发展体制机制加快构建，营商环境持续优化，同时“强

① 熊志翔，戢斗勇．佛山建设广东第三大城市的理念［J］．佛山科学技术学院学报（社会科学版），2003（2）：88-92.

市、活区、实镇”改革成效初显。聚焦到市域社会治理上，佛山在“十三五”期间取得了硕果累累的成绩：一是大力实施“党建统领·三治融合”工程，贯穿市域社会治理工作各方面，党建引领作用持续凸显。二是构建公共法律服务体系，推进公共法律服务均等化，以法治思维建立市域社会治理长效机制。三是基层治理创新加速推进，公众参与机制不断完善，社会活力有效激发。佛山市《构建群众诉求服务体系　以“智能化+网格化”推进市域社会治理现代化》和南海区《党组织统筹新型社会动员体系》更是入围“全国市域社会治理创新优秀案例（2020）”。四是治安防控体系扎实推进，扫黑除恶成效明显，110接报刑事警情下降38.5%。五是公共服务基础逐步夯实，开展“减证便民”事项清理，简政放权惠及民生。六是借力大数据、物联网、区块链等新一代数字技术，打造智慧佛山，有效提升了市域社会治理的精细度。

进入“十四五”时期，佛山持续开放并深化各项改革，推动粤港澳大湾区融合进程，积极打造航空新枢纽。在社会治理方面，市域社会治理现代化被写入“十四五”规划，通过深入推进法治政府建设，全面加强法治社会建设，加强和创新社会治理，提升社会治理智能化、科学化、精准化水平，全面提升市域社会治理现代化水平，大力营造共建共治共享社会治理格局①。

与此同时，佛山市也特别制定了《佛山市市域社会治理“十四五”规划》(下面简称《规划》)。《规划》通过完善党建引领社会治理体制，健全政府社会治理职责体系，构建社会主体多元参与机制和“三治融合”社会治理格局，提升社会风险防范化解能力，推进基础支撑工程建设，将佛山建成全国最安全稳定、最公平公正、法治环境最好的城市之一。在党建引领方面，《规划》强化党建和基层治理的融合，在深度上通过党组织统筹调配各级各部门下沉到基层，广度上扩大基层党组织的覆盖，嵌入各类社会组织及新兴领域；在健全政府职责体系方面，进一步完善市域统筹体制，强化政府主导作用，厘清职能部门与镇（街）间的社会治理权责，同

① 佛山市人民政府．佛山市国民经济和社会发展第十四个五年规划和2035年远景目标纲要．

时健全市、区、镇（街）三级纵向治理架构；在治理机制上，强调社会主体多元参与，深化民主协商机制、社会协同机制、公众参与机制，创新社会力量组织和发动形式；在社会治理格局方面，大力推进“三治融合”，发挥法治保障、德治教化、自治强基三大作用；在社会风险防范化解方面，完善社会治安防控体系和新型网络安全风险防控体系，完善社会矛盾排查预警、纠纷调解等各类矛盾防范化解体系；最后，强调发挥科技支撑作用，推进智能治理基础建设，让科技和基层治理有效融合①。

从“十三五”到“十四五”，凭着不屈不挠、勇于拼搏的龙狮精神，佛山人在城市发展的浪潮中锐意进取，市域社会治理水平不断跃升。2020年，佛山市成为全国第一批市域社会治理现代化试点城市，佛山市委十二届九次全会将2020年定为“社会治理年”。结合实际，佛山市制定了《关于推进佛山市市域社会治理现代化试点工作的意见（2020—2022年）》和《推进佛山市市域社会治理现代化试点工作的实施方案（2020—2022年）》，从治理体制现代化、工作布局现代化、治理方式现代化等方面，细化工作任务、明确责任单位，打造具有佛山特色的市域社会治理新模式。具体的工作部署中，一方面理顺纵向架构，厘清市、区、镇三级各自的角色定位和权责清单，市级重在统筹协调，区级重在组织实施，镇（街）重在强基固本，增强市域社会治理联动力；另一方面完善横向协同，完善党委领导、政府负责、社会协同、公众参与等机制，凝聚党、政府、社会组织、人民群众等多元主体力量，协同推进市域社会治理现代化，增强市域社会治理凝聚力。同时，推进方式革新，充分发挥政治、自治、法治、德治、智治“五治”作用，增强市域社会治理驱动力。

2022年是市域治理试点创建的决战之年，佛山市委书记郑轲指出，自试点工作开展以来，佛山持续深化党建引领基层治理，着力培育一批市域社会治理示范点和典型案例，以点带面，推动市域社会治理现代化取得新成效。佛山将持续深化党建引领基层治理，把市域社会治理现代化工作向纵深推进。例如，深入实施基层党建三年行动计划，加快推进政务服务“一网通办”、市域治理“一网统管”、政府运行“一网协同”等；夯实风

① 佛山市人民政府．佛山市市域社会治理“十四五”规划．

险管控“防火墙”，及时排查政治安全、公共安全等领域风险隐患，确保常态化扫黑除恶斗争标准不降、力度不减；守好基层治理“主阵地”，全面推动党建、综治、应急等基层社会治理网格有效融合，积极推进“雪亮工程”向小区、自然村、村民小组拓展延伸①。

经过三年的试点创建，佛山市域社会治理成果连点成带，勾勒出独具佛山特色的社会治理“风景线”。《南狮起：特大城市市域社会治理现代化的佛山样本》正是展现佛山市域社会治理新景象的“写实画册”。本书特以“岭南醒狮”元素构建书写脉络，为各位“看官”搭建一个“南狮奋起展功夫”的高桩舞台。

踏“高桩”，讲述在经济转型背景下，佛山市坚持制造业立市的历史角色并积极寻求产业升级，继往开来，从“佛山制造”向“佛山智造”转型升级。与此同时，城市建设也随产业升级迈向现代化，通过佛山新城和三龙湾的建设，以及“三旧”改造的全面推进，城市面貌得到整体升级。佛山原来松散的城市肌理得到有序重组，城市核心和功能组团显现，形成具有佛山特色的新一线城市结构。在此背景下，市域社会治理的必要性和重要性得到明确，出台的相关政策文件为市域社会治理发展指明了方向，从城市整体层面革新社会治理模式。另外，通过开展“市域社会治理擂台赛”，激发各职能部门及社会力量的社会治理创新，形成多个极具推广意义的优秀案例，这些案例成果集中体现了佛山市域社会治理强调党建引领、自治强基、科技赋能、风险防范的特点。

响“乐锣”，集中展现了佛山市在探索市域社会治理现代化过程中，坚持党建引领，充分发挥“五治”作用，并秉持以人民为中心的原则，通过多方统筹协调，成功闯出了新道路的历程。改革开放以来，佛山强镇经济模式，虽为全市经济社会发展作出了重大贡献，由于布局分散、发展碎片化，在经济迈向高质量发展过程中逐渐凸显弊端。加强市级统筹的措施成为重中之重，佛山市通过市区两级统筹，加强条块协同，区域结对协作的方式，形成市域发展合力，打破发展壁垒，走出了一条新道路。同时，

① 佛山：做细做实“三字诀”，打造治理新名片［EB/OL］. https：//www.163.com/dy/article/HAL3ODF40552ADWT.html. 网易，2022-06-21.

佛山市深刻认识到市域社会治理是国家治理的重要组成部分，推进市域社会治理既是基层社会治理创新的突破口，也是推进国家治理现代化的题中之义。佛山市坚持突出党的政治引领、加强党的思想引领、筑牢党的组织引领，同时以人民为中心，急群众所急，织密基层党建网格，以党建引领基层自治，创建自强、和谐、幸福的新佛山。

扎“狮骨”，聚焦于佛山如何通过搭建有效的市域社会治理体系，提升治理效能。佛山市主要在三个方面下了“狠功夫”：一是聚拢党组织、政府、群团、社会组织和群众等多方力量，激活多元主体参与，赋予市域社会治理活力；二是完善法律法规和制度框架，从统筹、立法、执法、普法等方面夯实法治基础；三是引入高新科技，合理利用数字化、智能化手段为市域社会治理赋能。通过基层自治、制度法规、科技手段的革新，佛山最终成功搭建起了具有开创性和示范性的治理新体系。本书展示了丰富的党建引领和群体参与案例，同时还展示了佛山市五区在组织议事协商和落实村规民约的示范经验，突出市域治理成果丰硕。

练“功架”，着力介绍了加强市域社会治理建设体系的多种特色机制。包括市域范围推动“德治”促进善治、多种模式和路径并用的城乡统筹治理、加强对群众诉求的回应、强化风险矛盾及不稳定因素的化解机制、引入专家智库助力政府决策等。例如，佛山市顺德区容桂街道德胜社区慈善基金会以“慈善信托+社区基金会”双轮驱动，创新公益慈善模式，将治理资源下沉社区，聚焦社区公益，改善社区人际关系疏远、社区参与度低等问题；又如佛山市高明区更合镇小洞村党委以自治、法治、德治“三治融合”为抓手，形成了“党委统领、支部主抓、部门联动、党员带头、群众参与”的工作模式，推动乡村治理多元共治。借助这些特色机制，佛山市域社会治理现代化建设得到进一步的推进。

显“狮态”，作为新晋一线城市，佛山下辖禅城、南海、顺德、高明、三水五个区，各区经济社会发展程度和发展方向均有所差异，市域社会治理落实到区级层面呈现出不同的风景。对此，佛山市以《佛山市市域社会治理“十四五”规划》等顶层文件为基础，擘画了“一张蓝图”，将所有的工作统筹规划成“一盘大棋”。在“一张蓝图、一盘大棋”的指导方针下，包括佛山市府直辖单位在内的“一市五区”根据所辖区域的实际情况，因地制宜、因时制宜，分别探索，从而发展出了自己的特色。其中，市直单位负责统筹顶层设计；禅城着眼供需两侧改革；南海着力推进城乡融合；顺德发力多元协同共治；高明关注矛盾纠纷的有效化解；三水打造乡村振兴的“三水方案”。

踩“鼓点”，对佛山市域社会治理现代化成果进行总结。在市域社会治理现代化的过程中，佛山市所有的步伐都是高瞻远瞩之后，深思熟虑地踏下的。一路上，佛山市坚定政治信仰，明确规划目标，坚持创新精神，以实践探真知，练就市域社会治理真功夫。未来，佛山将市域社会治理融入粤港澳大湾区的建设过程，贴合粤港澳大湾区发展需求，在市域社会治理现代化与粤港澳大湾区建设发展中寻求双赢，在未来大湾区城市群融合发展过程中展现“南狮风采、佛山功夫”。

2022 年 10 月 16 日，习近平总书记在中国共产党第二十次全国代表大会上指出，我国将全面建成社会主义现代化强国。从 2020—2035 年基本实现社会主义现代化；从 2035 年到 21 世纪中叶把我国建成富强民主文明和谐美丽的社会主义现代化强国。2035 年，我国将基本实现国家治理体系和治理能力现代化，全过程人民民主制度更加健全，基本建成法治国家、法治政府、法治社会。佛山市将认真学习并贯彻二十大精神，完善社会治理体系，加快推进市域社会治理现代化，健全共建共治共享的社会治理制度，提升社会治理效能。坚持和发展新时代“枫桥经验”，完善正确处理新形势下人民内部矛盾机制，建设人人有责、人人尽责、人人享有的社会治理共同体。

第一章
踏“高桩”：高瞻远瞩，奋勇当先

佛山市的市域社会治理现代化实践有着自己的背景脉络。一方面，我国社会发展进入新阶段，国家治理对市域层级越加看重；另一方面，佛山自身的经济和社会环境发展，也呼唤着一种新的治理模式的诞生。在这两股时代潮流的冲击下，佛山这只“南国雄狮”走上了“变则思通”、大力发展，争当地级市先锋模范的道路。

一、大势潮流渐起，市域社会治理成枢纽

市域社会治理现代化，是国家治理体系和治理能力现代化的重要组成部分，也是搭建在宏观国家治理与微观基层社会治理之间的一座桥梁。从顶层设计的视角对人民群众中普遍存在的问题的考虑，到聚焦于百姓日常的小事琐事身边事的基层实践。国家的有效治理，在于国家意志和基层社会之间形成良好的“榫卯”结构，在这一结构里，国家与社会、公共部门和公民个体之间良好合作，在维系国家整体治理方针政策统一性的同时，又能保有地方和部门进行实践所必需的自主性。然而，在国家治理指导基层治理、宏观精神到达微观实践的过程中，各类具有特殊性的问题总会出现，阻碍这一结构的形成。基层治理过程中出现的任务“层层加码”、政令治理“一刀切”、权力寻租、欺上瞒下等问题，都可视作国家意志向基层传达的过程链条之断裂，因上下端“脱嵌”造成的结果。若是长期忽视这种“脱嵌”现象，国家—基层之间的联系结构将会出现“蜂窝化”的趋向，即在整体治理结构中出现大量难以被观测的缝隙，造成国家对基层控制力减弱及地方保护主义现象，滋生大量违法失范行为，难以保证国家的长治久安。

党的十九届四中、五中、六中全会，从党和国家事业发展的全局和长远出发，就推进国家治理体系和治理能力现代化作出了战略部署，对决胜全面建成小康社会、全面建设社会治理现代化国家，具有重大而深远的意义。党的十九届四中全会通过的《中共中央关于坚持和完善中国特色社会主义制度、推进国家治理体系和治理能力现代化若干重大问题的决定》中提出了“加快推进市域社会治理现代化”的行动目标，想要高效保质实现这一目标，需要对市域社会治理作用有清晰的认知。市域这一层级上承贯彻落实中央、省级党委和政府的决策部署与任务要求，向下需要指导区、县的基层一线工作，是实现上下贯通的社会治理指挥体系的“最后一公里”，在基层社会治理优化过程中发挥重要作用。

在“市域社会治理”概念提出之前，党的十八届三中全会上通过的《中共中央关于全面深化改革若干重大问题的决定》中正式提出了“完善和发展中国特色社会主义制度，推进国家治理体系和治理能力现代化”这一科学命题，社会治理概念和提高社会治理水平命题被首次正式提出，“创新社会治理体制，改进社会治理方式，加快形成科学有效的社会治理体制”的要求也在其中。建基于系列有关社会治理命题上，“市域社会治理”应运而生。

“市域社会治理”的概念，最早由中央政法委秘书长陈一新提出。陈一新秘书长认为，市域社会治理是国家治理在市域范围的具体实施，是将风险隐患化解在萌芽、解决在基层的最直接、最有效力的市域社会治理层级，处于推进基层现代化的前线位置①。什么叫作“市域范围”？它既可以指包括城市行政区域的城市社区，也可以指包括城市所辖行政区域的城镇社区和农村社区②。市域社会治理即是承接国家意志对基层社会进行治理的一种形式。

学者陈成文等人认为，市域社会治理的主要内容可以从空间范围、行动主体、治理手段、治理目标、治理阶层五个方面进行解读。从空间范围上看，市域社会治理是在城市区域范围内进行的，既包括城市行政区域的城市社区，又包括行政区域的城镇社区和农村社区，覆盖了城市社会和农村社会。在这个范围内的党委、政府、群团组织、经济组织、社会组织、自治组织、公民等都可以成为市域社会治理的行动主体，并且他们之间可以展开合作与协作，动用多元的社会力量。从治理手段看，市域社会治理除了运用党建、法律手段，也可以发挥道德、心理、科技、民规民约的力量，目的是要对该市域中存在的社会矛盾、社会问题进行解决。社会治理层级可以被划分为三个层级：国家社会治理、市域社会治理、县域社会治理，市域社会治理是处于最高层级国家社会治理与基础层级县域社会治理

① 陈一新．推进新时代市域社会治理现代化［J］．公民与法（综合版），2018（8）：3-6.

② 陈成文，陈静，陈建平．市域社会治理现代化：理论建构与实践路径［J］．江苏社会科学，2020（1）：41-50.

之间的中间层级[①]。但也有学者跳脱出传统的地理空间进行思考，将城市管辖地域范围内的政治、经济、文化、产业、金融、商贸等要素也纳入治理空间的思考维度，同时考虑到空间的用途，按居住空间、生产空间、生活空间、街头空间等不同的空间使用方式，综合多种维度进行市域治理方案的设计[②]。学者成伯清认为目前的社会治理工作更多的是着眼于狭义的社会，即更多的是解决矛盾纠纷等冲突现象，但社会治理其实也包含了对社会整体的治理、对社会发展的规划，在进行社会治理时既要捡“芝麻”也要顾好“西瓜”[③]。

作为区、县、基层的上级，市域社会治理具有统合当地碎片化治理力量的优势，优化条块治理体系，使“块”壮大，也让条块协同工作更顺畅。市域社会治理是推进基层再组织化的中坚力量，在基层中培育与基层群众紧密联系的微型治理单元，拓展国家与社会的横向联系，同时依托大数据等技术管理手段，将末端的城乡居民也包容到信息化治理平台，避免各层级、各地域掌握的信息不统一而造成决策、执行上的失误。市域社会治理不仅是对城乡居民进行协调管理，在城乡社会治理一体化的趋势下，在以城带乡、城乡互动方面将起到巩固基层社会治理薄弱地带、维护社会公平和基层社会秩序的作用[④]。

新时代市域社会治理现代化，成为亟待研究和探索的重要理论课题和实践命题。陈一新秘书长认为市域社会治理现代化，包括了理念、体系、能力三个面向的现代化。首先要在观念层面树立目标导向、政治导向、民本导向、问题导向、效果导向，以理念带领实践；在市域社会治理体系层面，需要对政治体系、自治体系、法治体系、德治体系进行优化；而市域社会治理的能力现代化，则需要提高统筹谋划能力、群众工作能力、政法

---

① 陈成文，张江龙，陈宇舟．市域社会治理：一个概念的社会学意义［J］．江苏社会科学，2020（1）：228-236.

② 徐汉明．市域社会治理现代化：内在逻辑与推进路径［J］．理论探索，2020（1）：13-22.

③ 成伯清．市域社会治理：取向与路径［J］．南京社会科学，2019（11）：10-16.

④ 杨磊，许晓东．市域社会治理的问题导向、结构功能与路径选择［J］．改革，2020（6）：19-29.

改革能力、创新驱动能力、破解难题能力、依法打击能力、舆论导控能力等七项能力①。

在如何推进落实市域社会治理现代化的问题上，陈一新秘书长指出，要把市域社会治理现代化作为社会治理现代化的切入点和突破口，发挥“五治”作用，以政治强引领、以法治强保障、以德治强教化、以自治强活力、以智治强支撑，加快推进市域社会治理现代化。以政治引领，凝聚市域社会治理合力；以法治保障，增强市域社会治理定力；以德治教化，促进市域社会治理内力；以自治基础，激发市域社会治理活力；以智治支撑，打造市域社会治理动力②。

在理论层面，市域社会治理在中央政法委和学界均有了相当的论证以及指导方针。在实践层面，佛山市的市域社会治理现代化实践具有深厚的积累和独特的背景脉络。从创新基层社会治理出发，佛山市委市政府从2014—2017年连续四年依次出台了《关于创新基层社会治理模式的意见（试行）》（2014）、《关于重构基层社会治理模式的实施方案》（2015）、《关于深化基层党风廉政建设综合治理的若干意见》（2016）、《中共佛山市委关于进一步加强基层治理工作的意见》（2017）。2014—2017年的基层社会治理创新实践，每年各有侧重，2014年以强化基层党的领导和驾驭全局的能力、村（居）管理民主化、矛盾化解法治化、基本公共服务均等化、集体经济管理规范化等“一强四化”为着力点，全力破除城乡之间、本地居民与外来人员之间“二元”结构问题以及基层突出的社会矛盾和问题；2015年，着力于厘清村（居）党组织、自治组织、社区服务中心和集体经济组织的权责边界，构建起以党组织为核心、自治组织为主体、社区服务中心为平台、经济组织为基础、群团组织和社会组织协同、公众参与为路径的基层社会治理新格局；2016年，聚焦于落实党委主体责任，建立健全决策和管理规则，强化基层廉政风险防控，强化基层干部履职担当明确奖惩相济，积极推动基层综合治理工作，培育民主监督力量，提升基层民主

① 陈一新．新时代市域社会治理理念体系能力现代化［J］．社会治理，2018（8）：5-14.

② 陈一新：“五治”是推进市域社会治理现代化的有效方式［EB/OL］. 澎湃媒体：人民法治，2019-07-27. https：//m. thepaper. cn/baijiahao_ 4022445.

监督水平；2017 年，着力推动工作理念由管理向治理，主体由一元到多元，方式由传统向现代转变，进一步增强基层动力，激发社会活力，推动基层治理向网格化、法治化、社会化、精细化转型，逐步构建起新型基层治理体系。

通过创新基层社会治理，党组织于基层社会治理中的领导作用得以强化，有效推动多元共治，凝聚治理合力，推动基层建设落地见效，确保基层治理风清气正，为打造宜居宜业创新的高品质现代化国际化大城市筑牢根基。

到了 2018 年，佛山社会治理开始聚焦于市域层面。以“智能化+网格化”为先导和抓手，佛山全面推动“1+3+X”群众诉求服务体系建设，以智能化、网格化推进市域社会治理现代化。通过整合市域范围心理疏导、法律咨询、人民调解等资源，链接市属职能部门群众诉求服务资源和力量，结合大数据和人工智能的技术手段建立“一站式受理、一条龙服务、一网式共联、一门式办结”的运行模式。同时，通过佛山市社会共治智云，融合群众诉求服务信息平台和网格化管理信息平台，建立起了“群众诉求+网格化”的工作模式。市域群众诉求服务体系的创建，体现了佛山市域社会治理注重科技赋能和深入基层两大特征，开启了市域社会治理现代化的新征程。

2015—2017 年，佛山市在广东省平安建设考评中连续三年获优秀等级；2018 年，荣获“全国社会治理创新示范市”称号；2020 年更顺利入选了全国第一批市域社会治理现代化试点创建城市。佛山绘制了一张市域社会治理现代化的蓝图，力争通过三年努力，在社会治理的重点领域和关键环节取得突破进展。

进入新阶段，国家治理对市域层级越加看重。为加快推进市域社会治理现代化，不断深化市域社会治理创新实践，佛山市重点突出党建引领、聚焦重点难点、强化科技赋能、打造典型案例。全力建设人人有责、人人尽责、人人享有的社会治理共同体，稳步实现一个具有佛山特色、市域特点、时代特征的市域社会治理新模式。市域社会治理现代化，有利于社会的和谐稳定，有利于党和国家的长治久安。如今佛山市市域的稳定现状，市域社会治理在其中发挥了重要作用。

二、经济转型升级，南粤雄狮闻风动

依靠制造业等支柱产业，佛山经济近年来一直保持着持续增长，稳居全省前列。但佛山并没有故步自封，而是积极作出改变，进行产业转型升级、土地集约化现代改造、发展佛山“智”造、推动乡村振兴，在适应新时代带来的变化的同时也在不断建设、巩固着自己的城市。

一是主要产业的整体转型升级。一直以来，佛山都是全国闻名的制造业基地，自改革开放以来，相关产业的发展积累让佛山在国内的地级市中跻身于一线城市行列。近年来，国家及地方战略均对制造业提出升级要求，大力发展高端制造业，在业内引入各类智能生产技术，增加科技含量。作为制造业重镇，佛山走在前头，积极引入相关科研机构和企业，推进产业整体的数字化和智能化升级，助力产业纵向发展，构筑包含上下游的全产业链。

二是配合产业高端化的城市现代改造。作为对城市主要产业发展的回应，佛山市先是对市内各区域的整体发展进行了全面规划，然后从城区产业高端化、湾区新城发展、城乡“三旧”改造等多方面进行协同推进，让佛山在土地利用及基础建设上走向更为高端集约的方向。

三是农村土地制度及农村产业的优化提升。佛山市不仅是一个有着发达制造业的工业城市，同时也是“鱼米之乡”，有着良好的农业基础。因此在发展工业的同时，佛山市也在大力推动农村产业及农村面貌建设，从土地改革、发展现代农业和建设“美丽乡村”等多个方面进行了成功的尝试，带动了城乡整体的协调发展。

从经济到城市建设的全面发展，铺就了佛山推进市域社会治理工作的大背景。在这个高速发展的过程中，佛山一方面承受着不断涌现的市域发展和治理新问题；另一方面也敏锐察觉到发展本身的好处，不断积累在市域开展“善治”所必需的技术要素、认知要素和政策环境要素，夯实佛山市市域社会治理及基层治理的改进升级所需的基础。

（一）坚持制造立市，产业转型升级

1. 天时地利，造就“佛山制造”

提到佛山，大多数人的脑海中第一时间会浮现起咏春拳与黄飞鸿，今日之佛山，其制造业也像“佛山功夫”一样有力量。佛山市经济发展的基石建立在制造业之上，同时制造业也是佛山市的一张重要且亮丽的名片。

早在明清时期，佛山就以陶瓷、纺织、铸造、医药四大代表性行业为基础，将制造业作为城市经济的主要支撑。时至今日，制造业在佛山的经济结构中更为突出。如今享誉全球的“佛山制造”，其诞生有着“天时地利”的条件。

如今回头看，改革开放以来的40余年正是佛山经济高速发展的时期。1978年到1992年，佛山在改革开放浪潮的袭来之初，敢为天下先，先饮“头啖汤”，开创了“南海模式”与“顺德模式”，揭开了日后佛山在现代工业领域蓬勃发展的序幕，在全省乃至全国的改革开放事业中刻下了属于自己的印记。

“南海模式”的出现得益于时任南海县委书记梁广大及其班子在政策与村民思想工作上的努力。为激励南海县的生产积极性，南海县的干部们用物质奖励“祝富贺富”激发南海县人民勤劳致富的勇气。同时在梁广大书记的号召和鼓励之下，南海县的大队、公社都开始兴办工业，涉及的产业就越来越多。县、公社、大队、生产队、个体、联合体的企业组成“六个轮子”，这样“六个轮子一起转”模式在全国首开将个体经济与其他所有制经济同等对待的先河。这种模式推动南海县经济滚滚向前，改革开放以来，南海县GDP稳居全国百强县第四，特别是南海县城乡居民存款余额长期位居全国同级区域之首。南海县成功盘活农村经济，成为全国农村经济改革的明星县①。

“南海模式”是“六个轮子一起转”的混合经济发展模式，而“顺德模式”则是基层政府在诱发工业化的过程中发挥重要作用的一种模式。

---

① 王青．改革春风中的“南海模式”［EB/OL］．中国档案资讯网，2018-11-12. http：//www. zgdazxw. com. cn/culture/2018-11/12/content_ 254105. htm.

“顺德模式”的重点在于“三个为主”，分别是公有制为主、工业为主、骨干企业为主。在计划经济时期，顺德凭借自身的一些农机工业和缫丝工业的基础培养了一批小工业经营人才。在20世纪80年代改革开放之后，当地县镇政府察觉到工业化给地区发展带来的可能性，对发展当地的工业充满了兴趣，鼓励大办乡镇工业，并从金融机构获得了一定的资本支持。通过坚持不懈地建设，顺德在某些产业领域方面成为全国市场的佼佼者，为顺德及今日佛山在全国乃至全世界的产业竞争力打下了基础。20世纪90年代，这些乡镇企业完成了私有化的过程，顺德转型成为一个以民营经济为主导的地区。

无论是“六个轮子一起转”的“南海模式”还是“三个为主”的“顺德模式”，虽然从今天的眼光来看它们可能还有一些不完美的地方，但在当时切实提升了当地工业水平及经济水平的发展，也是建立今日佛山之制造业高水平的基石。

毗邻港澳是佛山市乃至整个广东省在工业发展上的巨大优势。20世纪70年代末，香港地区的制造业面临着地价攀升、人工成本上涨、竞争力下降等困境，恰逢内地迎来改革开放的新纪元，香港的制造业向广东北移，将珠三角地区作为生产基地，在自身经济得到发展的同时也带动了珠三角地区经济的腾飞。长此以往，在粤港之间就形成了互补互利、互相促进、共同发展的“前店后厂”的经济合作模式。这样的合作模式为佛山带来的技术与工业基础也在影响着佛山市内各地区制造业发展的走向。

有着“天时地利”的佛山制造业发展情况究竟如何？从数据上看，佛山市的工业发展保持着增长趋势。2021年，佛山市的地区生产总值为12156.54亿元，总量稳居广东省第三名，同比增长8.3%，增速比全国（8.1%）高0.2个百分点，比全省（8%）高0.3个百分点。其中第二产业的增加值为6806.95亿元，同比增长9.3%。全市完成规模以上的工业增加值5442.13亿元，在全省位居第二，超过全省的1/7，同比增长9.3%，增速高于全省0.3个百分点。全市在2021年的工业投资规模突破1000亿元，同比大幅提升了23%，占全市固定资产投资将近1/4。佛山市政府带领全体佛山人民，在仅占全国万分之四的土地上，以千分之七的人口创造了超过全国 1%的生产总值，全省近 1/10 的生产总值①。

2. 积极转型，走向高端发展

虽然目前佛山市制造业的发展情况欣欣向荣，但它也和国内其他城市的制造业一样，面临产业转型升级的问题。从全国整体来说，中国制造业在世界舞台上的优势已经明显减少。我国劳动年龄人口在 2013 年达到 10.06 亿人的峰值之后开始呈现下降的趋势，虽然就整体数量而言，我国劳动力资源仍然比较丰富，但这必然导致用工成本的上升，不少企业正在甚至已经将一些劳动密集型的制造业转移至成本更低的东南亚国家。同时，“高端制造业”也向发达国家进行回流。这样，我国制造业就面临发达国家“高端制造业回归”与发展中国家“中低端分流”的双向挤压，此时国内制造业的转型升级就显得尤为重要，制造业的产业结构升级已迫在眉睫。

2022 年初，广东省委、省政府发布《关于支持佛山新时代加快高质量发展建设制造业创新高地的意见》。为抓住这一重大机遇，佛山市第十三次党代会报告指出要持续推动“六大升级行动”，坚定不移构建现代产业体系，增创佛山制造重镇新优势。“六大升级行动”指的是制造能力升级、产业协同升级、产品质量升级、结构优化升级、职业技能升级和产业载体升级。在未来 5 年内，佛山市政府将加速打造“重头戏”：佛山市内的制造业转型，推动制造业数字化智能化转型，目标是在 2026 年全市规模以上工业企业 80%实现数字化智能化转型发展②。

除了在内部进行提升，引进高端制造业也是帮助佛山制造业升级的又一利器。深圳大学中国经济特区研究中心副主任袁易明教授认为，佛山要引进一批，高端制造缺什么就大力引进什么，尤其要用好湾区内广州、深圳、香港等先进城市的先进理念、科技创新、高端人才等资源③。

---

① 12157 亿！全省第三！佛山 2021 年 GDP 出炉，同比增 8.3%！［N］．佛山日报，2022-01-25.

② 林东云，叶洁纯．佛山发布产业六大升级行动，全力打造制造业创新高地！［EB/OL］．南方，2022-04-11. http：//pc. nfapp. southcn. com/40/6389680. html.

③ 莫璇．佛山应厚植优势加快建设制造业创新高地［N］. 佛山日报，2022-02-11.

佛山工业体系健全，几乎涵盖了所有制造业行业。早在2019年，佛山市规模以上工业增加值就已约占全省的14.2%，家用电器、金属制品、陶瓷建材、纺织服装、家具制造等行业规模均排在全省第一位，装备制造业总产值约占珠江西岸的一半，陶瓷机械、木工机械、塑料机械分别占全国市场的90%、60%和30%左右。时任佛山市委书记鲁毅表示，要深刻认识推动制造业高质量发展对佛山的深远历史意义和重大现实意义，切实把思想和行动统一到党中央战略决策和省委部署要求上来，以高度的政治自觉、历史自觉，全力加快制造强市建设步伐，率先构建以先进制造业为核心的现代产业体系，努力为广东制造成为全球标杆作支撑、当先锋。制造业高质量发展是佛山抢占产业制高点、塑造竞争新优势的必然要求。佛山要牢牢把握世界科技革命和产业变革的重大机遇，深入实施创新驱动发展战略，着力抓重点、补短板、强弱项，以加快推进重大战略平台建设为突破口，集中力量突破一批“卡脖子”的关键核心技术，超前布局新一代信息技术、生物医药等未来产业，努力抢占产业制高点，塑造竞争新优势，推动经济发展质量变革、效率变革、动力变革。

在《佛山市国民经济和社会发展第十四个五年规划和2035年远景目标纲要》（以下简称《纲要》）中，佛山市人民政府列出了佛山在“十四五”期间的三大目标定位：粤港澳大湾区极点城市、全省地级市高质量发展领头羊、面向全球的国家制造业创新中心。同时《纲要》中列出的十大战略性支柱产业和十大战略性新兴产业中，全部20个产业都将佛山作为布局城市，其中分别有5个战略性支柱产业和5个战略性新兴产业将佛山作为核心布局城市。《纲要》指出，到2025年，要在佛山立项并建设3—5个国家重点实验室、国家工程实验室、国际合作联合实验室、国家工程技术研究中心、国家工程研究中心及国家地方联合工程研究中心等高层次科研平台，建设30个行业领域内具有重大影响力的产学研基地或研究院，并成功申报新型研发机构20家以上，年科研经费突破10亿元，年均研发经费投入增长达8%，将佛山打造成面向全球的国家制造业创新中心，形成依靠创新驱动的内涵型增长模式。从地域上来说，佛山将集中优势资源推动广州南站—佛山三龙湾—荔湾海龙片区先导区加快建设，打造连接珠江东西两岸的创新枢纽三龙湾高端创新集聚区，同时充分发挥紧邻广州区位优势，全面对接广深港澳科技创新走廊，依托自身产业基础雄厚的基础条件，大力培育和引进国家重点实验室、国家技术创新中心、国家工程研究中心、大科学装置，打造高端创新资源集聚新高地[①]。

制造业从中低端向高端转型，离不开装备的升级。装备制造被称为工业之母，装备制造业的发展水平直接决定了制造业水平。佛山作为全国乃至全球的重要制造业基地，是全国唯一制造业转型升级综合改革试点城市。到 2022 年，佛山是全国唯一的制造业转型升级综合改革试点城市，明确以“制造业立市”发展路径的佛山，利用庞大的市场需求引导企业开展智能化改造，坚持把智能制造作为推动传统产业转型升级的抓手。佛山市内众多的优势传统企业为机械装备行业的快速发展提供了广阔市场需求，机械装备制造技术的进步，又反过来为产业升级提供动力。这种相辅相成，在佛山机器人产业的培育发展中体现得淋漓尽致。2015 年，广东省发布的《关于印发广东省机器人产业发展专项行动计划（2015—2017 年）的通知》强调：以顺德高新区核心区为主要载体，以华南智能机器人创新研究院为平台，建设广东省机器人产业发展示范区。之后发布的《广东省制造业高质量发展“十四五”规划》指出，在发展省内智能机器人五大战略性新兴产业时，要将佛山作为核心布局城市，建设国内领先、世界知名的机器人产业创新、研发和生产基地，并以包括佛山在内的城市为依托，推动工业机器人在高端制造及传统支柱产业的示范应用，并重点打造智能制造产业基地和机器人谷，推进工业机器人在家电、陶瓷、纺织、家具等重点行业的集成应用。

为了推进机器人产业的发展，佛山出台了推动机器人应用以及产业发展一系列扶持政策，大力支持引导企业广泛应用机器人智能装备。其中一项，即是对工业园区的改造。以佛山市顺德区为例，该区通过村级工业园改造，腾出空间，以大力推进“机器人小镇”的建设工作。2021 年 3 月，顺德区人民政府与盈合（深圳）机器人与自动化科技有限公司签署项目合作协议，在北滘机器人小镇投资百亿元建设盈合机器人全球研发及产业应

① 佛山“十四五”规划：布局 20 个战略性产业发展，总投资 16047 亿元［EB/OL］. 搜狐网，2021-08-29. https：//www. sohu. com/a/486484369_ 121147990.

用示范基地。该小镇以建设全球研发及产业应用示范基地项目为重点，大力开展数字化/机器人化/智能化仓储科技项目、政府机构+企事业单位社会治理创新、工业 4.0 产业升级方案研发设计中心以及先进制造人才教育基地四大子项目，一方面坚持把提升全产业链水平作为主攻方向；另一方面也在推动传统产业优化升级的同时，引进面向未来的先进产业，充分用村级工业园改造腾出的高质量发展空间，面向全球招大商，不断取得新突破①。

3. 推动园区“定制”，建立技术基地

在引入高新产业、建立技术基地的基础上，佛山通过“园区定制”的方式，成功打造了一批具有技术引领和示范作用的高新产业园区。这些成功例子的其中之一是佛山中科高新技术产业基地（以下简称中科基地），中科基地是佛山市南海区首个定制式高端产业园区，距佛山市千灯湖片区仅 2 千米，其前身是一片废旧钢材厂。2015 年，借力“三旧改造”政策，桂城街道公有资产下属公司着手对该地块进行规划和整理，改建为天富科技城。该项目是桂城街道首个“工改工”的村级工业园改造项目，也是南海探索公有资产推动工业园改造的样本。2018 年，佛山中科产业技术研究院与南海区科学技术局、桂城街道办事处达成合作，三方携手在天富科技城内共建“佛山中科高新技术产业基地”，并于 2021 年启动“佛山中科高新技术产业基地”二期建设，致力于将产业基地建设为集技术孵化、技术集成、工程化开发、中试基地、生产制造、分析检测、技术服务、展示、示范、交流于一体的高新技术产业园区。

经过多年建设，如今，中科基地是佛山中国科学院产业技术研究院产业化创新团队集聚的“大本营”，我国首个核医学分子影像产业链等多个新兴产业项目落户在这个基地。到 2022 年，佛山中科高新技术产业基地已经成功引进和孵化 20 多家科技型企业，引进博士和高级专业技术人才超 40 人，该园区集聚了 10 多个中科院项目，其人才及项目内容涵盖生物医药、先进制造、电子信息等新兴产业。据统计，到 2020 年，中科基地的总

① 又一百亿科技项目落地顺德！将实现“机器人造机器人”［EB/OL］. 顺德发布，2021-03-25. https：//www. thepaper. cn/newsDetail_ forward_ 11878639.

产值已经达到7亿元，是之前旧钢材市场产值的8倍。中科基地的成功，为未来佛山村改产业发展开拓了新思路，提供了可复制的新样本。在未来，佛山市还将不断拓宽产学研合作渠道，着力开展具有佛山特色的应用研究、产业技术工程化研发、科技成果产业化等工作，建设更多的高新产业孵化器、中试基地和产业园区①②。

（二）城建迈向现代，提升城市品质

1. 城区集约改造，建设“佛山新城”

2017年，佛山市人民政府全面贯彻党的十八大精神，按照“五位一体”总体要求和“四个全面”战略布局，制订并印发了《佛山市城市治理三年行动计划》（以下简称《三年行动计划》）。该计划指出，佛山将在2017—2019年全面实施城市治理三年行动计划，以实现城市形态“四个转变”为工作导向，立足“规划、建设、管理”三大关键环节，做到高水平规划、高标准建设、高质量管理，实现佛山组团城市功能更加完善，岭南山水环境更加优美，城市人文特色更加鲜明，公共服务能力更加提升，人民生活更加幸福，区域合作更加深入，现代化国际化大城市建设初见成效。

根据《三年行动计划》，佛山市在2020—2025年的城建工作目标是：让佛山经济社会发展实现新跨越，产业转型升级实现新突破，城市品质价值显著提升，生态文明建设取得重大进展，人民生活和健康水平全面提高，产业核心竞争力、城市综合竞争力、可持续发展能力和人民幸福指数处于国内先进水平，努力将佛山规划建设成创新驱动引领的现代产业之城、城市功能完善的岭南品质之城、环境优美宜居的绿色生态之城、开放包容有序的和谐幸福之城。目前，佛山市根据《三年行动计划》，已经实施968个项目，完成3523亿元投资额，在实现城乡旧貌换新颜以及城乡融

---

① 李建国，刘宏宇．昔日废钢厂 今朝科技城［EB/OL］．人民网，2021-11-04. http：//finance. people. com. cn/n1/2021/1104/c1004-32273274. html.

② 多个中科院、科研院校产业化项目选择落户佛山中科高新技术基地［EB/OL］．南海区科技成果转化平台，2022-04-08. https：//cj. sina. com. cn/articles/view/7742054083/1cd765ec300100zwtx? sudaref=cn. bing. com&display=0&retcode=0.

合发展的道路上，佛山正稳步前进、一往无前。

在城区的现代改造上，佛山最为傲人的“名片”，当数佛山新城。佛山新城，又称东平新城，处于粤港澳大湾区腹地，位于佛山市顺德区，是佛山市人民政府实行“强中心”战略打造而成的广东工业服务示范区、具有现代岭南特色的中心城区。佛山市中心城区佛山新城是市委、市政府在佛山市行政区划调整后，根据中共佛山市第九次党代会和佛山市第十二届人民代表大会确定的奋斗目标，为加快佛山城市化建设，实施佛山现代化大城市发展战略的重大举措。市委、市政府于2003年9月成立了佛山中心城区建设协调领导小组及其办公室，以及成立佛山中心组团新城区开发建设有限公司，负责佛山新城规划的组织实施。佛山新城建设从2004年开始，而在2008年，为加快实施广佛同城战略，佛山市政府又进一步作出佛山新城“南延东拓”的决定。到2022年，佛山新城总规划面积已达到88.6平方千米，其中北片区位于禅城区石湾镇街道，面积26.5平方千米；南片区位于顺德区乐从镇东部、顺德区陈村镇西部、顺德区北滘镇西部、顺德区勒流镇北部，面积62.1平方千米。根据规划建设，佛山新城一方面受益于沿线密集的轨道交通布局；另一方面也集合了大量城市的重要设施，如佛山大剧院、佛山国际体育文化馆、博物馆、图书馆、科学馆等“九馆一中心”。除此之外，佛山新城还建设有中德工业服务区，该服务区目前是广东省确定的代表广东未来经济发展水平的重要合作平台，其规模及重要度与广州南沙、深圳前海、珠海横琴等重点开发区相近。可以认为，无论是从资源集中度、功能性还是整体景观上，佛山新城已经成为佛山市中心城区的成员之一，是推动佛山市经济、城建及社会治理向前迈进的重要引擎。

随着佛山新城的建设和发展，其周边地区的“三旧”改造工作也得到了大力推进。佛山市住房与城乡建设局于2019年11月发布的《佛山市住房发展规划（2018—2022）文本（征求意见稿）》中提到，佛山将按照“市级主中心—市级副中心区—区级中心—重点镇（街）”四个等级，将市域居住用地分为一个市级主中心，两个市级副中心，五个区级中心，以及十五个重点镇（街）。其中，在“市级主中心”中，中心城区是市域发展主核，范围包括禅城区行政辖区、南海区桂城街道和狮山镇罗村社会管理处原罗村街道行政辖区，顺德区乐从镇行政辖区，而佛山新城就属于中心城区发展的重点地区之一。2019 年底，“顺德村改计划”在顺德区村级工业园升级改造总攻动员大会上被公布，在该计划中，明确指出了佛山新城在 2020 年推动的四大项目改造，其涉及荷村工业区、小涌村、大墩村和岳步工业区等多个地段。2020 年 7 月 23 日，历经 4 天半的投票，《乐从镇荷村工业区自主改造及留用地处置方案》以 98.6%的超高同意率获得通过。2021 年 12 月 7 日，顺德区乐从镇荷村工业区城市更新单元计划正式经区政府审批通过，更新单元划定面积为 871227.86 平方米（折合 1306.84 亩）。2022 年 3 月 1 日，佛山市自然资源局发布了《顺德区乐从镇荷村工业区城市更新单元规划》，区域规划范围为东到大墩大道，西至汾江南路，南至三乐路，北至荷岳路，规划范围面积 87.12 公顷，其中城市更新项目范围（改造范围）面积合计 53.11 公顷，整个项目定位为高端商住混合街区。可以认为，佛山新城的规划和建设从侧面推进了佛山的乡村振兴：通过对新城覆盖范围及周边的乡村用地进行整合开发、建设集体物业，能够对村庄进行全面的人居环境整治提升，加快促进乡村土地利用价值升级、村集体收益壮大、村环境面貌显著改善，实现城乡融合的高质量发展。

2. 打造“一环创新”，大湾一体发展

除了佛山新城整体向好的规划让人感到佛山这座城市的勃勃生机外，佛山三龙湾的潜力也不可小觑。佛山三龙湾位于广东省佛山市禅城、南海、顺德三地。三龙湾规划范围包括佛山市禅城区石湾镇街道、南海区桂城街道、顺德区北滘镇、陈村镇、乐从镇部分区域，东至陈村水道，西至佛山大道，南至顺德水道，北至平洲水道，核心区面积 130 平方千米。三龙湾毗邻广州，位于广佛同城发展核心区域，北侧为广州荔湾国际科技创新产业区，东侧为广州南站商贸区，东南侧为广州城市副中心——广东南沙自贸区。

三龙湾是佛山举全市之力打造的战略性重大平台，是引领佛山深度参与粤港澳大湾区建设的重大平台，是广佛极点核心的重大平台。将打造成面向全球的先进制造业创新高地、珠江西岸开放合作标杆、广佛融合发展引领区和高品质岭南水乡之城。

三龙湾拥有优越的发展优势。第一，是它的区位交通条件优越。三龙湾地处粤港澳大湾区中心区域、广佛极点几何中心，一小时交通圈内机场、高铁、城际轨道、高速公路等重大交通基础设施集聚，可 8 分钟到达广州南站、40 分钟到达深圳、50 分钟到达香港、60 分钟到达珠海、澳门。在建及规划轨道线路 10 条，是佛山轨道交通最密集的区域。高效便捷的对内对外通道，为人才、资本、信息、技术等要素自由流动打下了良好基础。

第二，先进制造业集聚在三龙湾发展。三龙湾所在的 5 个镇（街）均属全国综合实力百强镇，2018 年先进装备制造业增加值约 280 亿元，占珠江西岸产业带先进装备制造业增加值约 10%。三龙湾周边拥有良好的高新技术产业基础，禅城、南海、顺德三区是佛山市技术密集型产值最高的地区，南部拥有以美的、碧桂园为代表的世界 500 强企业以及科达洁能、申菱空调、罗浮宫等一批优质企业。北部桂城三山聚集了以南华仪器、星联精密、广特电器等为代表的一批科创型企业，随着季华实验室落户三山，将进一步加快科研创新资源的集聚。

第三，当地现代服务业蓬勃发展。三龙湾拥有广州南站商务服务、潭洲会展服务、千灯湖金融服务等区域性生产性服务支撑组团。其中，全力打造的佛山潭洲国际会展中心，4 年多来累计举办各类工业会展 146 场，为佛山的经济社会发展注入了强大的动力。2020 年 7 月 23 日举行潭洲会展品牌战略发布会，提出以中国工业展会的第一馆为目标，构建“会展+”生态圈，努力打造工业会展的第一品牌。

第四，开放合作特色鲜明。三龙湾区域内已集聚 500 余家港澳企业，与港澳合作交流密切，港澳青年创新创业就业日益活跃。区域内的中德工业服务区是广东省扩大开放的合作平台之一，中德工业城市联盟已成为中、德两国重要工业城市间交流合作的名片，目前共有成员城市 47 个（中方城市 27 个，德方城市 20 个），一批对接德国工业 4.0 的重大产业与科技项目陆续落地，逐渐探索出一条鲜明的对德合作路径。

第五，三龙湾的自然生态资源丰富。三龙湾位于珠三角城市连绵区的中心地带，珠江、北江之间的河网密集地区，平洲水道、潭洲水道、顺德水道环绕，形成环三龙湾 60 千米碧道环，区域及其周边有数个水源保护区，域内还分布有基本农田、湿地公园、水源保护区、基塘等丰富的生态资源，尤其是集聚区中部的陈村花卉世界，占地规模达到1600公顷，是城市连绵区中不可多得的“山、水、林、田、湖、文”基础要素齐备的地区。

第六，三龙湾的城市功能品质完善。三龙湾东侧为广州南站商贸区，西侧为佛山新城，南侧为北滘新城。距离南海千灯湖4.5千米，距离岭南新天地5.5千米。周边配套设施完备，城市功能完善。佛山新城曾获中欧绿色和智慧城市卓越奖，是中欧城镇化合作示范区；千灯湖曾获全球城市开敞空间大奖，是广东金融高新区；岭南新天地是历史与现代元素和谐融合的典范；北滘新城是中国首批特色小镇。区域内拥有三山森林公园、文翰湖公园、佛山市国际体育文化演艺中心、世纪莲体育中心、佛山市妇女儿童医院、佛山LEH国际学校、美伦国际学校等。正全力推进广佛荟、“两馆一厅”、潭洲水道游船、佛山新城夜间经济配套等项目，打造宜居宜业的城市社区①。

根据三龙湾已经具备的一些特点和优势，佛山中德工业服务区（三龙湾）管委会为其制定了三龙湾发展规划。规划中有四点值得重视。首先，规划中提到要把三龙湾建设成面向全球的先进制造业创新高地。发挥佛山产业基础雄厚、产业链条完备和市场转化能力强的优势，三龙湾将积极参与广深港澳科技创新走廊建设，培育和引进国家重点实验室、国家技术创新中心等高端科研机构，走“世界科技+佛山智造+全球市场”的创新发展之路，为打造世界一流创新型湾区提供支撑。其次，三龙湾将建设成珠江西岸开放合作标杆。立足佛山承东启西的区位优势，强化与珠江东岸的协调联动，加强与珠江—西江经济带沿线城市合作交流，三龙湾将重点推动与港澳高端服务合作，全面深化对德对欧合作，深度参与“一带一路”建设，培育国际经济合作和竞争新优势。再次，三龙湾也将成为广佛融合发展引领区。深化跨区域合作，三龙湾携手广州南站片区、广州荔湾海龙片区，以促进资源要素自由流动为突破口，充分发挥各自比较优势，不断加

---

① 佛山三龙湾总体情况［EB/OL］. 佛山中德工业服务区（三龙湾）管委会，2022-01-11. http：//sino-german. foshan. gov. cn/csgk/gk/content/post_ 4859645. html.

强规划衔接、政策协同和功能布局优化，突破广佛同城化深层次发展制度性障碍，实现更有保障、更可持续的高质量融合发展。最后，要将三龙湾建设成高品质岭南水乡之城。未来三龙湾将重现岭南水乡风貌，守护“半城半绿”的生态基底，延续城市历史文脉，孕育新时代岭南文化，提升现代化城市功能，将其打造成粤港澳大湾区“小而精，秀而美”的标志性区域。①

2018 年 5 月 2 日，在时任佛山市委书记鲁毅主持召开的市委书记专题会议上，三龙湾集聚区被正式命名为“佛山三龙湾高端创新集聚区”。作为制造业大市，佛山近 3800 平方千米的土地拥有不少龙头企业、制造业集聚区，近年来布局了不少科技平台。但是在这其中，三龙湾的条件最为得天独厚。从历史沿革看，在佛山新城时期，这里打造了一批高端配套设施，如世纪莲体育中心、中欧中心、文化中心等。随后，佛山中德工业服务区应运而生，成为全省重大平台，国际合作、产业培育、生态环境等工作越发深入。2019 年，三龙湾挂牌成立，随着产业、科创、人才、交通、环境等条件不断完善，已具备成为科技城的一切元素。作为佛山深入实施创新驱动发展战略、积极对接广深港澳科技创新的“主战场”，三龙湾还聚集了包括季华实验室、香港科大—博智林联合研究院、华南理工大学国家大学科技园等一批科研和科技成果转化平台。

从区位来看，三龙湾紧邻广州，是佛山参与广佛全域同城化与粤港澳大湾区建设的核心抓手。从三龙湾出发，1 小时内可以到达大湾区内任一中心城市和珠三角四大国际机场。同时，从辖区制造业密度及创新基础来看，三龙湾不仅有世界 500 强企业美的集团和碧桂园集团，还有科达、东箭等一批具有国际竞争力的制造业骨干企业。近几年，埃斯顿机器人、虎牙全球研发总部、欢聚集团产业互联总部等多个重磅项目落户三龙湾。

城市面貌方面，三龙湾堪称佛山现代化城市面貌的代表，是轨道交通体系最密集、现代文化设施等公共服务建设现代化水平最高的板块。此外，三龙湾还拥有潭洲国际会展中心，即全国一流的对外交流窗口。未

① 三龙湾发展规划［EB/OL］. 佛山中德工业服务区（三龙湾）管委会，2022-01-11. http：//sino-german. foshan. gov. cn/csgk/csgh/content/post_ 5164464. html.

来，三龙湾初步谋划用“四城”来诠释其全力打造全国一流科技城的愿景，即“研发之城”“产业之城”“人才友好之城”“国际之城”。在“研发之城”打造方面，三龙湾将围绕与佛山产业及产业链相关的科技研发，全面增强三龙湾在各领域的科技研发水平。包括巩固与中科院、清华大学、华南理工大学等科技平台的合作，全力争取与佛山产业相关的国家重点实验室等高端科研机构落地三龙湾。在“产业之城”方面，将以智能制造（机器人）、生物医药、电子信息与技术、互联网科技为方向，打造“1+1+N”的科技创新格局，着重建设“佛山新城国际合作商务区”和“季华实验室成果转化基地”两大核心区域。另外，依托潭洲国际会展中心，整合全市会展资源，打造全国工业会展第一品牌。在“人才友好之城”建设方面，三龙湾希望形成若干个科技研发与科技服务一条龙的“半小时科技生态圈”，积极引进一批产业数字化服务机构、现代职业教育培训机构，打造先进制造服务赋能平台，提供一流的人才服务保障体系，为科技型企业和人才落户打造专业的“科技人才社区”和“科技生态小镇”。而“国际之城”就是要把三龙湾科技城建设成中德（欧）产业、科技合作共融的国际之城，继续擦亮和用好佛山中德工业服务区牌子。①

而在《佛山市住房发展规划（2018—2022）文本（征求意见稿）》中，我们也能看到三龙湾的身影。在对中心城区的重点规划中，未来佛山市政府将大力发展跨行政区划的三龙湾高端创新集聚区，聚集区覆盖平洲、三山新城、佛山新城、奇槎板块、陈村、北滘等区域。集研发、产业、人才培养、国际交流、自然环境等多种功能与任务于一身的三龙湾，必将为佛山的发展带来无限的活力与希望。

3. 做好“三旧”改造，实现整体提升

在城市空间规划与建设过程中，佛山针对“三旧”改造也做了许多工作。“三旧”改造是国土资源部与广东省开展部省合作，推进节约集约用地试点示范省工作的重要措施。“三旧”分别指的是旧城镇、旧厂房、旧村居。改革开放初期，佛山因“村村点火、户户冒烟”的发展模式而兴，

① 肖霞，赵越，侯倩．深读丨三龙湾科技城，到底是一座什么城？［EB/OL］．腾讯网，2021-12-01. https：//new. qq. com/omn/20211201/20211201A0CWEI00. html.

这种模式为农村集体经济和民营经济发展创造了空间，孕育出一大批规模以上工业企业和知名上市公司，对推动佛山从农业社会向工业社会过渡作出了历史性贡献①。同时，也留下了村级工业园等大量“三旧”用地，为后来“三旧”改造提供了巨大的发展空间。为此，佛山市出台了多项政策和意见，引导“三旧”改造工作的进行，这些政策和意见包括2007年的《关于加快旧城镇旧厂房旧村居改造的决定及3个指导意见的通知》、2009年《关于贯彻省政府推进“三旧”改造促进节约集约用地若干意见的实施意见》，以及2018年的《关于深入推进城市更新（“三旧”改造）工作的实施意见》等。

2019年，为进一步推动制造业高质量发展，佛山市宣布将在市内大力实施“强核”“立柱”“强链”“优化布局”“品质”“培土”六大工程，并进行“优化布局工程”，把村级工业园改造为主战场，在全市向“三旧”改造发起战略总攻，完善产保区棕线管理制度，确保全市产业发展保护区产业用地规模不少于350平方千米，努力在产业空间、城市形态、生态文明上“再造一个新佛山”②。2019年和2021年，《关于深化改革加快推动城市更新（“三旧”改造）促进高质量发展的实施意见》以及《佛山市拆除重建类城市更新（“三旧”改造）项目全流程管理实施指引》两个文件相继出台。这些文件在制定时，都充分考虑到各方因素，并坚持三个工作方向：其一，相关政策的实践指导性和可操作性不断提升，各类实施细则不断完善，政策实施的有效性不断增强；其二，法治化程度不断提高，相关拆建工作均有法必依、有法可依，有效减少各方在相关工作中出现的矛盾，整体工作推进实施更平稳；其三，基于“以人民为中心”的大原则，在改造过程中利用市场化机制，将各方的短、中、长期利益充分纳入工作考量，达成共益、共同增长。根据这些原则，佛山市因地制宜，“贴地”式根据城市实际发展情况对政策进行推进与动态调整，“三旧”改造工作得以顺利进行。在佛山，“三旧”改造不仅达到了拆旧建新、解决经济发

---

① 权威发布！佛山城市更新（“三旧”改造）10大典型案例［EB/OL］. 房地产导刊，2020-11-13. https://www.163.com/dy/article/FR9VFP820530X1OV.html.

② 孙景锋，王雅铄. 佛山：打造制造业万亿产业集群 力撑广东制造成全球标杆［N］. 南方日报，2019-12-29.

展问题的目标，还对社会、产业、文化、社区、生态等多方面进行了有效的优化、提升和重构，从整体提升了城市综合治理能力。

到2022年，佛山市的“三旧”改造工作已经涌现出不少具有借鉴价值的范例。其中一个例子是佛山市禅城区的“三旧”改造工作。自2017年起，禅城区便就“三旧”改造工作出台了20多份城市更新政策文件和操作细则。与过往的政策相比，这些文件有着一些特殊之处：首先，这些文件在坚持省、市政策指引的前提下，进一步明确和规范了协议出让方式的条件与要求，不仅提升了村集体改造积极性，也大大提高了旧村居改造的可操作性；其次，这些新政策坚持通过市场化手段消化历史违章建筑，有利于化解农村历史遗留问题、保障集体资产收益、保障农村稳定；最后，这些文件针对禅城区新增建设用地越来越少的困境，集中于对旧有土地的改造，通过政策引导村集体用地对相关工作有序推行①。

同样具有代表性的，还有南海区的例子。针对南海土地利用碎片化问题，南海区出台了多项推动城乡融合集聚发展以及规范加快旧城镇旧村居改造的政策，进一步释放政策红利。2022年3月，南海区印发《关于规范和加快“三旧”改造工作促进城乡融合发展改革创新实验区建设工作方案》，启动南海区旧村居改造三年计划，目前拟初步纳入三年计划的旧村居改造项目41个，面积约35.87平方千米。同时，南海响应中央关于禁止大拆大建的政策要求，出台了规范和加快旧城镇旧村居改造的政策，对于旧城镇旧村居改造要加强政府引导和严格管控，实施有计划改造，纳入三年计划的要加快改造，没有纳入三年计划的禁止改造。而对于纳入三年计划的旧城镇旧村居项目，区内通过实施建立授权表决制度、实施有担保拆除、规范协议出让条件、有效处理难以拆迁项目、有条件简化划拨方式供地程序等举措，以民主协商形式，有效地加快改造进程，促进了城乡融合发展改革创新实验区建设②。

---

① 出台20多份文件，禅城构筑政策体系为城市更新指路［EB/OL］．南方，2021-03-10. https：//c. m. 163. com/news/a/G4MHBGSR055004XG. html.

② 超猛！南海41条旧村改造计划曝光！这些地方将迎大爆发！［EB/OL］．南海发布，2022-03-31. https：//www. thepaper. cn/newsDetail_ forward_ 17397146.

（三）农村产业优化，推动乡村振兴[①②]

1. 建立协调机制，推进土地改革

农村综合改革是一项涉及范围十分广大的工作，总体而言，其目标可以被概括为：增强农村发展活力，统筹推进市域农村协调发展。在综合改革之中，最为接近核心的，莫过于乡村的土地改革工作。在农村发展过程中，许多矛盾的根源实际上是有限的土地资源与人们无限的对土地的需求之间的矛盾，而节约集约用地，是缓解这个矛盾有效的方法之一。国家曾经出台多项政策和意见，提出节约用地的重要性。早在 1953 年，《关于国家建设征用土地》第四条中就已经提出了“节约用地”的想法。到了 1997 年，国家土地管理局提出了“18 亿亩耕地红线”的概念，要求强化耕地保护。1998 年修改了《中华人民共和国土地管理法》，从事前审批的角度，建立起了号称世界上最严格的耕地保护制度。2004 年，《关于深化改革严格土地管理的决定》提出完善国家土地督察制度，强化对违法用地的查处，从事后监管的角度，进一步强化了耕地保护。可见，土地改革和土地节约，对于我国乡村地带发展的重要性。

在佛山，土地改革工作的形式被具体表达为“三旧改造”工作。2022 年之前，佛山的“三旧改造”主要集中在旧城区、旧工业园以及部分被新城区改造范围覆盖的旧乡村区域，相关的改造工作的目的重点也是对旧的城市功能区域的翻新，以及对新升级工业产业基地的建设等。但在相关工作取得成果后，佛山市决定在原有“三旧改造”工作的基础上，进一步延伸土地制度改革工作的内涵，扩大其影响范围。根据市内各区域功能定位和乡村资源禀赋优势，佛山市于 2022 年发布了《佛山市推进农业农村现代化“十四五”规划》（以下简称《规划》）。《规划》指出，为实现佛山城乡双方的健康快速发展，有必要建立各区相互协调的长效机制，加快推进禅城区美丽乡村高品质发展先行区、南海区建设广东省城乡融合发展改

---

① 2025 年，佛山将初步建成珠三角都市农业现代化先行区［EB/OL］. 佛山发布，2022-04-11. https：//c. m. 163. com/news/a/H4M53QAK0514G11E. html.

② 佛山：制造业大市奏响现代都市农业变奏曲［EB/OL］. 佛山在线，2022-09-19. http：//www. fsonline. com. cn/p/294431. html.

革创新实验区、顺德区建设广东省全面乡村振兴创新实验区、高明区建设田园城市新样本、三水区打造乡村全域振兴示范样本，采取符合当地特点、灵活多样的改革方式，充分调动农村集体和群众积极性。作为调动积极性的措施之一，《规划》指出，在土地制度改革方面，佛山将完善农村承包地制度，落实第二轮土地承包到期后再延长30年政策。值得一提的是，《规划》提出要审慎推进集体经营性建设用地入市，开展入市试点，到2025年，基本形成城乡统一的建设用地市场。与此同时，《规划》还指出要加快推进农用地集约化、规模化流转，区、镇两级政府加强对农村集体经济组织发包农用地的指导，引导农村集体经济组织将农用地连片出租给农业企业、国资企业等，鼓励各区探索集体农用地向镇（街）国资企业、农业园区运营企业等流转模式，扩展流转规模和流转期限，统筹集约发展高效都市现代农业。经此调整，佛山市将“三旧改造”工作与乡村振兴、农业现代化发展紧紧地关联了起来，整体推进了乡村产业的全面发展，提升了市域治理的整体水平。

2. 发展现代农业，打造“都市田园”

在乡村产业的发展上，佛山市并未因为自身制造业的发达而“偏科”，而是一直重视农业的现代化发展。在佛山市政府看来，佛山作为全球最重要的制造业城市之一，既具有较高的城市化水平，又是历史悠久的鱼米之乡，有能力也有责任探索现代都市农业发展路径。所谓的现代都市农业，是以城市化地区及周边地带为主，利用农业资源和农业景观，以农业高新技术为支撑，以设施化、园区化、绿色化、标准化为标志，以提高农业生产效益、发展农业多种经营、优化区域生态环境为目标，实现一二三产业融合发展，生产、生活、生态和人文等多种功能并重，集约化程度较高的农业形态。“十三五”以来，佛山全面实施乡村振兴战略，全市农业农村高质量发展格局加快形成，为进一步巩固相关成果，《佛山市推进农业农村现代化“十四五”规划》明确提出，要在“十四五”时期初步建成珠三角都市农业现代化先行区，努力建设农业高水平对外开放示范区，到2025年，全市要在推进农业农村现代化上取得重要进展。在《规划》发布之前，佛山市的第十三次党代会就提出要推动现代都市农业创新发展，体现了佛山布局现代都市农业的决心。《规划》进一步将相关的决定细化，同时为佛山如何发展现代都市农业指明了路径。《规划》指出，发展佛山市现代农业的主要措施，包括深化农业科技支撑、加快构建发展平台、推动农业产业转型升级、培育新型经营主体、强化农业品牌创建、推进平安农业建设等。通过《规划》，佛山市已经描绘出一条具有佛山特色的现代都市农业发展之路。

在现代都市农业发展的路上，佛山市首先将发展农业科技作为首要重点。《规划》指出在这一工作上，将组织农业关键核心技术攻关，加强精深加工、生物工程、生态农业、生态渔业、智慧农业研究，力争在共性技术、关键技术上取得突破；深入开展农业种质资源普查，有效利用市农科所等育种平台资源，加快建设市级种质圃、新优特蔬菜和玉米种质资源库、肉鸡种苗库、水产地方种质资源中心和国家一级保护动物鼋繁育基地；加快数字农业建设，建设“数字乡村”大数据平台。

除了农业科技，《规划》还明确了农业发展平台建设、农业产业转型升级、培育新型经营主体、强化农业品牌创建、推进平安农业建设等多项工作。农业产业平台是现代都市农业的重要载体。首先，在农业发展平台的建设上，《规划》着重加强耕地保护和耕地质量的提升，以落实农机购置补贴政策等方式大力提升农业设施装备水平，同时积极推进各类农业园区和产业集聚区的建设，探索推进农产品跨境电子商务发展，推进农业产品贸易的高质量化。而在农业产业转型升级上，佛山市以提高粮食综合生产能力为基础，全面推进渔业、种植业、畜牧业以及多种新业态“卫星式”发展，在保护好“粮袋子”“菜篮子”的基础上，促进农业的高科技、高质量、生态化、多元化发展。其次，在新型经营主体的培育上，《规划》则指出要在农业龙头企业的培优之外，进一步规范提升农民合作社和家庭农场的经营管理水平，积极推动农业社会化服务，让“大”和“小”得以同步、健康发展。再次，在农业品牌创建上，除了对区域公用品牌、企业品牌、产品品牌进行创建培育之外，还加强了品牌宣传和推广，让品牌不单能够“立起来”，还能“走出去”。最后，在平安农业建设上，《规划》指出，一是要夯实农业安全生产基础；二是要净化产品产地环境，发展环境友好的绿色农业；三是要提升农产品质量安全供给水平，保护优质农产品资源，推进标准化和专业化生产；四是要完善重要农产品质量安全监管体系，推动乡镇100%配置农产品质量安全检测机构，保证全区域农产品安全、可靠，提高品牌美誉度。

目前，随着现代农业技术推广、农业品牌打造等现代都市农业新业态、新模式在佛山崛起，佛山农业正逐渐实现从产量引领向质量引领的变革。如今，佛山涌现出了一大批科技农业、现代农业、绿色生态农业的范本，对珠三角农业整体转型升级起到了良好的示范带领作用。

3. 结合文旅资源，建设美丽乡村

除了建设现代都市农业，佛山市也致力美丽乡村的建设和乡村文旅资源的发掘和利用。2018 年，乡村旅游作为乡村振兴战略的重要内容被写入了 2018 年中央一号文件，在“构建农村一二三产业融合发展体系”中，对乡村旅游作出了直接部署。这是 2015 年以来，连续四个中央一号文件对乡村旅游发展进行部署。乡村旅游作为诞生在乡村、发展在乡村的新兴产业，正是“乡村振兴战略”的重要着力点和抓手。发展乡村旅游是落实乡村振兴战略、实现旅游富民惠民的重要内容。我国乡村旅游经过 30 多年的发展，业态发展较为成熟，也对解决“三农”问题发挥了较大作用，但在新经济环境下，乡村旅游发展进入瓶颈期，亟待突破式发展。乡村旅游产业与区域文化历史保育具有极高的关联性，将“美丽乡村”中的乡村历史保存、乡村文化保育、乡村风貌建设等与乡村旅游融合发展，有助于改变传统的旅游业增长机制与方式，实现产业跳跃式发展和创新，成为产业发展及经济增长的新动力。因此，“美丽乡村”被列入佛山市乡村振兴工作的重点。

在 2022 年出台的《佛山市推进农业农村现代化“十四五”规划》中，“美丽乡村”的建设被放在了重要位置，从全域提升农村人居环境整治等方面进行了细致部署。近年来，佛山凭借众多的极具岭南文化特色的乡村旅游资源，大力发展乡村旅游，切实推进“美丽乡村”建设，助推乡村振兴计划。目前，已经开发建成了顺德逢简水乡、顺德长鹿农庄、南海梦里水乡、禅城南风古灶、高明盈香生态园等一大批著名乡村旅游景点，市内农业公园、休闲农场、乡村营地、高科技农园、乡村民宿遍地开花，使乡村生态旅游成为佛山经济发展的新增长点。除了“美丽乡村”建设外，佛山还注重对城乡双方的统筹发展，通过合理优化布局，推进乡村风貌提升。根据相关规划，在未来，佛山将加强村庄规划衔接和引导工作，加大对村庄建筑风貌的管控力度，坚持“无设计不施工”，并实施特色村庄保护和古村落活化行动，力争在“十四五”期间完成《佛山市古村落活化名录》。未来，佛山将全面完成“百里芳华”乡村振兴示范带重点项目建设，推进建设 5 条以上百里芳华精品乡村旅游线路，重点打造顺德水道精华段、禅城区“乡遇禅韵”精华段、南海区丹灶镇“有为水道”、三水区“三江汇流、湾区之源”岭南水乡示范片等。到 2025 年，建成精品乡村旅游线路 15 条，省级休闲农业和乡村旅游示范镇 10 个以上、省级示范点 25 个以上。

三、南狮“变则思通”，发奋树起“领头范”

近年来，佛山整体正在经历一场高速发展。天时地利之下造就出的享誉全球的“佛山制造”，让制造业成为拉动佛山经济发展的最大动力。在面临产业需要转型升级的情况下，佛山市政府积极寻求突破口，在原有工业基础上进行“六大升级行动”，同时引进高端制造业助力全面升级。“旧貌换新颜”的不仅是佛山制造业，佛山的城市面貌也在更新换代。村改使得对土地的利用更加高效，承接住升级后的制造业对土地的需求。佛山新城、三龙湾等重要城区的出现，更促进了佛山在粤港澳大湾区建设及发展过程中地位的提升。在“三旧”改造工作的推动下，佛山农村地区与城市同步发展，农业也向现代化、数字化迈进，土地制度逐渐完善，乡村旅游产业也开始兴盛。

但是在佛山高速现代化的过程中，不少社会治理的新问题随之而来，让这条“高速路”变成了“障碍赛”。佛山作为中国的制造名城，孕育了一大批全国、全世界知名的优秀企业，同时也承接一些世界名牌企业的发展需求，众多制造业企业聚集在佛山起到良好的协同作用。然而，一些不法行为却在悄悄地破坏这种和谐氛围。某些不法商家为了谋取利益，通过“钻空子”“傍名牌”等形式，对佛山许多名牌企业的利益造成不同程度的损害。例如，蒙娜丽莎集团有限公司旗下某品牌瓷砖在市场广受消费者好评，然而有一些陶瓷企业未经许可或授权，擅自模仿制造，大量生产销售劣质低价的仿制瓷砖，对企业造成了巨额的经济损失①。制造业是立国之本、强国之基。知识产权作为激励创新的刚需和公平贸易的标配，是保障制造业高质量发展的内在要求。习近平总书记指出，加强知识产权保护是完善产权保护制度最重要的内容，也是提高中国经济竞争力最大的激励②。如果不健全对知识产权的保护，不仅会对制造业企业的利益造成直接的伤害，让劣质商品打着“佛山制造”的名号流入市场，更不利于佛山制造业的整体长远发展。所以，佛山必须加强制造业知识产权保护，坚决打击恶意诉讼和不正当竞争③。

在制造业发展的过程中，除了企业被“冒名顶替”的隐患，生产的过程中也隐藏着许多风险。例如，在 2019 年，就发生了乐从镇铭盛平板厂“4·2”重伤害、顺德区“6·5”较大中毒事故、冠佳泓金属材料有限公司“6·24”机械伤害事故、佛山市煌艺五金塑料制品有限公司“11·5”物体打击事故等生产安全事故。生产安全事故的发生会对企业的经济及团队氛围造成打击，对在事故中的伤者及其家人造成永久的伤害，不利于佛山制造业健康形象的树立。

高速发展可能会带来的问题不仅体现在制造业上，也会出现在城市民生中。根据 2020 年我国第七次人口普查结果，佛山 10 年来增长了 230.46 万人，人口增长量仅次于深圳、广州，位于全省第三位。如此快速增长的人口，必然导致公共资源紧张。佛山在这一点上，教育资源分配不均的问题突出。在其他大城市过去的经验中，就曾出现过人口增长速度太快，导致教育等配套资源无法满足需求的情况。如在佛山新城，发展飞速，但教育资源投入较为缓慢，难以满足当地居民就近上学的需求。如果不解决这一问题，短期来看会引起市民对城市治理方的不满，从长远来看则不利于城市教育水平的提升。

---

① 唐梦．佛山去年共办理知识产权保护公证案 4341 件［EB/OL］．网易新闻，2022-04-25. https：//c. m. 163. com/news/a/H5U1PV8C055004XG. html.

② 习近平．加强知识产权保护是完善产权保护制度最重要的内容［EB/OL］．人民网，2018-04-11. http：//ip. people. com. cn/n1/2018/0411/c179663-29918754. html.

③ 何志敏．强化知识产权创造保护和运用 大力推动制造业高质量发展［N］. 人民政协报，2019-06-21.

佛山的人口数量除了自然增长之外，被佛山强劲的经济实力与众多就业岗位吸引而来的外来就业人员也为佛山人口增长作出重要贡献。随着城市外来人口的增多，社会成分逐渐复杂，人际关系逐渐淡化，邻里间互相交流、互帮互助的特点逐渐减弱，这些现实情况与趋势让某些犯罪分子有机可乘。特别是许多外来人口都居住在出租屋内，电动车乱停乱放、不规范充电、杂物乱堆乱放及室内违规明火煮食等行为为这座城市的消防安全埋下了隐患。

正如上文所言，社会高速的发展会带来社会成分的复杂、人际关系的淡化，这些情况不仅会带来犯罪率的升高，还会造成社会原子化等问题。“原子化”表示人与社会的联系状态，原子化的个体是孤立的，彼此之间并没有太多联系，个体只是在自己的位置上完成组织所布置的任务①。社会原子化在社会中的具体表现有人与人之间的疏离、人与公共社会的疏离、社会规范失灵、社会道德水准下降。原子化的社会失去了一个成熟社会应有的从国家至个人的社会联结，导致社会内部结构松散，组织能力下降。人们不再是以集体力量，而是以个人身份面对国家和社会，这就容易导致特殊群体的声音难以被听见，从而在社会发展的过程中忽略了一部分特殊人群的诉求。

但在诸多问题逐渐浮现的过程中，佛山市政府也在不断地着手处理问题，为市民提供更良好的生活环境。这些变革也为佛山市社会治理的转变提供了条件和契机。

乘着中国经济快速发展的趋势，在制造业与其他产业的共同推动之下，近年来，佛山市的经济迅速发展。无论是科技投入、“三旧”改造，还是其他与城市发展及治理相关的工作，佛山市政府都提供了充足的资金为工作的顺利展开保驾护航。针对各类社会问题，“社会治理”概念与理念的引入让佛山的城市治理、社会治理工作更上一层楼。在社会治理不断发展、升级的过程中，除了运用传统的手段，互联网、大数据、云计算等新技术也在推动国家治理体系和治理能力现代化升级。通过强化城市管理

① 吴宁，张晨睿．社会原子化背景下大学生人际关系冷漠问题及其对策［J］．青年学报，2021（3），82-88.

数据的整合、开放、共享，构建人际协同数字化、智能化的集成应用；通过流程再实现各级政府跨系统、跨地域、跨层级的高效协同，疏通上层治理观念到达基层治理的路径，实现“智治”，从而达到社会治理改革的真正目的。在社会治理的末端，乡贤、社区企业、居民自治机构开始涌现，利用各自所长在社会上发挥着建设及发展社会治理体系的作用，丰富了社区资源，为社会治理相关工作的进行铺设好了道路。在契机与条件同时具备的情况下，佛山响应中央号召，开启了有佛山特色的市域社会治理探索道路。

（一）提升政治地位，奠定良好基础①②

党的十八大以来，国内外的政治、经济、社会发展都出现了新变化、新形势、新要求，在如此复杂的情况之下，习近平总书记以极强的政治远见卓识，提出了一系列加强和创新社会治理的新思想、新观点、新论断。社会治理要坚持以人民为中心，这也是习近平总书记有关社会治理重要论述的根本政治立场。政府、社会组织、企事业单位、社区、个人等都可以成为社会治理的主体，但无论社会治理的主体是谁，进行社会治理活动的根本目标都是为了人民。

社会治理要坚持以人为本，把人民放在心中最高位置，坚持全心全意为人民服务。要随时倾听人民呼声、回应人民期待。同时，社会治理要以民生为本，这是习近平总书记有关社会治理重要论述的本质体现。民生是人民幸福之基、社会和谐之本。民生连着民心，民心关系国运。要积极推动解决人民群众的基本民生问题，不断打牢和巩固社会和谐稳定的物质基础，从源头上预防和减少社会矛盾的产生。习近平总书记指出：“要处理好维稳和维权的关系，要把群众合理合法的利益诉求解决好，完善对维护群众切身利益具有重大作用的制度，强化法律在化解矛盾中的权威地位，

① 党的十八大以来社会治理的新进展［N］. 光明日报，2017-08-07.

② 佛山市人民政府关于印发佛山市城市治理三年行动计划的通知［EB/OL］. 佛山在线，2017-03-30. http：//www. fsonline. com. cn/p/215985. html.

使群众由衷感到权益受到了公平对待、利益得到了有效维护。”①

促进公平正义，是习近平总书记有关社会治理重要论述的核心要义。要健全社会公平保障制度，实现规则公平、机会公平、权力公平。同时要走好共同富裕道路，要避免两极分化，要更加注重对特定人群特殊困难的精准帮扶，让所有人民群众都过上好日子。并且要建立共建共享社会，让全体人民共享发展成果。最后是要坚持问题导向，让全体人民群众感受到实实在在的社会公平正义。法治和德治并举，是习近平总书记有关社会治理重要论述的重要支柱。坚持一手抓法治、一手抓德治。法治是治国理政的基本方式，要发挥法治对社会治理的保障、服务和促进作用。

创新体制机制，是习近平总书记有关社会治理重要论述的显著标志。要建立健全党委领导、政府主导、社会协同、公众参与、法治保障的创新社会治理体制，确保社会既充满活力又和谐有序。同时也要创新社会治理方式，在利用互联网进行社会治理的同时，社会治理模式正在从单向管理转向双向互动，从线下转向线上线下融合，从单纯的政府监管向更加注重社会协同治理转变。并且要创新社会治理机制，建立健全党委领导和政府主导的维护群众权益机制、社会利益协调机制、预防和化解社会矛盾机制、社会风险评估机制、突发事件监测预警机制，保证社会治理的常态化、长效化、社会化、智能化。

传承发展中华传统美德和优秀文化，是习近平总书记有关社会治理重要论述的鲜明特色。中华文化是我们民族的根基和魂魄，我们必须从延续民族文化血脉中开拓前进。在新的历史条件下，对中华传统文化进行创造性转化和创新性发展，将为推进社会治理现代化奠定最为深厚雄浑的力量。

加强和改进群众工作，是习近平总书记有关社会治理重要论述的基本要义。社会管理，说到底是做群众的工作。习近平总书记强调：“一切社会管理部门都是为群众服务的部门，一切社会管理工作都是为群众谋利益的工作，一切社会管理过程都是做群众工作的过程。从这个意义上说，群

---

① 习近平出席中央政法工作会议：坚持严格执法公正司法［EB/OL］. 中国共产党新闻网，2014-01-08. http：//cpc. people. com. cn/n/2014/0108/c64094-24063359. html.

众工作是社会管理的基础性、经常性、根本性工作。注重基层建设，是习近平总书记有关社会治理重要论述的突出风格。基础不牢，地动山摇。习近平总书记认为：“社会治理的重心必须落到城乡社区，社区服务和管理能力强了，社会治理的基础就实了。”①

树立总体安全观，是习近平总书记有关社会治理重要论述的重大创新。既要重视“国土安全”，又要重视“国民安全”。既要重视“国家发展”，又要重视“国家安全”。既重视自身安全，又重视共同安全，打造人类命运共同体，推动各方朝着互利互惠、共同安全的目标相向而行。

全面加强党的领导，是习近平总书记有关社会治理重要论述的灵魂。社会治理要充分发挥党总揽全局、协调各方的领导核心作用，以党风政风好转带动社会风气的好转，提高党领导社会治理的能力。

在党的十八大以后的 5 年内，各类社会治理工作得到展开并取得重大进展。在民生工程方面，脱贫攻坚战在全国范围内打响；在经济发展进入新常态、增长速度放缓的情况下，通过实施扶持就业政策，广泛推行“大众创业、万众创新”，持续推进“放管服”改革，有力地激发了社会创造力，就业创业人员稳定增加；我国社会保障制度在实现广覆盖、保基本、可持续的框架基础上，进一步打破城乡分割、单位双轨的坚冰，更多地体现了公平公正的原则；采取一系列政策措施，引导房地产业持续健康发展，控制房价过快上涨。构建了包括公共租赁住房、棚户区改造、农村危旧房改造、住房公积金等在内的住房保障体系。教育、卫生、人口、户籍管理等制度是社会治理的重要基础性制度，国家采取了一系列重大决策部署和制度安排。在教育领域，大力促进教育公平制度建设；在医疗卫生领域，突出建立现代医疗卫生制度；在人口发展方面，完善计划生育制度和应对人口老龄化；在户籍管理方面，建立全国城乡统一的户口登记制度。同时，国家安全体制、公共安全体系、社会诚信制度、城乡社区治理、社会组织、环境保护等方面都在这 5 年间得到了促进与发展。

2019 年 12 月 6 日，中国共产党第十九届中央委员会第四次全体会议

---

① 习近平：从“社会管理”到“社会治理”如何理解？［EB/OL］. 人民网理论频道，2021-08-20. http：//theory. people. com. cn/n1/2021/0820/c148980-32200896. html.

在延续党的十八大思想、继承“十三五”成果的前提下，审议通过了《中共中央关于坚持和完善中国特色社会主义制度、推进国家治理体系和治理能力现代化若干重大问题的决定》。党的十九届四中全会公报提出，必须加强和创新社会治理，完善党委领导、政府负责、民主协商、社会协同、公众参与、法治保障、科技支撑的社会治理体系，建设人人有责、人人尽责、人人享有的社会治理共同体，确保人民安居乐业、社会安定有序，建设更高水平的平安中国。

而佛山市政府在中央精神的指导之下，积极推进社会治理工作。在2013年佛山市政府工作报告中，就将“着力保障和改善佛山，建设幸福佛山”作为佛山市政府在2013年的目标任务。这一目标的出发点，就是以坚持人民的主体地位为初心，以实现共同富裕、共享改革发展成果为导向，用心为民谋利，真心为民解忧，促进市民幸福感持续增强。在2014年佛山市政府工作报告中，可以看到2013年佛山市社会治理工作成效显著。城市管理水平持续提高，重点区域和路段“脏乱差”现象明显改观，城市公交线路持续优化。同时佛山市的文化事业繁荣发展，传统文化保护开发不断加强，南海区、顺德区博物馆新馆建成使用，市民文化生活日益丰富。民生实事圆满完成，社会事业加快发展，平安佛山建设成果突出，人们的幸福感加强。2017年，佛山市人民政府开始开展佛山城市治理三年行动计划，通过城市治理工作，实现城市形态“四个转变”，即一般的区域性城市向现代化国际化大城市转变、城市社区向广佛都市圈中心城区转变、产业园区向功能多样的城市社区转变、高能耗和低产出的村级工业园区向高品质和高附加值的现代产业园区转变，基本建成宜居宜业宜创新的高品质现代化国际化大城市。2019年，城市治理三年行动计划顺利完成。968个项目累计投资3554亿元，轨道交通、公路、能源、水利等基础设施建设加快。完成“三旧”改造项目1.08万亩，人民公园建成开放。乡村振兴战略深入实施，完成村级工业园土地整理4万亩，自然村全部实现集中供水和垃圾收运处理。同时人民生活持续得到改善，基本养老、医疗、低保等保障水平稳步提高，教育、文化、体育等社会事业加快发展，省、市民生实事圆满完成。扫黑除恶专项斗争成效明显，社会大局保持和谐稳定。

地区的城市化转型与发展、城市治理方式的优化、城市治理能力的提升、城市治理体系的建设，是佛山城市发展由城市升级向城市升值再到城市治理现代化的一道门槛。但在社会治理手段的促进下，佛山市政府解决了这一难题。同时也促进了党建引领建设，加强党对基层社会治理的领导、完善上下贯通执行有力的组织体系、推动多元融合联动治理、强化为民便民利民服务、提升基层监督水平，通过强组织、强基层、强引领，将基层党组织的政治优势、组织优势转化为治理效能，推动基层党建与基层社会治理深度融合。

（二）争创首批试点，百舸争流勇突围①②③④

“市域社会治理”概念自 2018 年提出以来就广泛受到社会的关注，其是国家治理在市域范围的具体实施，是国家治理的重要基石。市域社会治理做得怎么样，事关顶层设计落实落地，事关市域社会和谐稳定，事关党和国家长治久安。

到 2019 年，“社会治理”的概念在党的十九届四中全会工作报告中出现。报告指出：“坚持和完善共建共治共享的社会治理制度，保持社会稳定、维护国家安全。社会治理是国家治理的重要方面。必须加强和创新社会治理，完善党委领导、政府负责、民主协商、社会协同、公众参与、法治保障、科技支撑的社会治理体系，建设人人有责、人人尽责、人人享有的社会治理共同体，确保人民安居乐业、社会安定有序，建设更高水平的平安中国。要完善正确处理新形势下人民内部矛盾有效机制，完善社会治安防控体系，健全公共安全体制机制，构建基层社会治理新格局，完善国家安全体系。”

2020 年，新冠肺炎疫情发生以来，应对疫情大考，如何变压力为动

---

① 三年成示范，探索市域社会治理佛山模式［N］. 佛山日报，2020-05-11.

② 市域社会治理现代化试点启动 全部地市都有均等机会参与！［EB/OL］. 中央政法委长安剑，2019-12-03. https：//m. thepaper. cn/baijiahao_ 5129248.

③ 佛山全力争创全国市域社会治理现代化试点合格城市［EB/OL］. 佛山人才网，2020-05-11. http：//foshan. goodjob. cn/news/info56053. html.

④ 广东佛山：推进市域社会治理现代化 争创试点合格城市［EB/OL］. 佛山文明网，2020-05-11. http：//fs. wenming. cn/wmfs/202005/t20200511_ 6456224. shtml.

力，化危机为契机，进一步推进社会治理体系与治理能力现代化，成为佛山迫切需要思考的新命题。2019 年 12 月的全国市域社会治理现代化工作会议上，中央政法委秘书长陈一新对试点工作方案，从试点的创新做法、创新特色和推进机制三方面作了详细解读。试点不仅是改革的重要任务，更是改革的重要方法。以全新的理念、思路、方法开展试点，为推进市域社会治理现代化探索新路。作为一个勇于创新的城市，佛山在这次机会面前勇立潮头。2020 年 3 月 12 日，佛山市向广东省提出全国试点城市申请。4 月 1 日，广东省决定上报包括佛山市在内的 13 个地市作为全国第一批试点城市。2020 年 5 月，佛山市市域社会治理现代化工作推进会召开，部署推进市域社会治理现代化试点工作。会议提出，佛山将积极探索具有佛山特色、时代特征的市域社会治理新模式。2022 年，力争将佛山建设成全国市域社会治理现代化试点合格城市。时任佛山市委书记鲁毅指出，推进市域社会治理现代化，是深入学习贯彻习近平总书记关于推进国家治理体系和治理能力现代化重要论述的务实举措，是推动高质量发展的必然要求，是深化平安佛山建设的重要载体。全市各级各部门要按照中央决策、省委部署，全力推进市域社会治理现代化，争创全国市域社会治理现代化试点合格城市。结合实际情况，佛山市制定了《关于推进佛山市市域社会治理现代化试点工作的意见（2020—2022 年）》和《推进佛山市市域社会治理现代化试点工作的实施方案（2020—2022 年）》，从治理体制现代化、工作布局现代化、治理方式现代化等方面，细化工作任务、明确责任单位，全力打造具有佛山特色的市域社会治理新模式。

经过两年多的实践，佛山市市域社会治理已经取得初步成果。2021 年 11 月，南海区党建引领社会治理现代化成果发布会召开，对一批社会治理现代化成果优秀案例进行展示和表彰。发布会上还颁发了南海区 2021 年度的“社会治理现代化成果十大金牌案例”和“最受社会关注案例”。为进一步推广近年来南海区社会治理探索实践取得的成果，南海区广泛征集甄选出 17 个具有代表性的优秀案例，包括九江镇敦根社区智感安防小区建设、里水镇宏岗村探索建立村到社、社到户、户到人三级党建网格等案例。南海区委常委、区委政法委书记麦绍强认为，近年来，南海基层政府管理和公共服务水平不断提升，社区环境优良，安全稳定保障有力，“共建共治共享”的基层社会治理格局已初步形成。接下来，各部门要从三方面入手推动党建引领社会治理现代化工作，包括以党建引领为核心，建立广泛动员协同机制，切实解决“政府干，群众看”的问题；以非户籍人口融合为契机，打造社会共同体；打造标准体系，建设社会治理首善之区。各区在社会治理方面的用心及努力，是佛山在实现市域社会治理目标道路上的最大原动力①。

（三）明确工作思路，迈出改革脚步②

在党的十九届五中全会精神指导下，根据《中共佛山市委关于制定佛山市国民经济和社会发展第十四个五年规划和二〇三五年远景目标的建议》，佛山市人民政府制定并发布了《佛山市国民经济和社会发展第十四个五年规划和2035年远景目标纲要》。在过去的工作中，佛山社会治理水平稳步提升，获评全国社会治理创新示范市。规划重点介绍了佛山社会治理发展的愿景。未来，佛山将完善市域社会治理体制机制，建立健全科学完备的市域社会治理现代化组织体系，完善党委领导、政府负责、民主协商、群团助推、社会力量协同、公众参与的社会共治格局。同时大力创新社会治理方式，利用社会组织、互联网、网格化服务等力量，巩固社会治理体系。推进社会治理向基层下沉，厘清权责边界，健全联动机制，建立信息平台。对于镇（街道）基层的社会治理工作，规划指出要落实中央和省深化乡镇（街道）体制改革的部署，推进镇（街道）综合行政执法工作，推动社会治理和服务重心向基层下移。科学合理配置镇（街道）职能，在履行好法定职责的同时，重点履行加强基层党建、统筹村（社区）发展、实施公共管理、组织公共服务、维护公共安全等方面的职能。健全镇（街道）协同高效的领导机制、工作机制和社会治理机制，优化充实基层工作力量，合理划分和明确区和镇（街道）财政事权和支出责任。持续推动更多资源下沉，提升镇（街道）服务能力，保障基层高效运转。

《推进佛山市市域社会治理现代化试点工作的实施方案（2020—2022

---

① 佛山南海发布17个党建引领社会治理现代化优秀案例［N］. 羊城晚报，2021-11-26.

② 三年成示范探索市域社会治理佛山模式［N］. 佛山日报，2020-05-11.

年）》的工作部署体现在三方面。一是理顺纵向架构，增强市域社会治理联动力。厘清市、区、镇三级各自的角色定位和权责清单，市级重在统筹协调，区级重在组织实施，镇（街道）重在强基固本，下好市域社会治理“一盘棋”。二是完善横向协同，增强市域社会治理凝聚力。完善党委领导、政府负责、社会协同、公众参与等机制，凝聚党委、政府、社会组织、人民群众等多元主体力量，协同推进市域社会治理现代化。三是推进方式革新，增强市域社会治理驱动力。充分发挥政治、自治、法治、德治、智治“五治”作用，加快推进市域社会治理现代化。时任佛山市委书记鲁毅要求做到补齐短板、加固底板、加长长板，切实把工作基础抓实打牢。其中，完善重大疫情防控工作机制，健全公共卫生应急管理体系；完善公共安全突发案事件应急处置机制，提高快速反应和应急处置能力；健全群众诉求服务体系，提升解决群众诉求服务能力等民生工程均在重点工作之列。时任佛山市委常委、政法委书记邓建伟指出，在推进市域社会治理现代化中，佛山要坚持首位首抓，切实提升维护社会稳定水平；坚持夯基固本，切实提升维护公共安全水平；坚持源头治理，切实提升防范化解矛盾风险水平；坚持打牢底板，切实提升安全保障水平；坚持优质供给，切实提升公共服务水平。“2020 年，发扬优势、补齐短板；2021 年，成效初显、常态运行；2022 年，走在前列、成为示范……佛山绘制了一张市域社会治理现代化的蓝图。力争通过三年努力，全市社会治理体系基本健全，治理能力明显提升，社会大局保持稳定，社会生态得到优化，在社会治理的重点领域和关键环节取得突破进展。”在踏实、科学、创新的“两目标、三体系、五坚持”的工作思路指导下，佛山社会治理工作必然取得佳绩。

第二章

响“乐锣”：党建引领，以人为本

佛山市在探寻市域社会治理现代化新路径的过程中，坚持党和党建对相关工作的全面引领，充分发挥政治引领的作用，并秉持以人民为中心的原则，联合多方力量，共同统筹协调，最终成功闯出一条新道路。

一、党建全面引领，聚力探索新治理

（一）中央指引方向，绘就治理蓝图

2013 年 11 月，党的十八届三中全会通过的《中共中央关于全面深化改革若干重大问题的决定》明确，全面深化改革的总目标是完善和发展中国特色社会主义制度，推进国家治理体系和治理能力现代化。此文件首次提出“推进国家治理体系和治理能力现代化”的改革目标。党的十八大以来，习近平总书记多次提及坚持和完善中国特色社会主义制度、推进国家治理体系和治理能力现代化的重要性，并为其指明了前进方向、提供了根本遵循，引领中国不断迈向“中国之治”新境界。

市域社会治理是国家治理的重要组成部分。《中共中央国务院关于加快推进社会治理现代化开创平安中国建设新局面的意见》是对坚定不移走中国特色社会主义治理之路，建设更高水平的平安中国作出的重大战略部署，也是贯彻落实党的十九届四中全会精神、坚持和完善共建共治共享社会治理制度的具体实践。党的十八大以来，以习近平同志为核心的党中央高度重视市域社会治理工作，先后召开中央城镇化工作会议、中央城市工作会议等一系列重要会议，对相关工作提出明确要求、作出战略部署。继党的十九届四中全会提出“加快推进市域社会治理现代化”之后，党的十九届五中全会提出“加强和创新市域社会治理，推进市域社会治理现代化”，党的二十大进一步提出，“加快推进市域社会治理现代化，提高市域社会治理能力”。中央的一系列文件和举措集中凸显了市域治理现代化的重要性和紧迫性。

基层社会治理是联系群众、服务群众、感知群众、接收反馈的国家治理神经末梢，党和国家的政策决策的最终落实都在基层。而市域社会治理是基层社会治理的统领和龙头，因此推进市域社会治理现代化既是基层社会治理创新的突破口、引领基层社会治理现代化的关键环节，也是推进国家治理体系和治理能力现代化的题中之义，是崭新的时代命题。有效的市域社会治理可以将各种资源下沉到基层，不但为城市居民提供更好的精准化、精细化服务，还可以及时发现各种风险隐患，将矛盾解决在基层。因此，市域社会治理具有承上启下的作用，只有推动市域社会治理现代化，才能切实反映基层治理需求、回应基层治理关切、预防社会治理隐患、处置社会治理难点，及时有效解决社会治理中重大矛盾问题，为基层社会治理提供协助、保障与支持。中央政法委坚持以人民为中心的发展思想，以防范化解市域社会治理难题为突破口，以开展市域社会治理试点为抓手，坚持改革创新思路，指导推进各地市域社会治理现代化试点工作，探索具有中国特色、市域特点、时代特征的社会治理新模式，推动平安中国建设迈上新台阶。

党的十九届五中全会审议通过的《中共中央关于制定国民经济和社会发展第十四个五年规划和二〇三五年远景目标的建议》，为城市治理创新指明了方向、提供了遵循。文件指出“十四五”时期经济社会发展必须遵循的原则之一就是坚持党的全面领导。坚持和完善党领导经济社会发展的体制机制，坚持和完善中国特色社会主义制度，不断提高贯彻新发展理念、构建新发展格局能力和水平，为实现高质量发展提供根本保证。

党的二十大报告中指出，“全面建设社会主义现代化国家、全面推进中华民族伟大复兴，关键在党。党的领导是全面的、系统的、整体的，必须全面、系统、整体加以落实。”中国共产党在国家治理体系中的领导核心地位，决定了必须以坚持和巩固党的领导作为开展我国城市治理工作的出发点和落脚点。中国共产党是中国最广大人民根本利益的代表，党的领导是中国特色社会主义最本质的特征，是中国特色社会主义制度的最大优势。因此，必须加强党的领导和党的建设，加强和创新市域社会治理，推进市域社会治理现代化。

（二）突出政治引领，发挥先导作用

讲政治是马克思主义政党的根本要求，政治引领既是党百年奋斗的重要经验，也是党治国理政的重要特色，更是社会治理的重要方式。要探索中国特色的社会治理，必须旗帜鲜明地讲政治，切实加强政治引领，这是

中国社会治理区别于资本主义国家社会治理的本质所在。把握政治方向，最根本的是坚持以习近平新时代中国特色社会主义思想为指导，坚定不移走中国特色社会主义社会治理道路。习近平新时代中国特色社会主义思想是马克思主义中国化的最新成果，是推进市域社会治理现代化的根本遵循。

佛山市始终把学懂弄通做实习近平新时代中国特色社会主义思想作为首要任务，坚持党的领导、人民当家作主、全面依法治国有机统一，走好中国特色社会主义社会治理之路，高度重视政治引领在社会治理中的决定性、根本性作用，切实把政治引领贯穿于市域社会治理全过程和各方面。全市上下深刻认识到中国共产党的政党本色必然要求政治引领、人民民主专政的国家性质必然要求政治引领、中国特色社会主义的制度属性必然要求政治引领，以自身实践切实增强政治自觉，提升政治能力，充分发挥政治引领的先导性、根本性、决定性作用，更好地运用政治思维和政治方式，加快推进市域社会治理现代化。

基层社会治理是经济社会健康发展的基础，也是一项长期任务和系统工程，党建引领对于实现基层社会治理的现代化具有重大意义。在基层社会治理中，市域层级关键、地位重要、作用独特，承担着执行党和国家大政方针的重大责任。因此实现市域社会治理现代化必须坚持党建引领，确保党的工作大局和大政方针在市域社会治理中得到充分体现。

坚持党建引领，将中央精神、省市要求和地方实践高度融合，是佛山市基层社会治理创新取得实效的前提条件。佛山市紧紧围绕党中央关于打造共建共治共享社会治理格局的精神，以及深深牢记广东省赋予佛山高质量发展的使命，始终坚持发挥党组织的政治引领、组织引领、能力引领和机制引领作用，大力开展党建引领社区治理创新工作，以更高的标准为群众办实事、解难题、谋福祉，从源头上解决问题、化解矛盾、改善服务，切实增强群众的获得感、幸福感和安全感，为佛山实现高质量发展奠定了稳定和谐的社会基础。

在实践中，佛山市坚持把党建引领基层社会治理现代化作为一项长期性、基础性工作来抓，以市域社会治理试点建设为抓手，坚持和发展新时代“枫桥经验”，不断推进社会治理改革；同时强化政治引领作用、抓实基层组织建设、完善便民服务体系，扎实推动解决群众“急难愁盼”问题，将基层党组织的政治优势、组织优势转化为治理效能，积极探索具有佛山特色的党建引领基层社会治理现代化模式，持续推进党建引领基层社会治理现代化各项工作任务，有效破解市域治理瓶颈，不断提升基层社会治理水平，奋力开创佛山市党建引领基层社会治理现代化工作新局面。

佛山市发挥自身政治优势，加强党对市域社会治理现代化的集中统一领导，做实做强市域社会治理现代化的指挥体系。始终与党中央保持高度一致，做到党中央决策部署到哪里、治理工作就落实到哪里；坚决维护党中央权威和集中统一领导，充分发挥省、市、县、乡、村五级党组织作用，努力打造权责明晰、高效联动、上下贯通的社会治理指挥体系，确保党中央政令畅通、令行禁止，切实把党的政治优势转化为社会治理优势。

佛山市还通过凝聚政治力量构建共建共治共享的市域社会治理格局，引导全社会更加自觉投身市域社会治理现代化实践，营造更加浓厚的“大抓党建、大抓基层”氛围。全市上下也纷纷响应市委市政府号召，进一步制定和落实一系列政治引领市域社会治理的工作措施，并取得了良好成效。

比如在2021年，佛山市三水区正式印发出台《佛山市三水区新一轮加强基层党组织建设三年行动计划（2021—2023年）实施方案》及配套文件，全面从严治党主体责任更加落实，党组织领导的基层治理体系更加完善，基层党组织和党员的作用发挥更加充分，党在基层的执政基础更加牢固。再如敦根社区作为佛山市南海区九江镇党建引领基层社会治理试点社区，在近两年的时间里，不断探索完善“1258”工作法：“1”即按照“一载体一核心，一平台一章程”原则，通过建立街坊会构建新型村居社会公共服务平台，承担动员社会力量、统筹社会资源、提供社会公共服务等职能；“2”即促进市场机制和志愿机制两种机制融合，实现社会公共服务和社会管理双重功能；“5”即以街坊会为载体，促进“政治”“自治”“法治”“德治”“智治”五治融合；“8”即开展空间管理、安全管理、环境卫生、文化体育、政策宣传、日常生活、纠纷化解，以及其他经村（社区）委会或经济社委托进行的服务，共八大公共服务领域。敦根社区在人居环境整治提升和基层社会治理方面取得显著成效，为佛山市各村（社区）推广党建引领基层社会治理现代化提供了宝贵经验和标准指引。

案例

南海区党组织引领的新型特色社会动员体系

南海区自2018年3月起，通过社会化、专业化手段，打造新型特色社会动员体系，在社区细胞中建成常态运作的利益表达机制、议事协商机制、责任共担与利益共享机制、矛盾预防与化解机制，改善社区治理能力不足、动力不足、参与不足、资源不足等问题。通过撬动资源，激发社会活力，提升基层党组织的组织力、统筹力、感召力、动员力、执行力，让公众参与逐步实现有序参与、高质量参与、全民参与、持续参与，建设“人人有责、人人尽责、人人共享”的社会治理共同体。

提供机制制度支持，指导镇街、社区党组织激发社区活力，动员各类社会力量协同。提供空间阵地支持，在区、镇、社区三级创建社区治理空间，打造1+8+N创益体系。以空间参与—活动参与—服务参与—公共事务参与为路径，负责把政府社会福利、社会政策、社会服务输送到社区。提供资金资源支持，设立社会治理创新专项奖励资金，鼓励社区设立社区发展基金，建立社会治理资源链接平台，搭建政社对话平台，增进共识。提供人才技术支持，区镇两级均成立社会服务联会，成立市域社会治理专委，组建社会建设顾问团，挖掘一线社区干部、社会工作者，培育社区规划师，建设社会工作实习枢纽平台，提升社会治理中的专业化应用效能。提供项目活动支持，通过政府购买方式和民间资金，完善社会救助体系。自主研发实施社会动员项目，确立基层社会动员导向，孵化重点项目。

有效解决治理资源不足，充分动员各类社会主体，有效发挥各种资源的优势和活力。明显增强党组织动员力，为社区党组织系统搭建了社会治理资源支持网络，更新理念丰富手段。社区干部的治理专化业水平明显提高，基层党组织的领导核心作用进一步凸显。切实提高公众参与质量，通过畅顺参与平台和渠道，公众参与社会治理的主体更加多元，事项更加多域，方向更为公益，人数日益增加，氛围越发深厚。

确立了社区党组织主导，以社会动员激活公众参与，通过社会协商协同解决回应社会问题、需求的治理逻辑，围绕重点领域，探索建立了创建熟人社区、线上线下市民议事厅、多元化解矛盾纠纷等50多个社会动员机制和品牌项目，助力构建基层治理共同体。

（三）加强思想引领，凝聚政商合力①②

中国特色社会主义进入新时代，习近平总书记在2018年纪念马克思诞辰200周年大会上深刻指出，我们党不断历经艰难困苦创造新辉煌的重要原因就是始终重视思想建党、理论强党，鲜明提出增强党的思想引领力的时代命题。2022年党的二十大报告中，习近平总书记进一步指出要“坚持不懈用新时代中国特色社会主义思想凝心铸魂”。佛山市各区人民政协夯实政治思想学习工作，坚持理论创新，不断加强思想引领在广泛团结、推进多党合作、实践人民民主中起到的作用。与此同时，佛山市工商联坚持思想引领企业发展，引领企业党建和企业生产经营的深度融合。佛山市通过加强党的思想引领工作，凝聚政界、商界的社会建设合力，以扎实多元共建佛山市域社会治理的思想根基。

在政治协商方面，以佛山市禅城区政协委员会为例。禅城政协委员会坚持以习近平新时代中国特色社会主义思想为指导，讲政治强党建，在把握新时代人民政协性质定位中落实“政协担当”。

首先，坚持“第一议题”学习制度，夯实共同思想政治基础。结合党史学习教育，开展了多场党课和专题学习会，深入学习贯彻习近平总书记“七一”重要讲话精神，及时跟进学习习近平总书记治国理政新理念新思想新战略，用党的创新理论巩固共同思想政治基础，推动党史学习教育走深走实。认真贯彻省委“两个维护”十项制度机制，实施政治要件闭环管理，增强“四个意识”、坚定“四个自信”、做到“两个维护”。扎实开展“两学一做”学习教育、“不忘初心、牢记使命”主题教育和党史学习教育。禅城区政协坚持学思用贯通，践行习近平总书记关于加强和改进人民

① 讲政治强党建，落实“政协担当”［EB/OL］. 佛山市禅城区人民政府网，2021-11-04. http：//www. chancheng. gov. cn/gkmlpt/content/5/5061/post_ 5061484. html#47.

② 思想引领助力企业高质量发展［EB/OL］. 网易，2022-03-25. https：//www. 163. com/dy/article/H3A14KJO0550037C. html.

政协工作的重要思想，“学习强国”“广东政协”“佛山研究”等平台刊载禅城区政协实践做法40篇次。

其次，推行“两个全覆盖”全面加强党对政协工作领导、加强新时代人民政协党的建设。2019年，《中共佛山市禅城区委关于加强新时代人民政协工作的意见》正式出台，从六大方面加强禅城区新时代政协工作，推动政协工作提质增效，努力开创新时代政协工作新局面。除该《意见》外，多年来，禅城区政协还在区委政协工作会议中制定《关于加强和改进人民政协民主监督工作的实施意见》，推动了基层政协制度更加成熟、更加定型。值得一提的是，区政协还设置机关党组，健全政协系统五级党建架构，建立健全党组工作规则等37项制度机制，党组把方向、管大局、保落实作用得到充分发挥。

最后，广泛凝聚共识，汇聚团结合作正能量，在深化粤港澳大湾区交流合作，推动“一带一路”建设中，禅城区政协也在发力。近年，召开多次区政协港澳委员工作座谈会、情况通报会，助推佛山市（各级）澳门历届委员联谊会成立。组织港澳委员到禅城开展专题视察，促成香港百亿科创基金、佛山LEH国际学校等落户禅城。积极为各党派团体在政协舞台展现新作为创造条件，各党派团体积极在政协全会发言、提交集体提案、提交社情民意信息。针对疫情防控、复工复产、暖企惠企等重大政策实施，深入企业走访，凝心聚力推动禅城高质量发展。

在思想引领企业发展方面，佛山市工商联通过坚持“党建引领，服务中心”的理念，大力推进了“两个覆盖”，有效地引领了企业党建和生产经营的深度融合。

以佛山市海天调味食品股份有限公司的党建工作为例，通过抓好“两个覆盖”——党组织覆盖和党的工作覆盖，加大党员发展力度，做好流动党员管理服务和引进党员职工工作，增强党的影响力。在具体工作中，海天的企业经营班子与党委班子是高度重合的。海天的党委班子深入参与制订企业的经营计划，确保企业党建和经济工作互相促进、协调推进。在此过程中，海天各个党支部班子，各党支部书记均为企业的中高层核心管理骨干。各级机构经营班子中，党员人数占比超40%，管理层和生产、业务骨干中党员占比33%。海天还着力提升整体党员队伍的建设水平，不但将各级机构班子成员培养为入党积极分子，更优先把科研骨干发展为党员。

在抓好“两个覆盖”引领企业党建和生产经营深度融合以外，佛山市工商联坚持用思想引领企业发展方向的举措还有很多。佛山市工商联坚持把理想信念教育作为思想引领的主要抓手，促进非公有制经济人士健康成长，相关实践活动已覆盖6万多家企业。理想信念教育进一步坚定了企业做大做强的信心。以海天为例，通过理想信念教育，海天认识到要不断加强企业文化建设，着力构建符合社会主义核心价值体系的，健康向上、内涵丰富、特色鲜明、员工认同的企业文化，努力使之成为企业可持续发展的动力。通过开展理想信念教育、党史学习教育动员会、党务骨干培训班等多种形式，佛山市工商联帮助企业深入学习了党的路线方针政策，坚定了企业创新发展的信心，推动企业进一步抢抓机遇，拓展新的发展空间和实现持续高质量发展。佛山市作为商业发达地区，通过加强党的思想引领工作，有效动员和凝聚商界力量，增强城市社会治理效能，并促进佛山社会环境的进一步提升和发展。

（四）筑牢组织引领，扩大党建覆盖

习近平总书记在党的十九大报告中指出：“以提升组织力为重点，突出政治功能，把企业、农村、机关、学校、科研院所、街道社区、社会组织等基层党组织建设成为宣传党的主张、贯彻党的决定、领导基层治理、团结动员群众、推动改革发展的坚强战斗堡垒。”同时，习近平总书记亦指出，马克思主义政党力量的凝聚和运用，在于科学的组织。扩大党的组织和党的工作的覆盖面，是新时代基层党建工作的重点任务。党的二十大报告中，习近平总书记进一步提出：“坚持大抓基层的鲜明导向，抓党建促乡村振兴，加强城市社区党建工作，推进以党建引领基层治理。”佛山市在推动党建引领市域社会治理过程中，牢牢把握基层组织党建工作，筑牢组织根基。在农村、城市、企业、社会组织各领域扩大党组织的有效覆盖，牢固树立“全域党建”意识，整体推进党建工作，对于符合组建党组织条件的，做到应建尽建；对于暂不具备组建条件的，加强党的工作，切实做到“哪里有群众，哪里就有党组织”，实现党组织的“无缝隙覆盖”。

在筑牢组织引领的过程中，佛山市聚焦于基层群众自治的党组织引领

工作。基层群众自治是伴随着新中国发展历程而生长起来的一种最广泛、最直接、最有效的民主实践，在我国政治制度体系中发挥着独特作用。发挥人民群众在国家治理中的主体作用，需要健全充满活力的基层群众自治制度，在城乡社区治理、基层公共事务和公益事业中广泛实行群众自我管理、自我服务、自我教育、自我监督，推进基层直接民主制度化、规范化、程序化。要健全基层党组织领导的基层群众自治组织，需要在农村建立以基层党组织为领导、村民自治组织和村务监督组织为基础、集体经济组织和农民合作组织为纽带、其他经济社会组织为补充的村级组织体系；在社区构建基层党组织领导、基层政府主导的多方参与、共同治理的社区治理体系，提高服务基层群众的能力水平。

比如，南海区委政法委坚持党建引领，向社区党组织放权赋能，建立了“社区党委—小区党组织—街坊志愿互助会党小组—楼道小组—居民”党群共建体，以社区党员、社团领袖居民骨干为主力，组建社区治理队伍超7000人。除此之外，南海区还打造了以党建为引领，以“创建熟人社区”工作法为手段，唤醒居民公共精神，引导居民互信共治，广泛发动党员群众当好“领头雁”，鼓励社区居民自愿参与基层治理，让桂城这座脱胎于水田的城市奔向善治之路。

案例▶

南浦社区首创支部建在小区，打造基层社会治理新样板

佛山市禅城区祖庙街道南浦社区通过小区党支部精准发力，创新性地探索建立党员楼长制、把党支部建在小区上、党支部书记还兼任业委会主任等一系列措施，不仅筑牢了疫情防控的铜墙铁壁，还破解了社区治理本身存在的各类问题，实现了“为民作主”到“由民作主”、居民“自治”到居民“善治”的巨大转变。南浦社区相关经验做法被祖庙街道及时总结，形成可复制、可推广的工作模式，在全街道普及并被禅城区推广，为佛山基层治理提供可复制的新样板。

南浦社区注重选优配强小区党支部班子，根据前期摸排情况，精心挑选威望高、能力强、素质好的党员居民骨干担任小区党支部支委。支部建

在小区上，夯实政治引领根基。同步建立兼职委员制度，邀请机关在职党员、退休党员干部等担任小区党支部兼职委员。2020 年 3 月 5 日，祖庙街道批准南浦社区成立第一个小区党支部——南浦新村党支部，这是禅城区首个小区党支部，逐步构建"社区党委—小区党支部—业委会—物业公司"的闭环管理模式。

书记兼业委会主任，探索良性互动模式，率先实现"一肩挑"任职。这是佛山市首个由小区党支部统筹推动成立，党支部书记和业委会主任"一肩挑"的小区业委会。

多元力量齐参与，推动社区共治善治。成立楼长先锋队，南浦社区党委在疫情防控志愿者队伍中精心物色在群众中具有较高威望且管理能力较强的小区骨干、优秀党员或退休老干部担任楼长。成立"树旗帜·展先锋"南浦新村党员楼长先锋队，注重引导党员楼长当好"六员"，即政策宣讲员、信息收集员、矛盾调解员、困难帮扶员、爱心传递员、物业监督员。

南浦社区通过把支部建在小区上、党支部书记兼任业委会主任、多方力量参与社区治理，不仅筑牢了疫情防控的铜墙铁壁，还破解了小区治理中的疑难问题。小区有了党组织这个"主心骨"的领导，广大居民群众参与小区治理的积极性、主动性、创造性被最大限度调动起来，夯实了小区治理"主心骨"。

二、以人民为中心，共创佛山新面貌

中国特色社会主义进入新时代，城市居民对美好生活需要越来越迫切，不仅对物质文化生活提出了更高要求，而且在民主、法治、安全、环境等方面的要求也越来越高，这对社会治理提出了新任务和新挑战。佛山市在完善市域社会治理的工作中时刻铭记人民群众是社会治理中最活跃、最有活力的因素。市域社会治理不是党和政府的"独角戏"，而是需要充分发挥城市居民的自主性、积极性和创造性，依靠广大人民群众的智慧和力量，建设人人有责、人人尽责、人人享有的社会治理共同体。因此，推进市域社会治理现代化，必须贯彻以人民为中心的发展理念，坚持人民城市人民建，人民城市为人民。

为推进市域社会治理现代化，佛山市坚持从满足人民美好生活需要出发，以解决好广大人民最关切的公共安全、权益保障、公平正义等问题为导向，切实增强城乡居民的获得感、幸福感、安全感。同时，佛山市集中力量做好基础性、普惠性民生工作，不断提高公共服务能力，为民谋利、为民办事、为民解忧。不断健全充满活力的基层群众自治制度，充分激发人民群众的积极性、主动性、创造性，做到治理过程让群众参与、治理成效让群众评判、治理成果让群众共享。

（一）夯实基层党建，创建自强佛山

基层治理是国家治理的基石，统筹推进乡镇（街道）和城乡社区治理，是实现国家治理体系和治理能力现代化的基础工程。党章规定，街道、乡、镇党的基层委员会和村、社区党组织，领导本地区的工作和基层社会治理，支持和保证行政组织、经济组织和群众自治组织充分行使职权。城市基层党组织既是市域社会治理体系的领导者，也是提高市域治理能力的实践者。因此，推进市域社会治理现代化，必须健全完善与之相适应的城市基层党建工作体制机制，以党建为引领，发挥党总揽全局、协调各方的领导核心作用。只有把党的领导贯穿社会治理创新各方面、全过程，通过政治引领、组织引领、能力引领、机制引领，把党的领导融入基层社会治理，才能形成基层社会治理支撑点，使基层社会治理政治方向不偏离，资源能力有保障，才能上下贯通、左右协调，形成社会治理的有效合力，把党的领导和我国社会主义制度的政治优势转化为基层社会治理的强大效能。

2021年4月发布的《中共中央、国务院关于加强基层治理体系和治理能力现代化建设的意见》提出，基层治理是国家治理的基石，统筹推进乡镇（街道）和城乡社区治理，是实现国家治理体系和治理能力现代化的基础工程。其中最重要的工作原则之一就是坚持党对基层治理的全面领导，把党的领导贯穿基层治理全过程、各方面。

近年来，广东省委、省政府坚决贯彻落实党中央决策部署，把抓基层、打基础作为长远之计和固本之策，着力加强和创新基层社会治理，加

快推进平安建设，推出了一系列创新务实举措，创造了许多成功经验，在战疫情、防风险、保安全、护稳定等方面取得了明显成效，为广东高质量发展夯实了基础，为粤港澳大湾区建设创造了稳定的社会环境。

为充分发挥基层党组织战斗堡垒作用，佛山市委全面深化改革委员会印发《关于推进党建引领基层社会治理现代化的实施方案》，提出加强党对基层社会治理的领导、完善上下贯通执行有力的组织体系等系列重点改革措施，通过强组织、稳基层、重引领等举措，将基层党组织的政治优势和组织优势成功转化为实实在在的治理效能，获得群众好评。佛山市始终以习近平新时代中国特色社会主义思想为指导，坚持和加强党的全面领导，坚持以人民为中心，以增进人民福祉为出发点和落脚点，以加强基层党组织建设、增强基层党组织政治功能和组织力为关键，以加强基层政权建设和健全基层群众自治制度为重点，以改革创新和制度建设、能力建设为抓手，建立健全基层治理体制机制，推动政府治理同社会调节、居民自治良性互动，提高基层治理社会化、法治化、智能化、专业化水平。

根据《佛山市加强党的基层组织建设三年行动计划（2021—2023 年）实施方案》，2021—2023 年佛山将分别以“完善组织体系开启新征程”“提升党建引领基层治理效能”“高质量党建推动高质量发展”为主题，努力把各领域基层党组织锻造得更加坚强有力。

为实现市域社会治理的现代化，加强和创新基层社会治理，佛山市坚持和发展新时代“枫桥经验”，坚持大抓基层、大抓基础的导向，推动更多力量向引导和疏导端发力，健全乡镇（街道）政法委员统筹协调工作机制，构建网格化管理、精细化服务、信息化支撑、开放共享的基层管理服务平台，不断提升基层社会治理水平，将矛盾纠纷解决在基层、化解在萌芽。

2021 年发布的《佛山市扎实开展抓党建促乡村振兴示范区创建工作方案》（以下简称《方案》）指出，为落实新一轮基层党建三年行动计划，佛山市初步提出推进“活力党建”5 个方面 35 项举措。禅城区是中心城区，是展示城市文明形象的重要窗口，治理精细化责任越来越重；南海区、顺德区是经济大区，在重塑产业生态、重塑城乡新面貌方面亟待推进；高明区、三水区在打造田园城市新样本、推进乡村全域振兴中责无旁

党建引领基层治理的新实践，密切党群联系，凸显党组织在基层的引领作用。2019年，南海区印发《关于织密三级党建网络、创新新时代联系群众工作的工作方案》，建立村（社区）党组织、经济社（住宅小区）党支部、户联系党小组三级党建网格，以网格为单元创新新时代联系群众工作。南海区各镇级单位也积极响应区政府号召，制订并贯彻落实了一系列关于织密三级党建网格的相关工作方案。比如，南海区里水镇就发布了《以三级党建网格建立议事协商机制》，着力发挥社区党组织引领作用，提升统筹资源和共治能力。强化党组织力量，社区党组织一级抓总、住宅小区党支部二级管理指导、户联系党小组三级入户联系，织密三级党建网格。

实践中，南海区以习近平总书记关于基层治理的重要论述及有关政策法规为标准，按照“宣讲政策、回应诉求、践行法治、弘扬正气、服务千家万户”的原则，构建了行政村党委、村民小组（自然村）党支部、党小组三级党建网格，要求党员亮身份、亮职责、亮承诺，充分发挥党员在乡村治理中的作用。南海区的党员干部勤勤恳恳为民办事，不再像以往一样坐等群众上门，而是主动到群众中去解决实际问题。这种“快速解难，群众有感”的工作模式，不但调动了各方参与基层服务的积极性，也有效提升了直接联系和服务群众的效率。比如，南海区的里水镇，在落实三级党建网格的过程中，一方面利用社区用房、公共空间建设党群服务站，凝聚党员力量，提升党员服务群众水平；另一方面，社区党委积极排查走访小区内的党员，落实在职党员“一报到两认领双管理”工作，推动在职党员主动到居住社区报到，并悬挂党员家庭牌匾亮身份，每个小区定期召开党员座谈会，鼓励其参与小区事务和志愿服务。

除此之外，为密切联系群众，强化基层党组织领导地位，南海区还将驻点联系作为强化基层党建、深化基层治理、引导基层转型升级的重要抓手，把党员“户联系”作为纵深推进驻点联系的深化和延伸，努力实现“每名党员都联系群众，每名群众都有党员联系着”，鼓励党员采取灵活有效的方式随时、随地进行联系。比如南海区的儒溪村通过筑牢三级党建网格，党组织下沉到每个经济社开展工作助力乡村振兴，村党委作为一级网格负责网格内的党群组织，经济社党支部作为二级网格实施党员先知先议先决，户联系党小组作为三级网格通过党员倾听群众声音和联系群众。真正做到“组织建在网格上、党员融入群众中”，实现“党建引领·一呼百应”。

织密三级党建网格不仅有利于凸显党员职责和身份，发挥党员能力特长，同时还便于增进群众感情。这既克服了个体党员力量有限的问题，又避免了一些党员成为“沉默者或旁观者”，从而使得党员在乡村治理中可以切实发挥先锋模范作用。三级党建网格的设立，也奠定了南海党建引领构建共建共治共享基层社会治理新格局的良好基础，两年来的实践得到了上级肯定，也作为全国首批20个乡村治理典型向各地推荐。南海还将继续进一步深化三级党建网格建设工作，织密三级党建网格、创新新时代联系群众工作，不断拉近党委和群众之间的“物理距离”和“心理距离”。同时也为群众打通信息传递的渠道，搭建议事决策的平台，树立攻坚克难的榜样，切实把党组织的正确主张转化为群众的自觉行动。为建设全省城乡融合创新试验区和全面推进乡村振兴凝聚更大合力，也以南海的实践探索提供更多党建引领基层治理的“南海实践”。

（三）急群众之所急，赋能幸福佛山

新时代中国社会主要矛盾发生了历史性变化，人民群众对安全、公平、正义等方面的新需要日益增长，对政法战线履行好职责使命充满期待。2021年2月20日，习近平总书记在党史学习教育动员大会上，就如何为群众办实事提出了一系列明确要求，指明了党史学习教育的基本着力点，也为开展好“我为群众办实事”的实践活动提供了根本遵循。

佛山市坚决贯彻落实习近平总书记重要指示精神，贯彻以人民为中心的发展思想，强化公仆意识和为民情怀，自觉践行党的宗旨，尽心竭力为群众办实事解难题，以看得见、摸得着、享受得到的新变化赢得民心，不断夯实党的执政根基。同时深入研究新时代群众工作规律，掌握科学的思想方法和工作方法，发扬优良作风，真正把实事办好、把好事办实、把急事办妥、把难事办成，始终把人民对美好生活的向往作为奋斗目标，倾听人民群众的呼声和诉求，着力解决人民群众的“急难愁盼”，不断增强人民群众的获得感、幸福感、安全感。

佛山市深刻认识到，在解决群众的“急难愁盼”上需要力戒形式主义，防止行动上的偏差，必须做到不虚不偏。佛山市各级单位致力于深入了解群众需求，走深走实群众路线，亲力亲为调查研究，走出去、沉下去，到群众和基层中去，真诚倾听群众呼声，真实反映群众愿望，真情关心群众疾苦，真正摸清群众所思所盼、所急所难，使自身办实事更有针对性、更符合群众愿望和利益。佛山市也认识到为群众办实事，重在解决实际问题。老百姓的难点、“痛点”就是自身工作的着力点，因此，佛山通过抓住老百姓最关心最直接最现实的利益问题，攻克难点、纾解痛点、打通堵点，补齐民生短板，不断增进民生福祉。除此之外，佛山市还通过发挥各部门自身优势，真正做到为群众办实事。佛山市各级政府督促每个部门围绕自身的主业主责办好实事，让群众减少揪心事。佛山市委政法委紧密结合政法工作职责，筛选出一批能直接安民便民利民的项目，把群众的“急难愁盼”之事当成心中的大事心事，真正把实事办在群众心坎上。除此之外，佛山市始终坚持尽力而为、量力而行，提高办实事质效，确保事事有回音、件件有落实。坚持抓常抓长，既努力做到立足当前、及时为群众排忧解难，又注重着眼长远、建立完善为民办实事长效机制。

实践中，佛山市聚焦群众“急难愁盼”问题，以“一月三问”机制（月初问任务、月中问进展、月底问成效）推动重点工作落地见效，做好民生工程和城市管理治理，不断提升人民群众的获得感、幸福感、安全感。除此之外，佛山市还将试点创建与“我为群众办实事”的实践活动相结合，先后牵头开展基层矛盾纠纷化解、防范打击电信网络诈骗、整治村（社区）非法锁车收费问题等专项行动，认真解决好群众最困难最忧虑最急迫的实际问题；推动群众诉求“指尖”服务，实现“数据多跑路、群众少跑腿”，全力打造佛山版“网上枫桥”。

除此之外，佛山市同样关注影响社会稳定的猖獗犯罪，将其作为政法机关打击的重点，坚持以常态化扫黑除恶为抓手，保持对黑恶势力违法犯罪的高压态势，让城乡更安宁、群众更安乐，确保各类不稳定因素发现在早、处置在小，使人民群众安全感更有保障。

实践中，佛山市进一步织密社会治安防控网、矛盾风险防控网和公共安全风险网，推动扫黑除恶斗争常态化，对“黄、赌、毒、拐、骗”等违法犯罪行为露头就打，促进社会治安持续好转；坚持和发展新时代“枫桥经验”，用大概率思维应对小概率事件，确保社会大局始终处于总体平稳状态；推进网络综合治理体系建设三年行动计划，成为全省网络综合治理体系建设唯一试点城市。

比如 2021 年以来，佛山市公安局禅城分局在习近平新时代中国特色社会主义思想的指导下，坚持以人民为中心，践行“网络群众路线”，深入开展“我为群众办实事”实践活动，深度结合“禅城公安”融媒矩阵创新探索出“你举报我行动”警务模式，凭借“一个专班”、“一套机制”和“一颗初心”，不断探索社会治理新模式，全心全意为群众办好了一系列实事，真正让社情民意变成群众满意。

三、多方统筹协调，协同走出新道路

进入新时代，习近平总书记创造性提出了优化协同高效原则。优化协同高效原则不仅是设计党和国家机构职能体系的原则，也是推进改革、加强机构编制日常管理的原则。党和国家机构改革很好地坚持了优化协同高效原则，促进了党和国家各类机构职能科学合理、权责一致，有统有分、有主有次，履职到位、流程通畅。深刻总结历史经验，优化协同高效原则是对精简统一效能的继承与发展，标志着党对机构改革和机构编制管理工作的规律性认识提高到了新的水平，必须切实贯彻到机构编制各项工作中。

佛山市 2020 年发布了《推进佛山市市域社会治理现代化试点工作的实施方案（2020—2022）》（以下简称《实施方案》），其中的工作部署就强调了统筹协调、协同治理的重要性。《实施方案》指出，推进市域社会治理现代化要做到以下方面。一是理顺纵向架构，增强市域社会治理联动力。需要厘清市、区、镇三级各自的角色定位和权责清单，明确市级重在统筹协调，区级重在组织实施，镇（街道）重在强基固本，各级联动下好市域社会治理“一盘棋”。二是完善横向协同，增强市域社会治理凝聚力。需要完善党委领导、政府负责、社会协同、公众参与、法治保障等机制，凝聚党、政府、社会组织、人民群众等多元主体力量，从而协同推进市域社会治理现代化。

（一）市区两级统筹，全域响应联动

治理体系和治理能力现代化是新时代的重要课题，以佛山为代表的珠三角城市，为实现市域社会治理现代化，致力于发挥市区两级统筹能力，聚焦镇域经济，逐步使五区实现有效协同，使镇（街道）形成合力，在市区两级统筹协调下进一步激发镇（街道）自下而上的力量，为区域协同发展方面加强引导提供更多数据参考。

佛山市委、市政府坚持树立全市“一盘棋”思想，强化全市统筹协调发展，加快构建“强市、活区、实镇”发展新格局，加快关键环节和重点领域改革。佛山强镇经济模式，近年来充分释放活力，为全市经济社会发展作出了重大贡献。但由于布局分散、发展碎片化、产出效益低，在经济迈向高质量发展过程中逐渐凸显出弊端，加强市级统筹的措施成为重中之重。佛山市深刻认识到，市级统筹能力越大，推动协调发展的能力才会越强。为增强市区统筹能力，近年来，佛山市加大力气做到“三聚焦三注重”强化市级统筹，努力使佛山市在新时代展现新作为、创造新业绩。

“佛山之治”措施之一是聚焦“关键”，注重理顺市、区和镇（街道）的权责关系。市、区和镇（街道）三级之间权责清晰，政令通达，工作落实快速有成效。理顺这三级的权责关系是佛山市改革发展的迫切需求，也是加强市级统筹的关键。强化市级统筹，并不是“劫富济贫”，也不是“搞大锅饭”，而是各级各有工作重点和分工。佛山市从发展大局和战略的高度深刻认识到其重要性，在推进中聚焦关键，深化行政管理体制机制改革，强化市级资源配置统筹能力。按照“市统筹、区建设、市区联动”原则和具体部署，与机构改革有机衔接起来，厘清市、区层级事权关系。同时加强市级在规划布局、重大平台、基础设施等方面的统筹力度，对于适宜下放区一级政府行使的职权做到能放则放。此外，佛山市加强组织领导，积极成立由主要领导牵头负责的市级统筹领导小组，下设办公室，专门负责统筹协调各区，提高统筹效率；并且赋予领导小组决策权和财政权，保障工作顺利推进。同时强化区级政府推动经济发展、城市建设管理和发展社会民生事业等职能。区级政府在市的统筹下，主要精力放在如何发展好经济，如何建设管理好社会，如何解决好群众最迫切最需要的民生问题上。而把镇（街道）工作重心转到基层治理和公共服务、公共管理、公共安全上来。加强基层党建引领的作用，整合基层资源，采取“直联制”、党员“户联系”和“三社联动”等做法，推动社会治理创新，做好群众工作，不断增强基层队伍本领，提升基层善治水平，营造共建共治共享社会治理格局。

“佛山之治”措施之二是聚焦“保障”。佛山市注重完善和促进高质量发展的制度体系。制度是一个运行的规则，具有规范性、普遍性和长期性的特点，能有效保障高质量发展长久长远。加强市级统筹，目的就是促进全市高质量发展，这需要有力而完善的制度作保障。落实加强市级财政统筹机制工作方案，建立全市性重大项目建设市级财政统筹制度，增强市级对重要战略资源、重大项目、重点工作的统筹力和执行力。市级统筹领导小组及其办公室负责统领全市涉及重要战略、重大项目、重点工作的制度研究，制定、督导、评估和运行监测等全链条管理，印发年度政策汇编。除此之外，佛山市还发挥重大工业项目引领支撑作用，以重大产业项目建设带动工业投资，完善并实行市、区干部挂钩联系制度，根据投资大小分别由市、区领导挂钩联系，督导推动；持续深化供给侧结构性改革，落实“破、立、降”机制，深化要素市场化配置改革，加快培育引进新兴产业，构建降本减负长效机制，从根源破除低端无效供给。着力建设实体经济、科技创新、现代金融、人力资源协同发展的产业体系。为了进一步推动高质量发展，佛山市还持续加快形成与之相匹配的指标体系、政策体系、标准体系、统计体系和绩效评价，同时注重制度落地，配套考核机制和奖惩机制，坚决纠正有令不行、有禁不止、无视制度等问题。

“佛山之治”措施之三是聚焦“典型”，注重打造强化市级统筹的示范区。先进的示范区有典型性、带动性和说服力，可以激励先进，形成你追我赶的热潮。前两年建立的佛山市投资促进中心，已经构建起市区信息互通、横向配合、纵向联动的大招商格局，加强市级统筹的探索，并已取得实效。在已经出台《粤港澳大湾区发展规划纲要》的背景下，佛山市将加大力度打造市级统筹的示范区，以强大的平台融入大湾区、拥抱大湾区。三龙湾高端创新集聚区和佛山国家高新区都是佛山市委市政府下决心全力建设的重大平台，目标是将其打造成强化市级统筹的示范区。三龙湾高端创新集聚区综合规划和管理体制已基本确定，管理体制改革方案也逐步落到实处，市区两级把发展重心、发展资源、工作精力向三龙湾高端创新集聚区倾斜。由市级统筹领导小组统筹，市重点项目工作局具体推进，指导各区推进开发、项目引进等具体工作。

强化系统思维，坚持系统观念，是“十四五”时期经济社会发展必须遵循的原则。市域社会治理是一项综合性的系统工程，也必须强化系统思维，科学把握社会治理的规律和特点，注重从整体和大局出发，提高统筹谋划能力。佛山市全面准确理解市域社会治理的内涵和外延，将市域社会治理放在国家治理这一大棋局中加以谋划，同时注重同省域治理和县域治理相互配合、同向发力，真正形成市域社会治理的集成效应。佛山将继续发挥市级统筹的力量与智慧，调动起区级应有的能量，在“南+三”和“顺+高”两两结对发展下，发挥“首善之区”的禅城的优势，以及在市区两级统筹协调下进一步激发镇（街道）自下而上的力量，为其他地区的区域协同发展方面加强引导提供更多第三方参考。

（二）加强条块协同，形成发展合力

条块结构是中国行政运行的组织框架，也是政府行为的结构基础，其背后是专业化与属地化两套治理逻辑的交互整合。党的十七大报告提出了“加快行政管理体制改革，建设服务型政府”的政府改革新目标，其中明确指出要“规范垂直管理部门和地方政府的关系”。《佛山市人民政府关于印发〈佛山市国民经济和社会发展第十四个五年规划和2035年远景目标纲要〉的通知》中，也提出要发挥基层党组织战斗堡垒作用，构建党组织领导的区域统筹、条块协同、上下联动，共建共治的社会治理工作新格局。各级单位需要建立健全规划实施工作机制，做好信息沟通、工作协调及监督评估工作，形成条块联动、分级负责的工作体系。

佛山市市内仍存在许多地方和单位协同联动不紧密的问题，突出表现为“三差”。一是上下互动有“落差”，部分地区存在“上热中温下冷”的现象。传统逐级上传下达的业务流程、条状纵向垂直的工作方式难以有效管理，导致社会治理长期“底数不清、情况不明”，无法满足新时代社

会治理需要。二是部门协同有“误差”，各部门之间的协作配合机制还不完善，存在“各自为政、条块分割、烟囱林立、信息孤岛”等问题。三是条块联动有“逆差”，存在多头重复部署问题。市域治理存在复杂性、长期性和不确定性，因此需要各级各方的协同配合、联动推进。

城市基层党建是多元主体、多项工作构成的有机系统。为打破条块壁垒、形成发展合力，解决各级党组织统筹能力不强、辖区单位党组织游离于条块之外、彼此联动不紧密不高效等问题，佛山市在上下联动、条块结合上用力，全面深化城市基层党建，持续抓重点、破难点、塑亮点，有效破解条块联动不紧密、党建与业务“两张皮”等突出问题，在各行业系统凝聚起党建引领服务高质量发展的强大合力，推进新时代城市基层党建创新发展。佛山市政府通过高位统筹，逐步实现全域联动，变“单兵突进”为“协同作战”。打破“就条抓条、就块抓块”的惯性思维，牢固树立“抓行业就要抓党建”的理念，强化系统谋划，深入推进行业系统党建。坚持系统集成、打破分割，把与民生息息相关的行业党建作为城市基层党建的重要组成部分，推动条线力量和资源下沉，加大对区域工作特别是街道社区支持力度。

在完善基层治理机制方面，中央为各地指引了方向。党的十八届三中全会提出“要以网格化管理、社会化服务为方向，健全基层综合服务管理平台，及时反映和协调人民群众各方面各层次利益诉求”。党的十九届四中全会也专门提出了“推行网格化管理和服务，推动社会治理和服务重心向基层下移，把更多资源下沉到基层，更好提供精准化、精细化服务”。社会治理网格化在当前城市治理中扮演着越来越重要的角色，作为城市社会治理现代化体系建设的基本抓手，网格化被赋予的内涵和功能越来越多。网格化治理模式可以通过资源整合、下放事权来重塑基层治理体系，打破以往行政部门条块分割、各自为政、推诿扯皮、责权利不明等基层行政困境，构建了一套制度性的协同治理机制，能够有效克服政府的“碎片化”，从而适应流动社会背景下的公共治理需要。佛山市的“十四五”规划也提出，要健全跨区风险联动处置机制，建立健全跨领域风险综合治理机制。推动网格化服务管理平台与社会治理有关平台一体化运行，依托信息化手段，构建贯通市区镇（街道）村、联通相关领域的市域社会治理信息综合、指挥调度、联动处置体系。

近年来，佛山市的网格化社会治理工作也取得了一定成效，但数据仍分散在各个“条”线且彼此独立，基层采集、上报数据，却不掌握数据。针对条线垂直管理和镇（街道）属地管理缺乏联动、信息屏蔽、难以形成长效合力的问题，佛山市政府从全周期管理视角构建市域统筹协调功能，引导各级各部门明确自身职责定位，发挥行动主体和资源要素的潜在效能，加强科学统筹，形成齐抓共管的工作局面，注重将“条条”部门的专业管理与“块块”部门的属地管理优势相结合，实行“条块联动、块抓条保、属地统领、捆绑考核”的属地化条块联动管理模式，切实加强对活动的领导和指导，逐步破解“协同联动不紧密”的问题。

除此之外，佛山市政府还通过建立街道社区党建、单位党建、行业党建互联互动新机制，实现系统谋划、条块融合、资源统筹、整体推进。通过强化街道党工委的统筹功能，推动城区、街道、社区党组织分层次与驻区单位、新兴领域党组织优势互补、共联共建，凝聚各方支持和参与城市基层治理的合力。借鉴运用“街乡吹哨、部门报到”等经验，打通条块分割，构建全区域统筹、多方面联动、各领域融合的格局，切实发挥整体优势，激发综合效应。在政府的积极推动下，佛山全市上下逐步形成联动机制，条块互动，实现协调联动、密切配合、运转高效的良好运行模式。

佛山市始终坚持党建引领基层治理，深化新时代“枫桥经验”，其中以三水区西南街道为试点，开始探索实施党建引领“全科网格”基层治理模式，进一步提升城市基层治理效能。试点工作开展以来，政府分批将三水区西南街道的12个社区划分为153个“全科网格”，根据地域、居民、驻区单位、党组织和党员等情况，调整优化网格设置。在每个网格内配强队伍、下沉资源、服务群众，逐步构建起区域统筹、上下联动、条块协同、共建共享的基层治理格局。

（三）区域结对协作，打破发展壁垒

佛山在地理空间上由禅城、南海、顺德、高明、三水五区组成，其在行政体制上具有鲜明特色。但是五区发展水平差异明显，佛山各区在许多方面的发展水平都是参差不齐，经济总量上的大区、小区对比落差大，产

业结构偏重传统，不平衡不充分的矛盾仍比较突出。为缩小各地差距，逐步改善区域发展不平衡的问题，佛山市在 2020 年 11 月召开了第十三次党代会，提出未来 5 年佛山市将实现协调发展向高质量快速跃升，力争成为城乡区域协同发展“领头羊”，进一步优化产业空间布局、资源要素配置。除此之外，佛山市还将建立健全南海结对三水、顺德结对高明紧密协作机制，实现东、西、南、北、中互动发展。佛山的这一方案预期在一个市的范围内形成五个区的发展均衡，这一探索将为全省在区域一体化等领域提供重要经验。

佛山市南海区、三水区 2021 年 2 月 15 日召开结对协作工作推进会，两地政府共同签署了《佛山市南海区 佛山市三水区结对紧密协作框架协议》。南海区、三水区四套领导班子分别携各区委区政府办、发展改革局、教育局、财政局、交通运输局、农业农村局、卫生健康局、国资局等相关负责人齐聚一堂，共同签署结对紧密协作框架协议，携手构建优势互补、资源共享、互惠互利、协同联动的发展格局，以实际行动贯彻落实省委“1+1+9”工作部署、市委“515”战略目标任务。南海与三水在此之前已有合作基础，建立“南海－三水”结对紧密协作机制不仅是优势互补，更是优势叠加。接下来两区将进一步提高政治站位，以更高的姿态主动与对方加强沟通对接，按照框架协议确定的原则及合作内容逐一加以落实；同时聚焦项目实施，大力推进园区共建、产业协同，实施跨区连片乡村振兴等重点领域项目，探索合作共赢、利益共享的机制，全面深化合作；强化项目带动，做好招商引资，主动作为、全力以赴，全力推动各项合作措施落地见效。

南海区和三水区围绕重点产业协作、生态环境治理、基础设施联通、民生服务共享、乡村振兴互动等重点内容已经达成广泛共识，下一步将逐步推进更大范围、更深层次、更多领域结对紧密协作，实现双方优势互补和合作共赢。两区将在规划无缝衔接、产业协同共建共享、生态环境共治共管、共同推进乡村振兴、基础设施互联互通、共建国有资本平台以及公共服务互动互补七大方面进行广泛交流、互动合作，强化优势叠加、推动资源共享、实现合作共赢，形成支撑佛山高质量发展的新增长极，为全省加快推动区域协同发展，实现共同富裕探索经验、提供范例。除此之外，三水区和南海区将继续贯彻落实市委、市政府的要求部署，按照年度目标、重点工作和落实承诺“三定”要求，坚持“优势互补、资源共享、互惠共赢、协同联动”的原则，全力实施重点产业协作、基础设施联通、民生服务共享、乡村振兴互动“四大工程”，用实用好资金投入，集中力量干大事，形成一批带动力强的标杆性项目，形成 1+1>2 的发展合力，加快打造市域高质量发展新引擎，稳步朝着共同富裕的目标迈进，努力为佛山争当地级市高质量发展“领头羊”作出更大贡献。

另一组结对的顺德区和高明区同样及时响应党代会的决议，“同心同德 共创明天”顺德结对高明紧密协作启动仪式暨临空经济区基础设施首期工程动工仪式的举行，是贯彻落实市委“515”战略部署、争当全省区域协同发展“领头羊”的重大举措，也是推动高明加快发展和顺德转型发展，打造全市高质量发展新增长极的重大行动。顺德和高明一衣带水，地缘相近、人缘相亲、商缘相通，具备深厚的协作基础。长期以来，顺德大力支持高明改革发展。近年来顺德传经送宝，示范带动高明重点领域、关键环节改革突破。时至今日，两区产业链、供应链优势互补、深度融合，经济发展密不可分。目前累计有上百家顺德企业扎根高明发展，总投资超千亿元；部分企业已成为高明行业龙头或领军型企业，如万和电气、科顺建材、基业冷轧等，总体已形成“总部+基地”产业协作模式。

展望未来，顺德结对高明紧密协作空间更加广阔，前景更加美好。随着新机场、高铁、高速公路等重大交通工程规划建设加快推进，高明承东启西区位优势日益凸显。当前省委、省政府已经确定佛山湾区西向门户城市战略定位，市委市政府顺势而为、超前谋划，作出构建“中部强核、东西两带、南北两圈”高效联动产业格局决策部署，明确要求高明加快发展复合型经济、打造机场临空产业带、建设佛山西部经济新中心。省委省政府、市委市政府已经为顺高紧密协作打造佛山新增长极，创造了黄金机遇，注入了强劲动力，提供了崭新舞台。高明区将继续坚持从全市“一盘棋”的战略高度，配合顺德所需、发挥高明所能，全方位推进与顺德区结对协作；继续坚持实干创未来，科学铺排项目建设时序，细化量化工作流程，全力以赴抓好年度目标任务推进落实。同时，高明区也将加强与三龙湾管委会沟通协同，不断创新顺高紧密协作机制体制，进一步激发推动全市高质量发展的动力活力。

2022 年 1 月中旬，佛山市委、市政府进一步出台《关于建立南海结对三水、顺德结对高明紧密协作机制总体方案》（以下简称《方案》）。根据《方案》，本次结对要实施重点产业协作、基础设施联通、民生服务共享、乡村振兴互动等工程，支持高明、三水加快发展，助力南海、顺德转型发展，为佛山全市高质量发展打造新的增长极。在目标上，本次结对要促进高明、三水经济增长提速，使得两区的地区生产总值在 2023 年分别超过 1200 亿元和 1500 亿元，逐步补齐教育、医疗、养老、环保等民生服务短板，进一步缩小与南海、顺德的发展差距；到 2025 年，高明、三水地区生产总值要分别达到 1400 亿元和 1800 亿元以上，两区人均可支配收入分别达到 5.2 万元、5.5 万元以上。

《方案》指出，本次结对将推进一系列重点任务。结对的区域要共建大型产业园区，南海结对三水攻坚佛北战新产业园（广东省大型产业聚集区），重点发展先导性经济；顺德结对高明攻坚佛山临空经济区，重点发展复合型经济。而在基础设施联通上，结对区要协同推进佛山地铁 2 号线（二期）、4 号线（一期）等跨区项目建设。两个结对组合还将在乡村振兴、生产基础设施共享、民生服务共享等方面有合作。除此之外，为保障合作的推进，本次结对建立了佛山市区统筹联动机制，并建立园区合作开发机制，实行利益共享。其中，2025 年以前，合作园区增量税收和土地出让等收益的市区流程部分全部用于园区开发建设，地区生产总值、固定资产投资等重要经济数据由结对双方按 5∶5 分成统纳；2025—2030 年，合作园区税收和土地出让（工业用地除外）等收益按市级占 40%，结对区各占 30%的比例分成。

当前中国进入新发展阶段，粤港澳大湾区建设要求各地要打破发展壁垒，实现区域一体化。而一体化需要实现各地基础设施空间一体化、生产要素快速流通、生活福利逐渐均等。佛山此次“结对子”，正是剑指市内区域发展不平衡、探索实现共同富裕的重要举措。成功结对的关键在于激发各自的发展积极性，发展的“共赢”是本次探索要达到的效果。佛山市预期通过区域结对，逐步改善区域发展不平衡的问题。在助推三水、高明发展的同时，也促成南海、顺德的转型，发挥禅城的优势，让五区在产业发展、城市建设、民生福利等方面的差距逐渐缩小，让未来的佛山形成整体发展观和系统发展观，从而达到协同发展、共同富裕的理想状态。这一尝试，将为全省在解决各地市在发展过程中形成的发展壁垒问题提供经验，尤其是为区域协同发展方面加强引导提供更多第三方参考。

第三章

扎“狮骨”：体系革新，治理赋能

为搭建有效的市域社会治理体系，佛山市下了“狠功夫”：其一，通过聚拢党组织、政府、群团、社会组织和群众等多方力量，实行多元主体参与，为市域社会治理工作赋予活力；其二，完善法律法规和制度框架，通过统筹、立法、执法、普法等各方面工作，夯实法治基础；其三，充分引入高新科技，以数字化、智能化手段为市域社会治理赋能。通过在这些方面的尝试与革新，佛山最终成功搭建起了具有浓厚特色，同时又具有开创性和示范性的治理新体系。

一、多元主体参与，有机联动显活力

党的十九届四中全会通过的《中共中央关于坚持和完善中国特色社会主义制度、推进国家治理体系和治理能力现代化若干重大问题的决定》指出：“必须加强和创新社会治理，完善党委领导、政府负责、民主协商、社会协同、公众参与、法治保障、科技支撑的社会治理体系，建设人人有责、人人尽责、人人享有的社会治理共同体，确保人民安居乐业、社会安定有序，建设更高水平的平安中国。”这一要求，体现了党领导下多方参与、共同治理的理念，是社会治理理念、治理体制和治理方式的一次重大创新，是推进国家治理体系和治理能力现代化的必然要求。

多元社会主体合作共治，是我国社会治理走向现代化的重要标志。随着改革开放和社会主义市场经济的发展，我国社会阶层分化、社会关系多样、社会利益多元，单靠某一种社会力量，难以处理好我国快速现代化进程中面临的诸多社会问题，难以治理好我国处在急剧变革中的巨型社会，难以解决好各种风险和挑战。过去由于政府包揽过多，社会处于附属、被动位置，群众遇到事情大多会找政府解决，使政府不堪重负，成为我国社会治理中的一个最大难题。进入新时代，社会治理已不再是党委和政府的“独角戏”，而是在党的领导下，政府、社会组织、群众以及各方良性互动，为促进社会协调运转的共同治理。只有激发社会活力，坚持党领导下的多方参与、共同治理，发挥政府、市场、社会等多元主体在社会治理中的协同协作、互动互补、相辅相成作用，才能形成推动社会和谐发展、保障社会安定有序的社会治理合力①。

（一）多层措施并举，落实政府责任

在整个市域社会治理现代化过程中，市（县）政府是社会治理现代化

① 党的十九届四中全会《决定》学习问答［EB/OL］. 共产党网，2019-10-31. https：//www. 12371. cn/2020-01-19/ARTI1579402730711560. shtml.

策略的指定方、实施方法的探索方、实践手段的落实方，那么，理所当然，相关的工作责任也落在市（县）政府的肩上。学界普遍认为，“政府责任”包含三个方面：其一，政府作为责任主体，因职权行使而应该承担的义务和职责；其二，政府作为责任主体，在履行职权过程中担负的发自内在的自我约束的职守；其三，政府作为责任主体，需要回应责任客体的合理要求，接受监督，并对违法违规行为以及不良后果或过失负有责任，必须接受责罚[①]。唯有在市域社会治理现代化过程中落实政府责任，整个工作过程才能得到实施，整体工作才能获得必要的约束和管制，工作成果才能在外部责信和内部使命感的双重制约下产生真正有益的成果。因此，从观念、制度、执行方案等各个方面夯实和明确政府责任，方可能让市域社会治理现代化得到成功。

在实践之中，佛山市政府通过采取多方面、多层次措施，明确和落实了政府机构在市域社会治理和基层社会治理现代化过程中的责任。首先，明确在市域社会治理中，政府应当担负的角色和职责。自成为市域社会治理现代化工作试点以来，佛山市就成立了以市委书记为组长，市长、市委常委为副组长，市直47家成员单位主要负责人为成员的市委平安佛山建设领导小组。该小组与市域社会治理现代化试点工作领导小组合并办公，其通过定期会议的方式，深入学习和贯彻习近平总书记决策部署以及党中央的重要指示精神，明晰工作重点，有效构建出了由党委统一领导、政府各级各部门紧密团结的市域社会治理工作格局。同时，佛山市委全面深化改革委员会印发《关于推进党建引领基层社会治理现代化的实施方案》，提出加强党对基层社会治理的领导，完善上下贯通、执行有力的组织体系等系列重点改革措施，通过强组织、稳基层、重引领等举措，将基层党组织的政治优势和组织优势成功转化为实实在在的治理效能[②]。

其次，在顶层设计上，佛山市政府重点发挥自身职能作用，做好相关

① 韩兴光．当代中国地方政府执行力的提升路径研究［D］．上海师范大学，2016.

② 强化党建引领 发挥政治优势——佛山推动市域社会治理现代化试点工作走深走实［EB/OL］．法治网，2022－03－29．http：//www.legaldaily.com.cn/index/content/2022-03/30/content_8696030.htm.

工作统筹规划，并在政府内部建立适用于市域社会治理现代化的要素和架构设计。这些工作包括多个方面：其一，在工作规划上，佛山市基于市域社会治理现代化试点工作领导小组在前期的讨论和调研工作，制定了《关于推进佛山市市域社会治理现代化试点工作的意见（2020—2022年）》和《佛山市市域社会治理“十四五”时期规划》，做到“一张蓝图绘到底”，为市域社会治理工作提供了全局的架构，保证各政府部门能够从一开始就明晰自身的角色责任，让各项工作在开展时就拥有了相对清晰的方向路径；其二，在法治保障上，佛山市活用自身条件，将各类社会建设和管理政策法规相互交织连通，形成整体的法律法规保障框架；其三，在组织保障上，佛山市打破条块壁垒，凝聚整体合力，突出统筹融合，构建互联互动体系，佛山市委切实履行主体责任，成立市域社会治理工作领导小组，层层推进责任落实，形成责任上下贯通、部门协调联动的良好局面；其四，在制度保障上，佛山市通过建立和健全社会保障制度，建立健全公共突发事件的应急机制，推进社会事业管理体制机制改革创新等[①]方式，为市域社会治理现代化提供工作方式的实践指导和制度铺垫，让各类工作能够切实落地；其五，在资源保障上，通过建立市级联动平台，推动资源下沉，夯实共联共建基础，推进部门、单位、行业之间互联互动，形成组织优势、资源优势、宣传功能最大化。

再次，除了在政府内部成立市域治理事务统筹机构外，佛山市还凭借专业智库力量，成立专家机构，以“借脑”方式为市域社会治理和基层治理提供智力支持。2019年12月，佛山市成立了市法学会市域社会治理专业委员会（以下简称专委会）。专委会是广东省首个由地级市以上法学会筹组建立的市域社会治理方面的理论研究专业机构。专委会以解决佛山市域社会治理理论和实践的重大需求为目标，基于部门合力、行业互通基础，开展各类与佛山市域社会治理发展有关的调查研究，从战略提升、政策建言、人才培养、舆论引导方面发挥作用，为佛山市实现社会治理体系和治理能力现代化的实践过程提供有力的决策参考和理论依据。如今，围

---

① 党的十九届四中全会《决定》学习问答［EB/OL］. 共产党员网，https：//www.12371.cn/2020-01-19/ARTI1579402730711560.shtml.

绕共建共治共享方向，专委会已经被打造成具有市域社会治理决策服务咨询多元能力、社会治理协同创新研究能力、市域社会治理实践探索经验分享能力的多功能综合智慧服务平台。专委会“打破界别、凝聚合力、统筹融合、互联互动”，同时通过组建专家委员会，加强与省法学会、知名高等院校等高层次研究机构在市域社会治理法治理论研究方面的合作，密切与市、区、镇（街道）、村（社区）以及商协会等社会组织联系，广泛发挥各方职能作用，充分利用多方资源，切实发挥平台效能，共同推进佛山市域社会治理现代化。

最后，为了保证政府能够坐言起行，将市域社会治理和基层社会治理现代化落到实处，针对市域社会治理痛点、难点、堵点采取实际行动，让人民群众共享相关工作成果，市政府通过每年的工作安排，将基层实际存在的问题明晰化，并通过建立年度重点项目的方式，压实部门责任，倒排工期、挂图作战，力争限时啃下“硬骨头”；同时，佛山市还将市域社会治理与“我为群众办实事”实践活动、基层党建三年行动、党建网格与社会治理网格“两网融合”等实际工作结合起来，将政府职能部门的服务和力量精细集聚、压实下沉，实实在在干实事。通过这两个方法，佛山市各区人民群众得以实际体验、监督、评说政府的真实服务效能，又促进了政府责任的进一步落实。开展市域社会治理现代化试点创建至 2022 年 3 月，佛山市已完成 103 项工作要求 203 项任务指标的 90%以上，全市未发生负面清单情形①。

（二）群团有机参与，助推众心凝聚

作为中国特色社会主义制度的重要组成部分，群团组织在国家制度设计中具有举足轻重的地位，是中国共产党领导和整合社会力量的基础组织，兼具社会属性和政治属性。一方面，群团组织从社会中产生，其成员或者所联系的群众是具有某种共同特点的社会人群，因此，社会性是群团组织的根本属性；另一方面，群团组织又因其与执政党和政府之间在制

① 强化党建引领 发挥政治优势：佛山推动市域社会治理现代化试点工作走深走实［EB/OL］. 法治网，2022－03－29. http://www.legaldaily.com.cn/index/content/2022-03/30/content_8696030.htm.

度、结构和程序上的管理、制约和工作关系而具有政治性。群团组织的双重属性使得其功能重塑成为中国政治逻辑发展的必然要求。《中共中央关于全面深化改革若干重大问题的决定》指出，要“建立社会参与机制，充分发挥人民群众积极性、主动性、创造性，充分发挥工会、群团组织、妇联等人民团体作用，齐心协力推进改革”。这就要求群团组织根据形势的变化，努力适应社会变迁，由凸显政治功能转向兼顾政治功能与社会功能，填补政府让渡出来的社会管理空间，推动自身政治功能的落实与社会功能的开发，实现自身功能的协调化发展①。

一直以来，佛山市各群团组织认真传达学习习近平总书记重要讲话精神，致力于思想和行动的统一，切实发挥群团组织联系群众的桥梁纽带作用，凝聚起工、青、妇群体的磅礴力量，为佛山市域社会治理现代化的实现贡献智慧和力量②。佛山市共青团加强规划引领，坚持稳中求进，推进非户籍青年兼职团干培养计划，开展“向心力”工程，让青年更好地向团组织靠拢、团组织更好地向党组织靠拢，鼓励基层跨前一步，通过联合共建、委托承接等方式，依托市青少年宫师资力量，建成具有较强辐射功能的镇（街道）青少年宫。佛山市妇联以“建机制、强基层、全覆盖”为重点，以“引领、维权、服务”为目标，改进妇联机构设置，完善妇女代表大会制度，依托全市村（社区）妇联，指导基层把活跃在村（社区）各类女性组织带头人和在群众中有影响有专长的妇女吸纳到妇联执委中，充分运用基层现有公共服务设施，与公共服务部门阵地共建、资源共享，形成服务群众的工作合力③。

1. 聚焦青年领域，共青团为群众办实事

2021 年 6 月，佛山团市委发布佛山市共青团“我为群众办实事”十大项目，服务内容涵盖住房、身心健康、就业创业和基层治理等领域，既关

---

① 解丽霞，徐伟明．群团组织参与社会治理的客观趋势、逻辑进路与机制建构［J］．理论探索，2020（3），69-75.

② 佛山群团组织：凝聚工青妇磅礴力量建功“十四五”［N］．佛山日报，2020-12-01.

③ 佛山市群团改革总体目标：“强三性、去四化”［N］．佛山日报，2020-12-28.

心重视青少年成长发展，也着力于鼓励动员青年参与为人民群众办实事的实践，以己之长回馈社会，为推动佛山的高质量发展奉献力量，充分体现团市委在抓“学党史、悟思想”的同时，大力推进“办实事、开新局”的行动决心①。

共青团系统为群众办实事，不仅是机关工作人员有行动，更有一大批社会青年参与其中，其中包括佛山共青团两支非常重要的队伍——青年文明号和青年突击队，佛山团市委动员他们立足自身岗位，积极为群众办实事，营造全社会办实事的良好氛围。为做好“我为群众办实事”实践活动，团市委出台了《“百队百号建新功，青春奋进庆华诞”佛山青年岗位建功行动方案》，就活动主题、活动要求、活动方式等进行规范。建立青年文明号与青年突击队负责人联络群，实时传达市委、团省委的最新决策部署，不断调整、优化“我为群众办实事”实践活动内容。

佛山团市委切实将“百队百号建新功，青春奋进庆华诞”青年岗位建功活动打造成佛山市职业青年的“建功大舞台”“行业新标杆”“职业文明宣传栏”，进一步深化“我为群众办实事”实践活动的成效，让青年岗位建功赋能青年发展型城市建设②。在整个过程中，各青年文明号、青年突击队踊跃参加活动，广大职业青年受到鼓舞，进一步坚定了理想信念，投身建设热潮，增强技能水平，切实服务所在企业单位的中心工作。

2021 年以来，团市委共创建青年文明号集体 664 个，开展“我为群众办实事”实践活动 881 次，服务人数达 21 万人次。组建“十四五”规划重点工程青年突击队 161 支，开展突击活动 136 次，运用突击成果服务群众达 25 万余人次，充分展现了新时代佛山市青年风采。

案例 1

针对顺德区村改工业园企业招商引资涉税问题，佛山团市委组织顺德区北滘税务分局青年文明号实施“税收园丁计划”，以“一园一企”举措为园

① 团市委发布佛山共青团“我为群众办实事”十大项目［EB/OL］. 腾讯网，2021-06-08. https://new. qq. com/rain/a/20210607a0cntk00.

② 共青团佛山市委员会深入开展“我为群众办实事”实践活动［N］. 佛山日报，2022-01-05.

区和入园企业提供全天候涉税解决方案，建立“高层对话、中层互访、基层互联”的多层次定期直连沟通机制，为近300家入园企业提供专业服务。

案例2

2021年，在全国各地出现“限电”的背景下，团市委指导佛山市供电局带电作业班组青年文明号开展全局主配网带电作业工作。带电作业是电力行业中最高危的工种，从10千伏配网到500千伏输电线路，班组青年文明号历经“高空”和“电场”的双重考验，常态化开展电力检修，做到“班组带电，群众不停电”，践行“请党放心、强国有我”的青春誓言。

案例3

2021年承建顺德区德胜体育中心工程（一标）的中建五局旗开“德胜”青年突击队，突击队队员不畏艰难、冲锋一线，连续突破了多个重点难点工程，其中就包括亚洲跨度最大的124米索穹顶结构和120米超长S形双曲面清水混凝土墙等建筑的建设难题，他们的工作，为佛山的高精尖智慧型体育场馆建设立下了不可磨灭的功劳。

2. 深耕家庭领域，妇联助力社会治理

在佛山市的群团组织中，佛山市妇联也是社会治理方面一支不可忽视的力量。佛山市妇联坚持人民至上、以人民为中心，以妇女群众需求为导向，用心用情聚焦解决群众“急难愁盼”问题，为佛山市民提供了有效、高质的家庭领域相关服务以及特殊家庭、特殊群体关爱服务，有效促进了社会的平安发展。到2021年，在家庭领域服务上，佛山市妇联婚姻家庭纠纷人民调解委员会经办的《佛山市王某与伍某婚姻家庭纠纷调解案》入选司法部司法行政（法律服务）案例库，全市38个妇女儿童维权工作站和12338妇女热线，处理信访4193宗、办理人民调解54宗、家事调解55宗；在关爱困境妇女儿童和家庭方面，佛山市妇联开展“情暖母亲爱润孩子”项目，结对帮扶134名单亲特困母亲家庭儿童，组织4场150名困境儿童公益夏令营，为佛山市5.5万名妇女赠送乳腺癌和宫颈癌免费保险，为全市低保和临界低保家庭1476名儿童赠送公益健康保险等。

案例 1

禅城区妇联："小小导赏员"传承红色文化基因

禅城区妇联创新儿童家庭学党史活动形式，组织开展"童心向党·和美家园快乐成长"小眼睛看禅城系列活动，系列活动累计吸引近 700 户家庭参与，线上媒体助力点赞总数 5.9 万次，访问量 48 万次。系列活动之一的"小小导赏员"大赛为红色文化导赏员队伍增添了新鲜血液，"小小导赏员"们以童真的视角、饱满的感情和铿锵有力的表达，传承禅城红色文化基因。活动不仅在禅城广大儿童中引起共鸣，也激发了亲子家庭学习红色文化的热情，由家庭带动学校、社区乃至整个社会的参与，探索出一条儿童家庭理想信念和家国情怀实践教育新路子。

案例 2

南海区妇联：20 万人次"亲子共读"品书香

为深入推进"家家幸福安康工程"，南海区妇联积极打造线上线下社区家长学校，构建全方位家庭教育体系：线上创设全市首个"家庭教育云平台"和"家庭教育微电台"，让南海区家庭随时随地学习家庭教育知识；线下启动"亲子共读计划"项目，制定三年发展战略，通过"倡导—支持—成长"的推进方式，持续开展亲子共读活动。目前，南海区妇联设立了统一的"亲子共读活动空间"建设和服务标准，共建成亲子共读空间 264 个，一年来开展 1000 多场共读活动，吸引 20 万人次参与。

案例 3

顺德区妇联："妈妈岗"促进宝妈灵活就业创业

随着三孩生育政策落地，顺德区妇联率先推出首批近 800 个"妈妈岗"，帮助宝妈们灵活就业。"妈妈岗"采用柔性管理和弹性工作制，上班同工同酬，首批"妈妈岗"共获得 35 家企业大力支持，分布在 10 个镇（街道），涵盖电子商务、商业贸易、工业生产、家政服务等行业，每月工资待遇3000元—15000元。此外，顺德区妇联还计划对“妈妈岗”服务进行升级，为宝妈提供“一对一”职业规划、技能培训、就业辅导等全链条服务，并开发“妈妈岗”数据平台链接更多资源。

案例4

高明区妇联：三大家庭教育品牌服务超50万人次

高明区妇联积极培育家庭教育品牌，弘扬好家教好家风，精心打造了“乐享家”社区0—3岁婴幼儿家庭教养指导服务、“3861幸福家”家庭教育服务、“悦学越幸福”公益学堂等三大家庭教育品牌，累计提供家庭教育咨询、线上微课堂、训练营、亲子沙龙、亲子体验活动、家长工作坊等家庭教育指导服务300多场次，网上家长学校家教交流分享2000多次，服务超50万人次。

为促进高明区家庭和家庭教育工作深入发展，高明区妇联还开展了妇女、儿童、家庭发展课题调研5项，培育优化家庭教育讲师团队伍，探索家庭教育、家教家风课程以及亲子共育本土化课题221个，深入村（社区）、学校、机关送课送教300多场。

案例5

三水区妇联：搭建“舒心驿站”补足“心”养分

三水区妇联扎实做好三水区政府民生实事“舒心驿站”项目，规范建设区、镇两级8个心理服务中心。2021年，“舒心驿站”项目共开展心理咨询服务501人次，跟进危机个案66宗，辅助开展规模人群筛查，完成近500人的心理健康测评。推出线上心理健康宣传121期，推出心理健康知识微视频、宣传片等43个，利用村居大喇叭、户外大屏幕、公交车上滚动播放传播，推进各类主题健康讲座进学校、进机关、进企业、进社区共73场，在人流密集地开展户外宣传活动85场。

“舒心驿站”项目还制定《镇（街道）心理服务站评估指标体系》《社会心理服务工作手册》，组建“舒心”志愿服务队，惠及群众逾10万人次，全区心理服务知晓率由30%提升至70%①。

（三）社会力量协同，活用多方优势

在市域社会治理现代化的过程中，引入社会力量，有利于将原本散落在社会各处的资源集中起来。通过对这些力量和资源的有效组织，使许多原本难解的社会问题可以获得更好的解决方式，而且社会资源的多样性，也有助于为社会问题提供更为多元化、个性化的解决路径。

在社会力量中，社会工作者作为具有专业助人技能的倡导者、组织者和行动者，其力量一直备受佛山市各级党委及相关政府部门的关注。为深入贯彻习近平总书记关于民生工作的系列重要指示精神，充分发挥社会工作在基本民生保障、基层社会治理、基本社会服务等方面的积极作用，进一步落实《关于实施“广东兜底民生服务社会工作双百工程”的通知》（粤民发〔2020〕142号）、《关于印发“广东兜底民生服务社会工作双百工程”实施方案的通知》（粤民发〔2021〕3号）等工作要求，建立具有佛山特色的兜底民生服务体系，有效为困难群众和特殊群体提供多元化、个性化、专业化的服务，佛山市民政局联合市财政局、市人力资源社会保障局、市妇联、市残联于2021年3月23日发布了《关于实施“佛山市兜底民生服务社会工作双百工程”的通知》（佛民办〔2021〕17号），提出“到2021年底市（区）建立督导办公室，全市镇（街道）建成社会工作服务站；到2022年底，全市村（居）建成社会工作服务点，实现全市社会工作服务站（点）100%覆盖、困难群众和特殊群体社会工作服务100%覆盖”的目标，在社会救助、养老服务、残疾人服务、妇女儿童、社会事务、就业援助等领域为困难群众和特殊群体提供政策落实、心理疏导、资源链接、能力提升、社会融入等专业服务。并明确提出了五项重点任务，要求各相关部门按照时间安排切实推进佛山市兜底民生服务社会工作“双

① 凝聚“她力量”，一起向未来！佛山市妇联凝聚巾帼力量开创妇女工作新局面[N]. 佛山日报，2022-03-08.

百工程”各项工作稳步实施[①]。

为更好地聚焦特殊群体、聚焦群众关切，进一步推进全市慈善事业、社会工作和志愿服务融合发展，出台《佛山市“双百工程社工+慈善+志愿者”联动服务实施方案》，明确在“双百工程”的工作基础上开展联动服务，系统整合政府、爱心企业、慈善组织、志愿服务等资源，搭建服务平台，形成精准对接、动态管理的工作局面。佛山市计划用两年时间实现全市230个社工站（点）联动服务100%全覆盖，逐步实现全市低保对象、特困人员、低保边缘家庭、支出型困难家庭、残障人士、流浪乞讨人员、农村留守儿童、困境儿童（含孤儿、事实无人抚养儿童等）、单身特困母亲、农村留守妇女以及空巢、留守、失能、重残、计划生育特殊家庭等特殊困难老年人全纳入，进而有效解决民生诉求，切实增强人民群众的获得感、幸福感和安全感，打通为民服务的“最后一米”。针对以往慈善救助申报工作流程中较为烦琐的问题，经“双百社工”建档在册的困难群众和特殊群体服务事项，无须再进行核查流程，由“双百社工”、志愿者上门收集群众所需，以区为单位，报送至市督导办审核后交市统筹小组。确定办理的服务项目，由市统筹小组商定慈善机构开展资源匹配，确定项目的办理方式、资助金额、资助方式，并由该事项驻地“双百社工”、志愿者具体组织实施。“双百社工”发挥社会工作者专业能力，建立主动发现、精准识别、科学评估、全程跟进四级服务机制。在入户走访过程中，了解服务对象家庭结构、健康状况、政策享有等基本信息，为服务对象建档、立卡、造册，并以服务对象的需求为导向，链接慈善、志愿资源，研究确定工作步骤、服务内容及服务频率，为困难群众和特殊群体提供情绪疏导、心理抚慰、精神关爱、关系调适、能力建设、资源链接、社会融入等方面专业服务，做到“一人一案”。

除了利用好社会工作者力量以外，佛山市还十分注重慈善文化的发扬培育。慈善作为一种利他行为，对于社会资源的聚集和吸纳具有先天的道德优势，因此，做好慈善事业、培育乐善好施的社会风尚，也是佛山市吸

---

① 什么是“佛山市兜底民生服务社会工作双百工程”？［EB/OL］．佛山市民政局，2021-06-30. http：//mz. foshan. gov. cn/zmhd/cjywwd/shzzgl/content/post_ 4865732. html.

纳社会力量参与市域社会治理和基层社会治理的重要途径之一。近年来，佛山市慈善会利用佛山双百圆梦慈善信托，设立佛山市“双百工程”慈善专项，发挥市慈善会公开捐赠平台的作用，架起捐赠者和困难群众的“爱心桥”。同时，佛山市公益慈善联合会联动市、区、镇（街道）、社区各级慈善组织积极参与联动服务，通过搭建信息互通平台，每半年收集、整合全市慈善信息，向各级慈善组织、企业、社会组织、爱心人士发布救助需求，实现从“人找慈善”向“慈善找人”的转变。截至目前，佛山市已成功联动13个慈善项目，链接汇集超1300万元慈善资金。除此之外，佛山市还以“双百社工”站为主体，推动成立镇（街道）社会工作与志愿服务协会，鼓励和培育社区（村居）志愿服务类组织（团队），动员社会各界在捐款捐物等方式以外，通过身体力行的实践去帮助他人、优化社区。根据市内相关规划，2022年佛山市将以“双百工程”32个社工站为基础，建立多支志愿服务队，到2023年，要在全市230个社工站（点）都建立志愿服务团队，实现志愿服务的全面覆盖①。

（四）群众积极参与，实现自治强基

党的十八大以来，党和国家领导人多次强调阐释“以人民为中心”的发展理念。习近平总书记指出：“人民对美好生活的向往，就是我们的奋斗目标。”② 党的十九届四中全会提出，要坚持和完善中国特色社会主义制度，推进国家治理体系和治理能力现代化，要发挥人民群众主体作用，推进人民群众广泛参与社会治理，更好落实人民主体地位，推进社会有效治理和全面振兴，推动实现人民美好生活③。人民作为国家治理和社会发展的最终受益者及重要主体，其对社会治理的广泛和积极的参与，正是市域社会治理和基层社会治理现代化的必要条件，是社会治理工作得以强根固本的最大前提。

---

① 佛山：以“双百社工”为基石开展联动服务［N］. 公益日报，2022-04-19.

② 习近平2012年11月15日在十八届中央政治局常委同中外记者见面时讲话. 十八大以来重要文献选编（上）［M］. 北京：中央文献出版社，2014.

③ 刘光旭，牛海. 新时代乡村社会治理中人民群众主体作用发挥的思考［J］. 长春理工大学学报（社会科学版），2022（1）：8-12+25.

社区是社会治理的基础平台，也是群众参与社会治理工作的重要平台。随着居民群众对社区服务的个性化需求日益广泛多元，如何加强社区居民协商自治，保障社区居民享有更多、更切实的民主权利，解决居民群众的实际困难和问题，成为社区发展治理的难题。佛山市很早就察觉到社区治理对社会治理的重要作用，通过推出各种措施，各社区居委会凝聚居民共识和多元参与，并采用居民议事协商和村规民约沟通两条路径，在居民的社区治理参与上取得了重要的探索成果，并以此为助力，有效推进了共建共治共享的社区治理新格局发展①。2016 年，为推进基层治理法治化，切实减轻社区行政事务负担，清晰界定社区职责边界，佛山市人民政府结合实际印发了《佛山市村（社区）行政事务准入管理工作实施方案》，佛山市社区减负和村行政事务准入工作由此全面启动②。同时，佛山市制定出台《佛山市村（社区）工作职责事项指导目录》，明确“依法承担、依法协助、依法禁入”三个清单内容，进一步理顺政府与社区自治组织权责关系，释放居民自治活力，提升居委会服务能力③。为建立协商成果采纳、落实、反馈和监督机制，佛山市民政局在全市推广社区参理事会、议事监事会、村组两级议事会、家乡建设委员会、市民议事厅和社会政策观测体系等多种形式的协商活动，大力推进各区创立了 600 多个名称不同、民主协商功能突出的居民议事会、参理事会、村组议事会等社区协商组织或平台，吸纳社区精英参与社区建设。此举进一步拓宽了非户籍常住人口参与本地区事务渠道，进一步规范了社区协商平台建设④。

---

① 如何做好社区居民协商机制？［EB/OL］．社工案例计划，社工客，2021-11-20. https：//www. sohu. com/a/502395845_ 491282.

② 佛山市人民政府办公室关于印发佛山市村（社区）行政事务准入管理工作实施方案的通知［EB/OL］，佛山市人民政府网，2016-10-10. http：//www. foshan. gov. cn/gkmlpt/content/2/2004/mpost_ 2004302. html#38.

③ 佛山实施“党建统领·三治融合”农村治理工程 推动农村基层社会治理现代化［EB/OL］．民主与法制网，2019-09-19. http：//gz. mzyfz. com/detail. asp？dfid=2&cid=32&id=400910.

④ 佛山市民政局 2018 年工作总结和 2019 年工作计划［EB/OL］．佛山市民政局，2019-01-16. http：//mz. foshan. gov. cn/gkmlpt/content/2/2022/post_ 2022696. html#222.

1. 佛山市议事协商示范经验

佛山市的社区治理重要经验之一，即是居民议事协商机制的构建。由于社区状况各不相同，佛山市内各区，以及区内各街道、居委会采用的居民议事协商机制呈现出多元多彩的格局，并因其活跃而显得活力四射。

（1）禅城区：多元主体参与，机构支撑自治。禅城区作为佛山的历史文化老区，至今涌现了许多适用于城区的议事协商经验。其中最为突出的，当数禅城区祖庙街道塔坡社区和禅城区张槎街道东便社区的经验。塔坡社区从社区多元主体广泛参与协商的原则出发，成立“我的社区我做主”塔坡社区居民议事会，创新“1+X”议事会成员构成模式，即由议事会核心成员保证居民议事会的组织力及执行力，根据协商事项实际邀请议事成员确保社区议事的广泛性与民主性，登记成立禅城首个社区社会组织联合会——塔坡社联，从服务个人、关注问题本身逐步转向社区组织孵化、向居民赋能，成为实现社区自治的有力保障。东便社区居民的协商议事会分为成员会议协商议事大会以及社区居民协商议事会督导组 2 个机构，成员会议协商议事大会又设有议题收集、议题审查、议题宣传、议事后勤和议题实施等 5 个专题小组，各个小组和分机构各司其职，任务从巡查走访、主动收集议题到分片区监督执行，逐步形成协商主题广泛、内容丰富、形式多样、程序科学、制度健全、成效显著的新局面。

（2）南海区：形成协商机制，打造议事标准。南海区的大沥镇沥雄社区的经验在居民利益表达和议事协商机制方面提供了良好参照。在基层治理实践探索中，该社区研发了“四步走”模式创新利益表达及议事协商机制，以“民意收集—分析研判—协商处置—监督落实”为核心思路，把居民的利益诉求表达与利益协商解决整合成闭环，有效化解基层治理难题，做到“小问题不出小区，大问题不出社区”。研发了“网上市民议事厅”项目，采用“线上直播互动+线下现场议事”的方式，每月一期围绕与民生息息相关的治理难题，搭建多方议事协商平台。南海区里水镇金溪社区以打造“融和中恒”为抓手，按照“三个一”标准（一套议事规则制度、一套软装及教学视频、一套支撑系列活动）重点打造，搭建“规则+”民主议事协商平台——融和圆桌议事会。通过“造氛围—建队伍—搭平台—立规则—抓落实”的“五步工作法”，形成“融和圆桌议事会”范本。

（3）顺德区：紧密联系群众，多元共凝一心。顺德区勒流街道黄连社区和龙江镇文华社区是乡村社区居民议事的良好范例。黄连社区曾先后参与顺德区农村综合改革试点、佛山市古村落活化等项目，通过成立社区营造协会、乡村振兴促进会、议事协商会等社区“智囊团”，充分发挥联系群众紧密且广泛的优势，推动社区综合治理和社区民主决策；文华社区践行“融和善治 同心营造”的宗旨，在社区党组织的领导下，搭建“六员动议 共筑一心”的文华社区议事协商平台，由秘书处统筹收集关乎社区重大决策事项、群众切身利益的热点敏感问题，召集由社区“六员”组成的议事功能小组搭建不同平台开展议事协商动议及产出相关行动。

（4）高明区：议事主体创新，从“微”着手见“大”。高明区的经验范例来自更合镇小洞村，小洞村在村党委领导下，构建了村委会和村民小组的两级“星期二微协商”机制，同时还成立了“经济发展委员会”“乡村振兴促进会”“青年协会”等议事协商组织，以此为基础构建“4+X”党建引领议事协商主体，打造“3+X”型监督队伍，打造村民议事平台作为沟通协商载体，扩大公众有序参与。小洞村的多主体“微协商”机制，有效推进了本村产业发展和集体经济的壮大，并对人居环境整治、基础设施建设、塑造文明乡风、改善民生福利等工作产生了良好的推动作用，帮助村落的全面振兴。

（5）三水区：党建引领协商，发挥平台优势。三水区的经验来自西南街道北江社区和云东海街道映海南社区，2 个社区的范例都展示了党建引领居民参与议事协商的作用。西南街道北江社区在建立区域党建联席会议制度的同时，又建立了社区物业管理小区工作联席会议制度，将党建议事和社区参与紧密联结。另外，云东海街道映海南社区搭建“社区议事厅”“党员会客厅”平台，促进社区各类群体代表参与社区治理。发挥智慧党建平台的载体优势，形成“需求—资源—服务”多元对接的有效链条，落实“三单”管理机制，依托“红领联盟”共建党组织，撬动企业、商圈和社区等党建资源，助力解决社区基层治理问题。

2. 佛山市村规民约示范经验

为了强化区域内村（居）“德治”作用，佛山市在近年来大力进行村规民约的制定及修订工作，力图通过将先进的新时代中国特色社会主义思想与我国优秀的民间道德传统结合，辅以有效的监督管理手段，从精神上及实践上发挥对作为治理主体的群众的感召和约束效果。两年来，佛山市各区在村规民约的制定修订工作上因地制宜，探索出了许多富有特色，而又具有实践示范意义的新道路。

（1）禅城区南庄镇东村：宣传监督两不误。在村规民约制定上，禅城区较为注重其传播性和可实施性。一方面，南庄镇东村将村规民约巧用朗朗上口的“四字歌”形式，编制成了“团结东村篇”“村务管理篇”“文明乡风篇”“家庭和谐篇”4个篇章，有效推进了村规民约的传播效率；另一方面，以“户”为单位实施评星定级制度，建立诚信指数管理机制，将新市民诚信指数与租赁屋主相挂钩，形成一个相互监督的氛围，并通过为村规民约遵守模范优先评奖等方式，有效激励了村民自觉遵守村规民约。

（2）南海区九江镇下西社区：发挥党组织堡垒作用。南海区的村规民约制定工作与基层党组织的作用发挥是不可分割的。九江镇下西社区充分发挥基层党组织战斗堡垒作用，全方位推进农村人居环境整治，将居民公约施行工作纳入年度工作目标考核，抓宣传教育，注重发挥群众举报监督作用，以居民公约实现居民自我管理，自觉遵守社区规划，维护社区清洁，着力将下西打造成生态宜居美丽乡村样板。

（3）顺德区乐从镇东平社区：自治组织促廉政建设。顺德区在村规民约制定工作上，突出了“廉”的建设。乐从镇东平社区将纪律检查委员会的相关内容加入社区居民公约，从社区财务收支情况、重要事权、社区干部等多方面强化监督，有利于社区的党风廉政建设政策措施的贯彻执行，促进社区民主，风清气正。

（4）高明区荷城街道塘南村：基层组织与规则机制双管齐下。高明区的村规民约制定，一方面充分发挥了基层的组织效能，另一方面则充分重视了规则机制的作用。以荷城街道塘南村为例，塘南村遵行“村（组）党组织+议事协商组织+村民小组”机制，以村（组）党组织为核心，成立乡村振兴促进会等议事协商组织，联合下辖10个村民小组等自治组织为抓手，共同落实塘南村村规民约制定和执行工作。另外，建立和落实“五个一”工作机制，包括优化一份村规民约、制定一份积分管理考评制度、成立一个监督机构、建立一个公示栏、制定一个积分结果运用机制等，以积分管理和红黑榜机制作为奖惩，健全村规民约的执行体制，加强执行效力，确保村规民约的可执行性和有效性。

（5）三水区乐平镇华坊村：以实用可行为出发点。三水区在村规民约的制定工作上以实用主义为原则。乐平镇华坊村按照市统一部署，对与现行法律法规抵触、与时代发展要求脱节、实际执行难到位的条款进行修订完善，将人居环境整治纳入村规民约，融入村民的日常生活和行为规范。同时，该村通过及时反馈村规民约执行情况、实施线上平台表扬及曝光宣传工作、结合最美家庭和五好家庭评选活动等方式，促进公德民俗知识的普及，村风民风得到改善①。

二、搭建法治体系，夯实基础促保障

2022 年，党的二十大报告指出，“法治社会是构筑法治国家的基础，要加快建设法治社会，弘扬社会主义法治精神，传承中华优秀传统法律文化，引导全体人民做社会主义法治的忠实崇尚者、自觉遵守者、坚定捍卫者。建设覆盖城乡的现代公共法律服务体系，深入开展法治宣传教育，增强全民法治观念。推进多层次多领域依法治理，提升社会治理法治化水平”。法治是国家治理体系和治理能力的重要依托，市域社会治理现代化必然离不开法治力量的推动。法治和市域社会治理现代化的关联性，主要体现在三个方面。

第一，法治程序是提升市域社会治理专业性、科学性的内在动力。市域社会治理过程本身是一个系统性强、联动性强、针对性强的社会民生工程，优良法治框架所体现出的法律精神，以及其为社会治理提供的规则指引和技术支撑，能够帮助市域社会治理工作快速进入正确轨道，帮助治理主体规范市域社会治理的机制制度及决策过程，让市域社会治理更具专业性和科学性。

---

① 市民政局学习推广“佛山市社区协商和村规民约（居民公约）示范经验”[EB/OL]．佛山市民政局，2021-11-18. http：//mz.foshan.gov.cn/zwgk/mzdt/content/post_5076823.html.

第二，法治建设是保障市域社会治理向依法治国战略发展的基础。依法治国和推进国家治理体系和治理能力现代化建设是两位一体、相辅相成的，社会治理的现代化进程可以说也是法治化进程，因此，进行法治能力建设是市域社会治理主动对接依法治国的内在要求，也是实现国家治理能力和治理体系现代化的必然举措。

第三，法治环境是保障市域社会治理充分发挥作用的基础条件。市域社会治理，离不开良好的法治环境氛围，法治环境的好坏直接影响一个地区的社会治理的水平高低，影响一个区域经济社会的健康有序发展，影响当地群众的生活幸福感。所以，在市域社会治理中，应当思考如何营造良好的法治环境，良好的法治环境可以服务于市域社会治理，有利于社会和谐稳定，减少社会矛盾纠纷①。

因此，在佛山市的市域社会治理与基层社会治理现代化工作的整体推进中，“法治”的重要性以及对法律框架的搭建工作从一开始就被纳入了蓝图。2020 年，佛山市制定发布《关于推进佛山市市域社会治理现代化试点工作的意见（2020—2022 年）》，指出，需要发挥“政治、法治、德治、自治、智治”等“五治”的作用，加快推进市域社会治理现代化。同时期，佛山市司法行政系统出台《佛山市司法行政系统推进市域社会治理现代化实施方案（2020—2022 年）》，提出要在党建引领下，从改革导向和实践导向两个方向，坚持在市域社会治理法治统筹、市域社会治理立法保障、市域社会治理执法监督、市域社会治理风险防范、市域社会治理矛盾化解五个方面进行强化。近年来，佛山不断强化依法行政，从统筹、立法、执法和普法等多方面建设法治政府，并取得了较好的成果，为市域社会治理现代化夯实了基础，提供了保障。

（一）统筹法治工作，建设法治政府

早在“十三五”时期，佛山市就已经开始深入开展市域社会治理的法治统筹工作。2019 年初，佛山市司法局通过重组的方式进行机构改革，其

① 浅析市域社会治理中的法治构建［EB/OL］. 芦山县人民法院，2020-11-30. https：//www. yaancourt. gov. cn/html/ls/detail/a6d1528d-c2eb-43d5-d71f-c2f92e99. html.

职能作用获得新的提升。在党建引领下，佛山市司法局肩负起了统筹全市法治建设的责任，同时立足“一个统筹、四大职能”，补短板、抓实效，以高质量法治建设服务党委政府的中心工作，推进佛山全市司法行政系统工作的进步，切实推进法治意识扎根基层。

在佛山市司法局进行的各项工作中，第一项就是为政府的决策提供参谋和建议。2017 年，佛山在广东省内首创“四套班子”联合聘请法律顾问制度。司法局在 2019 年改组后，同样通过聘任专家学者组建法律顾问团的方式，为政府在法治相关领域担任参谋助手，为市内各项重大决策提供民主化、科学化、法治化建议。同时，佛山市司法局还通过固定列席市政府常务会议等方式，深入参与政府及部门在规范性文件和重大行政决策的合法性和规范性审核，参与重大法务及常务会议议题的草拟和决策过程，增强法治力量对市域社会治理的顶层参与。2021 年，佛山市司法局对全市各部门 390 份规范性文件提出审查意见，对 533 份其他政策文件提出法律意见，对 18 次市政府常务会议 115 个议题进行合法性审查，处理政府及部门等重大涉法事务 143 件，涉及项目标的共 6000 多亿元。

除此之外，佛山市还在行政立法、行政执法、刑事执行、公共法律服务四大方面进行各类强化统筹。每年，佛山市都十分重视立法计划的编制工作，一方面保证立法计划符合设区的市的立法权限；另一方面将可能取得最大社会效益的立法项目优先级提前，增强市域立法的计划性和科学性。而在进行立法工作时，佛山市由市司法行政部门立法工作人员以及由市直有立法任务的单位共同组成立法工作队伍，并在执行专项任务时成立专项立法起草小组，保证立法责任得到落实、立法工作得到良好执行。

（二）做好市域立法，树立法治支撑

2015 年 5 月 28 日，佛山市取得设区的市地方立法权，自此开启了佛山法规规章的制定之路。6 年多来，佛山市勇于探索，积极实践，踏踏实实地做好地方立法工作，不断加强市域社会治理等重点领域立法，着力通过立法引领和推动改革，努力解决阻碍经济社会健康发展的各种体制机制问题以及关系群众切身利益和社会关注的热点难点问题。佛山市在城市管理方面，坚持发挥立法的引领和推动作用，以平均每年 2—3 部规章、1—2

部法规草案议案的速度全力配合完善佛山市城市管理法制体系，为平安佛山、法治佛山的创建打下坚实基础。截至目前，佛山市累计出台10部地方性法规，16部政府规章（公布15部，1部通过市政府常务会议审议），立法数量和质量均位列全省前茅。

在习近平新时代中国特色社会主义思想正确指引下，佛山市深入理解把握“民主立法”的精神内涵和具体要求，将“民主”理念贯彻到立法全过程，通过多渠道、多方式广泛听取吸纳各方意见，做到“人民有所呼，立法有所应”。在立法阶段，佛山市通过深入基层调查、实地调研、走进社区、电台访谈、举办政民互动论坛等方式，畅通市民参与立法工作的渠道，倾听诉求，解答疑惑，引导公众关注和参与立法，广泛听取民意、吸纳民智，将群众诉求纳入立法计划或者条文，将需要更多立法权限的项目以法规立法建议项目议案的形式提交市人大常委会，有计划、有步骤地逐步推进政府立法工作，实现社会治理领域地方立法“全覆盖”。6年来，佛山坚持“小切口”立法，聚焦民众“急难愁盼”，从佛山市情和实际出发，深入基层、深入群众，做好立项研究工作，找准立法的矛盾点，科学编制年度立法计划；统筹人大代表建议、政协提案办理与立法计划编制，深入研究其立法的必要性及可行性，及时将其中反映人民群众关心关切、关系人民群众切身利益的重要立法项目纳入立法计划；广泛征集立法项目建议，通过书面发函、街头访谈、网络问卷调查、政民互动平台热线等多种方式向佛山市政府组成部门及有关机构、群团组织、行业协会商会、企事业单位以及社会公众等多方面征求意见。过去6年来，为保证立法质量，召开立法调研会、专家论证会、立法协调会、听证会等300多场次，收到公众立法意见建议40多万条次。

在立法后阶段，佛山市司法局搭建公众意见反馈平台，在其门户网站设置“意见征集”专栏，及时反馈公众意见采纳情况；积极跟进立法后宣讲，确保基层管理执法人员、相关行政相对人能够明确掌握规章内容，熟练运用相关规定执法守法；组织召开佛山市政府立法新闻通气会、参加市直机关“对话民生”政风行风网络互动栏目；等等，不断提升市民群众对立法工作的关注度和参与度。

为进一步践行全过程民主立法，市司法局还积极创新，探索推动基层立法联系点建设。司法局通过拟订《佛山市人民政府基层立法联系点工作办法（草案）》和上线“佛山市政府立法工作微平台”，进一步激发和规范基层参与立法工作的积极性和主动性。同时，定期组织立法业务培训班，致力于专业化人才培养，同时建立政府立法咨询专家库，整合社会资源，增强立法的实效性、科学性和公正性，目前，市政府立法咨询专家库共有 47 位政府立法咨询专家[①]。

（三）提升执法效能，深化法治保障

中共中央、国务院印发的《法治政府建设实施纲要（2021—2025年）》提出，着眼提高人民群众满意度，着力实现行政执法水平普遍提升，努力让人民群众在每一个执法行为中都能看到风清气正、从每一项执法决定中都能感受到公平正义。2019 年以来，佛山市在进行市域治理现代化工作中也注重提升市内各相关部门执法效能，以深化法治保障，做到有法必依、有法必行，维护法律权威，提升整体法治水平。

在行政执法方面，通过注重强化市域社会治理执法监督，推进乡镇（街道）综合行政执法改革，压实市域社会治理基层根基，全面推行行政执法“三项制度”，加强行政执法信息化建设，加强市域社会治理领域行政执法监督协调等，市司法局在深化行政执法体制改革，推动行政执法规范化建设方面取得了重要进展。

在司法方面，市司法局在工作机制上进行了多方位的改革，其中包括健全市域社会治理领域行政复议应诉机制，针对社会治理苗头性、敏感性问题，强化市域社会治理相关的行政复议应诉案件的综合研判，提高行政复议应诉精准化、科学化水平，确保法治效果与社会效果相统一，加强对各地、各部门与市域社会治理相关的行政规范性文件合法性审核及备案审查工作监督指导；着眼各区，引入数字化、智能化执法工具，建立消费维权调解结果在线司法确认机制及金融类案快审系统等，为司法效率的提高、司法水平的提升作出了较大贡献。

---

① 立法质量数量双居全省前列！看佛山如何加强行政立法［N］. 佛山日报，2018-05-28.

而在刑事执法及矫治工作上，佛山市司法局积极推进刑事执行一体化。强化市域社会治理风险防范，加强社区矫正队伍建设，推进各区建立发展专职统一的社区矫正执法工作队伍，落实“五个一”教育矫治模式，深化社会力量参与社区矫正工作机制；完善戒毒警察延伸管教参与社区矫正工作机制，加强社区矫正执法规范化和场所规范化建设；完善安置帮教救助措施，压实镇（街道）司法所和村（居）委会帮教责任，做好刑释解矫人员的衔接工作；围绕构建区域分设、专业戒治、医教并重、有效衔接的司法行政戒毒工作体系目标，结合创建禁毒示范城市，完善强制隔离戒毒各项工作机制，有效地提升了帮教矫治工作的效能，更好地帮助违法犯罪人员回归社会①。

案例 1

禅城区：审判提速、“云图”扩容

——禅城法院“金融类案快审系统”助力金融类案纠纷高效处理

相关数据显示，禅城法院每年受理的各类金融保险案件数从 2016 年的 5014 件增长到 2020 年的 14548 件。为审结日趋增多的金融纠纷，禅城法院综合运用云计算、大数据、人工智能等技术，成功研发“金融类案快审系统”，助力金融类案纠纷智能化、流程化、批量化“快审、快判、快结”。

金融类案快审系统的最大功能优势是文书处理既快又准。当前系统版本库建立了 32 类 46 种司法文书版本。根据审判需要，系统抓取案件信息导入后，可快速自动生成从立案到结案所需的十几类简单金融案件法律文书，同时完成电子盖章功能，程序性诉讼文书准确率达 100%，极大地节省了人力资源。

此外，快审系统的科技亮点是将“人工智能”引入司法办案的程序事务处理，由“智能机器人”取代重复性、机械性的人工操作，如自动导入

① 佛山：司法行政力量推进市域社会治理现代化［EB/OL］. 网易，2020-05-12. https：//www. 163. com/dy/article/FCEPR28K055004XG. html.

案件信息进行立案，办案效率提高数倍。快审系统所具备的系列案批量自动立案与分案、立审执信息共享、系列案集中开庭、电子卷宗归档、推送信息及文书下载等主要功能将全部上线使用，并贯穿于金融借款纠纷案件“立、审、执”三个诉讼阶段，实现无缝衔接。

除了提高办案效率外，快审系统也为当事人带来更多便利。案件当事人可网上登录快审系统的分平台——“速雅偿”平台，在线提交金融类纠纷案件立案申请，快审系统将为其自动生成起诉状初稿。法院线上审查立案材料后，快审系统的“智能机器人”即可将相关数据自动推送到广东省诉讼服务平台完成网上立案流程，自动完成立案，后续还会自动向当事人推送立案、审理、文书生效等信息。

除了启用新法庭推动金融纠纷就地化解外，禅城法院还上线运用“金融类案快审系统”，扩容“云图”增加“金融风险动态监测”板块，实现金融风险前端预警预防和金融纠纷末端快速解决，为优化区域金融法治营商环境提供有力的司法服务和保障。

“金融风险动态监测云图”部署在禅城区政务网，是禅城法院继打造“被执行人网格管理云图”、“房地产审判管理云图”及“破产清算与重整云图”之后的又一智慧建设成果。

通过运用大数据分析、GIS 等互联网技术，“金融风险动态监测云图”汇集了 2013 年至今的近 5 万件金融、保险纠纷结案数据并结合每月数据动态更新，从案件类型、争议标的等角度，形成共计 29 类结论性分析图表。“云图”叠加佛山乃至全省、全国地图，结合可视化地理图层，以被告住所地为坐标点展示案件具体信息，有效辅助金融监管部门和金融机构多维度掌握金融市场风险点。

值得一提的是，“云图”还专门提供板块，展示 2019 年以来的金融消费投诉信访数据，客观展现主要纠纷发生点和矛盾发展趋势，为金融监管部门实现有效金融风险监测，预防矛盾纠纷升级成讼。

目前，“云图”正逐步完善政府与法院联动、数据对接等功能，搭建起法院与国土、房管、市场监督等多个政府职能部门沟通联络及信息共享平台，凝聚多方合力，有效破解金融案件调查取证难等问题。

禅城法院立足司法审判职能，聚焦服务社会大局，牢固树立“法治是最好的营商环境”理念，充分利用中心城区的地域优势和人才优势，加大专业型审判人才的培养，大力推动智能化建设与业务流程、诉讼程序、组织架构、管理模式的深度融合，积极为佛山打造一流营商环境保驾护航①。

案例2

南海区：社区戒毒康复现代化治理模式

为认真贯彻落实国家、省禁毒工作部署，南海区委、区政府把社会参与社区戒毒康复工作纳入市域社会治理现代化工作重要任务，不断探索深化“镇（街道）党委领导、部门齐抓共管、社区党组织统筹、专业机构支持、社会共同参与”的南海社区戒毒康复工作现代化治理新模式。

一是坚持“一个核心”。坚持由党建引领社区戒毒康复工作，社区党委（党总支）、社区戒毒康复工作小组充分履行主体责任，大力撬动、整合、统筹各方资源，不断建立完善联治联动和社会协同的禁毒机制，研究、协调、解决实践探索中的重大问题，每季度讨论社区戒毒康复工作不少于1次，推动各类主体、各项机制充分发挥效能。

二是借力“两个平台”。通过搭建三级党建网格平台和新型特色社会动员平台，充实做实社区关爱队伍，密切关注社区戒毒康复对象（及其家庭），及时掌握、研究、解决对象（及其家庭）的困难，创新党建品牌，持续提升治理效能。

三是组织化推进全民参与。充分利用政府购买服务、社区党组织牵头动员结对、发挥户联系党小组团队功能等方式，搭建专业禁毒社工团队，集结本土多元关爱力量，搭建包含“镇（街道）禁毒专职工作人员+社区干部+社区网格员+社会工作者+驻村警官+骨干党员+熟人志愿者”的本地关爱支援团队，搭建多方联动平台，营造社区禁毒氛围。

四是建立“四张网络”。通过重构家庭支持网、重建友情支持网、建立道义支持网、建立专业支持网等“四张大网”，打造立体全面的矫治对

① 审判提速、云图扩容！禅城法院打造良好金融营商环境［EB/OL］. 澎湃新闻，2021-09-16. https：//m. thepaper. cn/baijiahao_ 14533544.

象支持体系，为矫治对象及其家庭提供多方面的保障机制，解决相关支持的供给问题。

五是提供“五种支持”。南海区在各社区中，由社区党组织牵头，通过激活多元主体参与，围绕社区戒毒康复对象（及其家庭）的不同层次需求，提供情感支持、物质支持、社交支持、就业支持、服务支持等五种支持，形成生理脱毒、心理康复、就业帮扶、回归社会全链条的戒毒康复模式，不断提升巩固服务效能。

通过上述做法，南海区成功培育了本土戒毒康复关爱支援队伍，各社区的多维立体社会支持网络基本形成，构建了共建共治共享的社区戒毒康复工作新模式，产生了明显的社会效益，营造了良好的社会氛围。截至2021年11月，全区已成立社区戒毒康复关爱支援团队634支，成员1596人。关爱服务覆盖220个社区，累计入户3644次，直接服务4469人次。“双联系”行动累计服务47871人次，为社区戒毒康复对象（及其家庭）解决问题102个。全区已建立关爱档案1441份。

案例3

顺德区：首创消费维权调解结果在线司法确认机制

随着经济市场不断发展，消费提档升级进程加快，消费者维权意识不断增强，消费纠纷数量相比以往大幅上升，同时团购、预付费等新型消费纠纷增加趋势明显，引起社会广泛关注，打通消费维权通道成为社会治理的痛点之一。

为坚定服务民生大局、呵护企业成长的决心，在创新消费维权工作机制上先行先试，佛山市顺德区在全国首创消费维权调解结果在线司法确认机制，建立消费纠纷诉调对接机制和消费维权一体化信息平台，实现“云调解”“云确认”，消费维权工作效能显著提升，在构建县域放心消费优质环境示范中取得了初步成效。

实现“云调解”“云确认”的关键在于进行在线司法确认，作为全国首创，顺德区必然摸着石头过河，困难不言而喻。顺德区自2019年谋划消费维权调解结果在线司法确认机制至实践落地，核心在于与法院、司法局等机构就“突破行政调解”这一课题进行沟通协调，毕竟司法确认之前做的都是民事调解，行政调解在这一领域并没有明确的相关规定。

为此，顺德区市场监督管理局联合人民法院率先建立“诉调对接”工作机制，成立诉调对接工作办公室，将行政调解和司法调解有机结合，依托在线诉调系统，消费纠纷双方当事人、行政调解人员、法院法官通过远程视频对话的方式，将从前的“三方调解”扩展为如今的线上“四方调解”。诉调对接工作办公室对这一程序的启动设置了相应标准，启动诉调可以由顺德区市场监督管理局或法院提出，在线诉调系统可通过人脸识别技术确定当事人身份。调解达成后，将对调解结果进行在线司法确认，这不仅增加了调解工作的法律效力，也避免了双方当事人“事后赖账”导致纠纷无法解决。

在大胆先行先试的同时，顺德区也加速推进消费调解“配套工程”。随着消费者维权意识的不断增强，近年来顺德区消费投诉举报数量年均增速超过30%，2020年多达7.83万件，平均每天需处理投诉举报超过210件，17条投诉举报渠道的工单爆发式增长，顺德消费维权工作出现纠纷处置工作量剧增、处置手段相对落后、维权结果与消费者期望不匹配等问题。

为破解上述难点和痛点，顺德着手开发消费维权一体化信息平台。该平台覆盖投诉接诉、工单分派、结果反馈、研判预警、统计分析等全流程，投诉举报工单分类别可发至各消费维权服务站进行前期处置，一定程度上解决了基层消费调解人力不足的问题。过往，从消费者发出投诉到处置完毕用时至少1天，现在缩短到最快1小时完成。在2020年顺德区受理量同比增长68%的情况下，投诉按时初查率、按时办结率、举报按时核查率均超过99%。通过对平台数据分类、筛查、统计，即可形成各类报表，及时掌握投诉举报变化趋势，实现对消费维权大数据的可视化监管，为政府监管执法、服务方向提供动态参考。

在实践中，预付卡、预付费、团购等消费维权问题涉及多方民事关系，是全国各地消费维权部门和消费者面临的共同难题。在这类维权中，消费者往往处于弱势。顺德区首创的消费维权调解结果在线司法确认机制和消费纠纷诉调对接机制的成功实践不仅可以解决顺德区的消费维权难题，同样可复制到全国各地。

2020 年，顺德区市场监督管理局成功调解消费投诉近 1.8 万件，为消费者挽回经济损失约 2259 万元，为基层治理新格局注入全新动能，走出了一条高质量发展的顺德之路，为全国提供了可参考、可借鉴的消费维权工作经验。

顺德区以消费维权工作为抓手，全面提升消费维权社会共治共享水平，通过推进线下无理由退货试点、建立“放心消费示范”商圈、拓展维权服务站布局等创新举措，促进各行业有序发展、诚信经营，营造消费维权社会共治良好氛围①。

（四）深化普法工作，增强法治观念

政府部门是法律的执行主体，同时肩负着普法的重要职责。为贯彻落实中央、省和市关于实行国家机关“谁执法谁普法”普法责任制的意见精神，佛山市高度重视完善落实普法责任制机制，把“谁执法谁普法”纳入工作总体布局，依法依规推进全市普法工作扎实有效开展：2016 年 6 月，佛山市司法局等五部门联合印发《关于进一步完善国家机关“谁执法谁普法”工作机制的意见》，确定各部门落实普法责任内容；2017 年 6 月，佛山市普法办印发《佛山市国家机关“谁执法谁普法”责任清单》，对 47 个单位涉及的重点法律法规宣传任务予以明确；2018 年 7 月，佛山市委办、市府办印发《关于实行国家机关“谁执法谁普法”普法责任制的实施意见》，对落实“谁执法谁普法”责任制作出了系统、明确的规范；2019 年 8 月，佛山市普法办印发《佛山市国家机关“谁执法谁普法”履职报告评议活动实施办法》，明确国家机关履职报告评议内容、流程，进一步夯实国家机关普法主体责任，不断推进国家机关普法工作深入开展，示范引领全社会树立良好的法治意识和法治思维。通过如此的步步铺垫、建章立制、量化指标，佛山的普法工作由“部门独唱”逐渐走向“社会合唱”。

---

① 社会治理之“路”！广东顺德：消费维权“云上调解”［EB/OL］. 中国小康网，2021-10-29. https：//m. thepaper. cn/baijiahao_ 15130773.

为了进一步提升普法工作成效，佛山市对普法工作进行形式创新，同时突出群众作用，让普法工作的参与主体逐渐增加、影响范围逐渐扩大。6年来，佛山市各单位立足自身职能，发挥专业优势，结合本部门法律法规的实施，在行政执法过程中主动向管理对象、服务对象、执法对象和社会公众解答有关法律问题，把执法现场变成普法的第一现场，努力实现执法工作的法律效果和社会效果最大化。同时，佛山市普法办也着重进行了普法单位工作评议的革新。根据市司法局、市委办、市府办对“谁执法谁普法”的要求，佛山市将各类法律的普法工作通过执法责任归属，落实到了市内各个执法部门和单位的肩上，通过夯实国家机关普法主体责任，不断推进国家机关普法工作深入开展，示范引领全社会树立良好的法治意识和法治思维。在这一基础上，与群众日常生活密切相关的各执法部门每年都需要通过各类媒体对部门年度普法工作情况进行发布，及时让公众了解各单位普法工作成绩。作为评议机构，市普法办也组建了由市人大代表、市政协委员、媒体代表、基层法律工作者和法治文化传播推广人员组成的多元化评议团，以多向度、多层次的方式，组织和评价普法工作。在专家和法律行业人士进行评议的同时，市民可以通过线上渠道点赞投票的方式，对各单位的执法和服务市民工作进行评价。通过多元主体参与、多方意见交会的方式，佛山市得以真正提炼和总结出面向群众、效果卓越、具有先进性和典型示范性的普法工作经验，同时也让各单位的普法能力在实践中真正得到淬炼和成长①。

为了强化普法工作的宣传引导能力，佛山市还积极建立立体普法系统，通过以点带面、培育精品的方式，让普法工作从“片面点线”走向“全面织网”。佛山市公安局在全国率先打造“四校长”（法治、禁毒、消防、交通），成为全市青少年法治教育系统工程的中坚力量，部门相互联动，构建佛山全市“一盘棋”校园普法新格局，实现全市648所中小学校宣教100%全覆盖。2020年初，根据《佛山市开展普法依法治理“育品类、提品质、创品牌”工作方案（2020—2022年）》要求，佛山市提出普法

① 五年深耕“四大转变”，打造“谁执法谁普法”佛山样板［EB/OL］. 佛山司法，2022-01-30. http：//gd. news. 163. com/foshan/22/0207/10/GVJJMKMH04179HUN. html.

宣传以“三品”（育品类、提品质、创品牌）为纲，促使各地、各部门普法工作从有到优再到精，力争 3 年打造 100 个普法品牌。首批从各地各部门申报的 256 个普法项目中，佛山市普法办评选出首批 40 个普法品牌，将各单位挖掘出的可复制、可借鉴、可推广的优秀经验做法，通过公众号等渠道推广，让各单位结合工作实际学习借鉴。佛山市通过积极打造特色化普法宣传品牌，让法治文化接地气润人心，为佛山奋力争当地级市高质量发展“领头羊”营造了浓厚氛围、提供了坚强法治保障[①]。

三、科技赋能治理，佛山“智”造新家园

科技在改变人类生活的同时，也深刻地影响了社会治理的方式、深度和广度。传统社会，以人的物理行为为单元来进行社会管理，人是乡村熟人社会、计划体制下的“单位人”。在改革开放 40 多年后，中国巨大人口流动和大量的信息空间活动，不仅让原有的“单位制”社会治理制度让位于“社区制”，还让网络数据空间和人类生活的物理空间、社会空间紧密交织。如今，人不仅是实体空间中的人，也是网络上的、数据化的人。这样一来，社会治理手段必然随之变化，只有科技支撑和制度创新双驱动引擎紧密结合，才能发挥出社会治理的最大功效。党的十九大报告提出，要善于运用互联网技术和信息化手段开展工作，建设网络强国、数字中国和智慧社会，加快建设创新型国家。党的二十大报告进一步提出，到 2035 年，实现高水平科技自立自强，进入创新型国家前列，是我国基本实现社会主义现代化的总体目标之一，要完善科技创新体系，加快实施创新驱动发展战略，在社会治理层面要建设信息化支撑的基层治理平台。换言之，社会治理智能化的时代已经到来。

社会治理智能化是在网格化的基础上，将移动互联网、云计算、大数据、区块链等信息化技术与基层社会治理内容相结合，重构社会生产与社会组织彼此关联的形态。在信息采集、事项办理、服务供给、分析研判、

---

① 五年深耕“四大转变”，打造“谁执法谁普法”佛山样板［EB/OL］. 佛山司法，2022-01-30. http：//gd. news. 163. com/foshan/22/0207/10/GVJJMKMH04179HUN. html.

指挥调度、公众参与和治理评价等方面提供技术和信息支撑，破解基层社会治理长期存在的政府内部协调不足、社会协同乏力和居民参与不足的困扰，使社会治理层次和水平得到提升，使治理过程更加优化、更加科学、更加智慧[①]。近年来，我国各地的社会治理智能化以网格化管理为基础，借力大数据、物联网、信息科技的技术治理革新，实现了突飞猛进。各类配套机制在全国涌现，政府可以通过各类技术，更加精准地预测和发现社会治理过程中的问题和风险，并进行诊断和预防。社会治理智能化的治理效能，正在逐步释放。

作为中国南方的制造业重镇，佛山市近年来锐意发展各类高新技术。技术的进步不仅影响到佛山市各类产业的生产、分配和流通等多个方面，也对佛山市的社会治理起到了积极影响。借着高新技术大发展的“东风”，佛山市充分发挥“佛山智造”优势，通过创造和采用各类崭新的科技工具、引入新的治理范式和构建新的工作模式，做到了“以科技赋能治理”，极大地促进了社会治理效率，为市内的市域社会治理和基层社会治理现代化添上了一抹亮色。

（一）构建信息平台，科技支撑治理

近年来，佛山市坚持将智治有机融入基层社会治理，用信息化等科技手段为社会治理引入新范式、创造新工具、构建新模式。佛山市整合全市资源，加强统筹联动，打破条块分割，建成并运行佛山市综合治理云平台、群众诉求服务信息处置平台、社会治理网格化平台、社会治安综合治理中心指挥平台，实现社会治理“智治”“共治”；深入推进“粤平安”社会治理云平台建设，完善市社会综合治理平台块数据应用、专题分析、能力支撑等功能，实现社会治理“一网统管”；推动省际、市际公安检查站升级增效工作和“智安小区”建设，加快建设跨部门大数据办案平台、政法信息化实战平台和应急管理信息化综合应用平台；等等[②]。通过对智

---

① 市域社会治理专题解读：解锁！科技赋能基层社会治理［EB/OL］．澎湃政务：乡城发布，2021-11-15. https：//m. thepaper. cn/baijiahao_ 15395279.

② 广东省佛山市推动市域社会治理现代化试点工作走深走实［N］．法治日报，2022-03-29.

能化信息平台、大数据、区块链等高新信息技术的应用，佛山市各区实现了治理工作的高效进化，将“以科技赋能治理”的新时代市域治理潮流演绎得淋漓尽致。

案例 1

禅城区：“数字政府”改革，以科技助力社会治理

禅城区是佛山市中心城区，面积 154.09 平方千米，常住人口 133 万，市场主体超过 20 万户。作为佛山市中心城区，人员密集、流动性大，社会结构多元、群众诉求多样，社会治理任务重、难度大，传统治理模式面临挑战。为了破解治理难题，2015 年 3 月，禅城区全面开展社会综合治理云平台的建设，初步探索综合管理、主动防控、智慧应用的现代化社会治理 3.0 模式。2017 年 6 月，禅城区发布 IMI 身份认证平台、智信城市计划等基于区块链技术的创新应用成果，成为全国首个探索区块链政务应用的县区。2018 年至今，禅城区推进“数字政府”改革建设，加大探索区块链技术在政务、民生、产业等领域的应用，发布全国首个“区块链+社区矫正”应用，为社区矫正实施动态化监督奠定基础，启动“区块链+产业”应用项目，发布“区块链+产业”白皮书，铺开“区块链+共享社区”建设，推进“区块链+视力”“区块链+食品溯源”“区块链+医疗”“区块链+公证”“区块链+工业设计”“区块链+中小企业融资”等平台建设①。2020 年以来，禅城区启动争创广东省营造智慧化共建共治共享社会治理格局综合试点工作，深入实施智慧化基层社会治理改革。

为搭建人人有责、人人尽责、人人享有的社会治理共同体，构建更具“含金量”的强中心，实现服务和治理智慧化，在禅城区社会治理中心一楼大数据服务区内，配备了一台能够实现信用修复、高龄老人津贴等 23 项服务“免申即享”“无感”服务一体机，禅城的常住居民通过手机即可查询。该中心二楼的生态网格区的系统中台能够显示全区 154 平方千米划分

① 图说禅城 · 奔小康 | 首善之区的政务服务和社会治理之路［EB/OL］. 澎湃政务：禅城发布，2020-10-16. https：//m. thepaper. cn/baijiahao_ 9594703.

为462个小网格，这些网格最终又统合到全区一张大网上，城市网格内各类治理事件在屏幕上的分拨、处置、反馈流程清晰显示。

此外，禅城区通过打造“一体指挥、一网统管、一格共治、一码通办、一号通服”的“五个一”体系，让社会治理和公共服务提质量、提效率、减人力、减成本。一体指挥指的是，构建区、镇（街道）、村居+网格的社会治理架构，配建生态网格服务区、群众诉求服务区、大数据服务区等场地，实行一个机构抓统筹，一套制度强规范，一支队伍保落实。一网统管即通过搭建城市智能体、数据中台、AI中台，归集沉淀47个部门28亿多条数据，推动人联网、物联网、事联网，统筹全区的党建、城管、综治、消防、应急、社会保障等工作。一格共治是在现有的网格化管理基础上，通过建立一套生态机制，推动“多格合一”，探索“一表巡”“一机通”，从“条管理”转向“块治理”。一码通办以信用体系建设为基础，以一码为载体，一人一码、一企一码，建设自然人、法人等信用库，建设“码上”城市，打造一流营商环境。一号通服是指搭建诉求服务线上统一受理平台，统一调度派件、统一办件规程、统一效能监督，确保“件件有回音、事事有着落”。

通过创新推动大数据、云计算、区块链等新一代信息技术与社会综合治理、公共服务、基层党建等深度融合，禅城创新建设了“五个一”体系，实现治理底数从“碎片模糊”向“整体清晰”转变、治理力量将从“条块分割”向“条块结合”转变、治理处置将从多层级向扁平化转变、治理手段从人海战术向人机互动转变，让企业和群众拥有更多的获得感、幸福感和安全感①。

案例2

禅城区探索电信诈骗案件侦办自动化

近年来，电信网络诈骗（以下简称电诈）犯罪逐年攀升，已经取代了传统的盗抢犯罪，成为当前最高发的主流犯罪。

---

① 佛山禅城探索智慧化基层社会治理改革新路子［EB/OL］. 南方网，2021-12-01. https：//www.163.com/dy/article/GQ4OJNHI055002GG.html.

“打电诈难”在目前是全国性的大难题，事后的打击也远不如事前的预防更能解决问题。在这样的背景下，禅城区公安分局以大数据的关联思维和传统侦查的逻辑思维为主导，探索研发了电信诈骗案件侦办自动化的打电诈模型。以大数据关联思维为主导先串并再侦查，再将信息流和资金流的关联身份自动比对。如“廖某健系列诈骗案”：嫌疑人廖某健隐藏在广州市花都区，以网络购物的形式实施诈骗，作案目标只选择外省市的受害者，以每次只骗2000元以下、“薄利多销”的方式作案，直接使用自己的微信号收钱。模型第一步共串并案件18宗，模型运行的第二步就直接锁定了廖某健的真实身份。

全国首创打击电诈犯罪的自动化模型。模型的建立，实现了从人工应对数据向运用数据应对数据的侦查模式转型。大幅度降低警务成本。打电诈模型实现了整个研判过程的自动完成，一方面，省去了大量的人工研判工作；另一方面最大限度地保护个人隐私。在整个运行过程中，侦查员不需要直接接触数据，能有效解决侵犯个人隐私的问题。

电信诈骗案侦办自动化有望推动公安侦查模式的全新变革。展望未来，犯罪分子作案手段智能化、科技化的程度将越来越高，所运用的虚拟网络和新型通信设备的种类和变化也将越来越多，面对将来多元多变的犯罪新格局，公安机关必须推进自动化打击的根本性变革。复制推广和升级换代的前景远大。反电诈模型是禅城公安的基层侦查民警结合实战工作经验创建研发的，模型充分考虑了基层侦查部门的工作需求，操作简单、效果明显，适合在全国范围内推广应用。与此同时，模型也可以根据不同的案件特点和侦查需求，随时添加、融入更多的数据和算法。

案例3

顺德区：智慧金融审判实现“人机合一”

近年来，起诉到顺德法院的金融类案纠纷数量庞大、类型集中、案件事实同质化强，传统纠纷的解决模式已经不能适应司法实践需求，难以有效满足金融商事主体对公正、高效、便捷解决纠纷的司法需求。如何有效快速办理金融类案，实现繁简分流、批量快审，提高案件审理集约化、便利化水平成为顺德法院需回应的现实课题。为及时回应司法新需求，2020年5月，顺德法院联合浙江海规技术有限公司共同研发符合顺德实际，专业处理各类金融纠纷的智能化审判平台。

科技赋能推动减负增效，提升司法工作效能。金融智审平台的功能重点，在于依托科技赋能，以集约化、智能化手段高效便捷处理金融纠纷。金融智审平台减少了当事人诉讼成本，为法官减负，为工作增效，让金融快审真正跑起来，大大提高了金融类案件审理效率。该平台自2020年5月运行以来共立案10268件，累计处理案件总标的金额达27826万元，案件平均审理周期缩短到以往的三分之一。

“三端”衔接服务市域治理，助力营造一流营商环境。顺德区人民法院以金融智审平台为依托，在诉前，将金融案件转至诉前和解中心，与行业调解协同配合，完善金融纠纷多元化解机制。在诉中，金融智审平台为金融纠纷提供了一条批量处理的“快车道”。在诉后，借助金融智审平台的失联修复功能，促进执行前自动履行。“三端”无缝衔接构建起金融纠纷快速化解体系，推动金融纠纷的诉源治理，构建起司法助力金融风险防控的坚实盾牌。通过充分发挥平台批量化、智能化、线上化和一体化的功能优势，顺德区人民法院牢牢把好了案件“质量和效率”审判工作生命线，为营造公平透明、可预期的法治化营商环境注入了司法新动能。

案例4

三水区：智慧城管服务社会治理

为提高城市品质，吸引企业投资兴业、人才安居乐业，自2020年起，三水区开展“智慧城管”建设工作，通过加强对城市硬件（基础设施）、软件（城市秩序）监测，快速对城市管理问题进行交办、督办，促进城市管理问题快速解决，有效提升社会管理水平。依托佛山市数字化城市管理系统和三水区城市运行态势与体征监测分析平台，三水区成功实现了对城市管理现场的监控，并将智能报案系统等新技术深入应用到城市管理之中，有效促进了城市管理工作科学化、智能化和精细化。

在具体工作上，三水区通过对区城市运行态势和体征监测平台城管案件智能识别平台内现有摄像头进行归类和筛选，有效地加强了对常见的城市管理重点难点问题的智能监测。到2021年底，三水区城市管理的城管案件智能识别平台模块已经能识别出店经营、流动摊点、乱堆物堆料、垃圾满溢、非机动车乱停放5类较常发生的城市管理问题。通过智能监测，减少人工巡查、突击检查的效率不足等问题。

为了避免数字化智能系统可能存在的不足，三水区又通过设置相关辅助岗位等方式，对智能监控系统进行补充辅助。在区内的7个镇（街道）上，三水区设有信息采集员，每天对各镇（街道）进行全覆盖式街面巡查，有效地采集城市管理问题信息，填补智能系统的不足。面对采集的相关问题和案件信息，三水区通过在城管综治局设置数字化城市管理股并实行24小时全天候值班值守，实现了对各类信息和案件的即时处理和交办，在相关接诉派遣、回访安排和督办落实等具体工作的效率上实现了极大飞跃。

面对复杂的区域城市管理问题，三水区还充分贯彻“政府负责”原则，从2021年起，该区通过出台关于市场周边管理、工地扬尘治理、建筑垃圾处置、生活垃圾处置、绿化管理等多方面的工作指引，理顺部门职责，并对部分难以明确主体的事项进行协调，对派遣方式和处置归属等具体操作问题与有关方进行及时的共同协商，有效提高了案件处置速度。

2021年，区数字城管受理各类投诉、咨询案件共137215宗。其中公众投诉12549宗（12319热线10083宗、微信上报2466宗）、信息采集119434宗、考评系统4310宗、网站举报95宗（12345热线89宗、民生在线6宗）、建筑垃圾系统案件731宗、其他96宗。通过数字城管信息系统派遣到镇（街道）处理的案件79966宗，已处理完成79558宗，处理率为99.49%；其中按时处理78820宗，按时处理率为98.57%。通过对数字“智慧城管”的高效运用，三水区内群众“急难愁盼”的问题得到快速解决，城市的有序稳定平安得到了有效维护。

（二）沟通智治数据，构建共治智云

“十三五”时期，佛山市坚持以习近平新时代中国特色社会主义思想

为指导，贯彻落实党中央、国务院以及省委、省政府有关高质量发展要求，紧抓“双区驱动”机遇，按照全省一盘棋的要求制订《佛山市“数字政府”建设方案（2018—2020年）》，推进部门业务协同、数据共享，打造“主动、精准、整体、智能”服务型人民满意政府。围绕“统筹、共享、安全、服务”八字方针，以体制机制创新为关键，推进佛山数字政府“681”重点工程贯通落地，探索地方创新应用，陆续推动“佛山通”城市服务App、社会共治智云平台、一体化在线政务服务平台等应用建设，积极探索“政府主导+社会参与”的建设运营模式，加强政府数字化转型人才队伍建设，开展重点工程落实情况督促检查和第三方评估，加强统计监测、绩效评估和考核监督。

佛山市数据资源政策和标准体系不断健全，数据共享开放成效突出，率先印发《佛山市政务数据资源管理办法（试行）》，修订《佛山市政务信息资源共享目录》《佛山市政务数据开放目录》等11份标准，围绕政务数据资源编目、采集、共享、应用和安全管理的全生命周期管理需要，逐步构建起涵盖37份标准的技术规范框架，致力打造从标准建设、能力建设到平台开发、实际应用的全方位数据资源管理格局。面向全市的政务大数据资源体系日趋完善，逐步形成层次清晰、结构完整、开放共享的数据资源框架。人口、法人、空间地理、信用信息等基础数据库逐步完善，政务数据共享交换成效明显，全市已归集260个系统超230亿条政务数据。数据共享平台交换数据量达到30亿条，囊括社会信用、综合治税、党风廉政等多个特色专题，专题数据累计达1000多项。启动省、市一体化大数据中心试点城市建设，完成全省首个离岸数据区部署，有效下沉24项共3058万条省级数据。数据开放稳步推进，建成市数据开放平台，汇聚49个政府部门860个数据集，约4267万条数据，实现与省政府数据统一平台“开放广东”的数据对接和数据推送，在经济建设、民生服务、科学教育等领域进行开放，大数据开放应用局面日益活跃①。

2020年，《佛山市政务数据资源管理办法（试行）》正式印发，“市

① 《“数字佛山”建设总体规划——佛山市智慧城市和数字政府建设（2021—2025年）》正式印发.［EB/OL］. 佛山中德工业服务区，2022-01-24. http：//sino-german. foshan. gov. cn/xwzx/yw/content/post_ 5148973. html.

级统筹”和“部门共享”是该规定所释放出的重要信号，体现佛山市在升级数据技术、革新管理模式上的积极探索，呈现佛山建设服务型政府的主观要求和大数据价值日趋体现的客观现实。作为数据资源的“一手采集者”和“独家占有者”，各级政府部门从教育科研、社会保障、文体娱乐、公共设施等方方面面囊括着城市与乡村的基础信息。将这些数据资源盘活、集中和利用好，对于提高政务服务效能、简化人力物力财力、发挥数据档案文献作用，都大有裨益。

佛山显然在数据统筹管理层面具备着深厚的根基。目前五区均已成立区级层面的政务数据管理部门，并在打通数据堵点、优化资源配置等方面先行先试，做出不少实际范例。例如，南海区早于2014年便成立全国首个县区级数据统筹局，在近期的新冠肺炎疫情防控中，利用早期沉淀的“城市大脑”数据库以及技术迭代，打造小程序为市民发放“四色通行证”以精准识别，有效缓解基层工作人员的压力；禅城区亦持续深化“一门式”政务服务改革，由区政数局对数据进行统一管理，各单位可在共享平台调度使用所需数据，使市民和企业办事需求更加便捷。

从区级内部到市级层面的数据统筹运营趋势，佛山得以不断从自下而上的历年工作里吸取经验，将各单位目前建成的比较完备的数据平台，进行跨区域、跨部门整合，以“五指成拳”的态势形成政务数据开放的合力。只要有履职需要，佛山各政务部门均可在履职需要的“最小授权”内，从其他部门无条件获取使用共享数据。链接“信息孤岛”，是政务大数据时代的题中应有之义，也将为服务国家治理体系和治理能力现代化贡献佛山力量①。

（三）搭建供给体系，普及智能服务

结合佛山数字政府的建设规划，依托现有的市社会综合治理智慧平台，佛山市重点打造以社区共治指挥中心为核心，融合社会共治基础数据库、诉求服务处置信息平台、网格化管理信息平台和一体化视频监控平台

---

① “五指成拳”凝聚佛山政务数据开放合力［EB/OL］. 佛山市政务服务数据管理局，2020-04-01. http：//www. foshan. gov. cn/fszsj/gkmlpt/content/4/4222/mmpost_ 4222427. html#3494.

的佛山市社会共治智云模式。其中，群众诉求服务平台依托于佛山市群众诉求服务平台网站，具有三个核心、九个中心功能，包括以群众视角为核心的诉求受理、进度查询、监督反馈等功能；以诉求处理为核心的案件流转办理、反馈评价、督察督办等功能；以化解能力为核心的诉求分析、资源信息库等功能。比如，群众登录诉求服务平台并填写登记诉求信息后，平台自动将相关诉求信息转至相应部门审核，审核通过后由专人负责跟进处理，群众可随时查询诉求处理进度或进行评价反馈等。

目前，佛山市在服务供给体系智能化方面创建了两个具有示范意义的典型经验：其一，通过建设服务诉求平台，创建群众诉求“一口办”模式，借助人工智能、大数据等新兴技术实现群众诉求的“一站式”受理，在建立健全诉求联合处置、远程化解、多元化解、诉求救助等工作机制，搭建诉求受理、处置、监督与反馈的闭环工作流程的同时，借助诉求服务处置信息平台的力量整合司法、行政、社会组织等多元主体矛盾纠纷化解的治理资源与专业力量，为实现多元主体联动、化解矛盾纠纷提供技术支撑①；其二，通过建设新市民服务平台，为佛山市不断增长的流动人口提供其急需的居住服务，并通过平台实现新市民动态监测、新市民大数据分析、新市民精准服务管理以及出租房屋信息服务等多项功能，让新市民办事“零跑动”，同时助力新市民融入佛山，推进基本公共服务的均等化，助力构建共建共治共享的社会治理新格局。

案例

办事管理“一站通”，市民融入好轻松

——佛山市“新市民服务通”建设应用工作

佛山市是流动人口流入大市，新市民占佛山城市人口的“大半壁江山”，新市民在城市发展中所发挥的作用是不容忽视的。2021 年底，在佛山流动人口服务管理系统中登记的新市民人数已经达到了 529 万，10 年新

① 宁超，喻君瑶．“智治”与“联动”：中国市域社会治理现代化的一种新形态：基于佛山市“1+3+X”的案例分析［J］．地方治理研究，2022（1）：33-42，79.

增常住人口230万，新市民超过户籍人口。一直以来，佛山大力推进新市民服务“放管服”改革，通过上线“新市民服务通”平台，对居住证及积分制服务进行流程再造，让新市民可以通过便利的渠道取得基本公共服务，助力共建共治共享社会治理新格局的形成。

目前，佛山新市民服务通平台包含五大模块。其中，服务通平台微信小程序主要是为佛山的新市民提供居住登记、居住证办理、积分入户申请、积分入学申请、房屋租赁登记以及问题反馈等服务，依托大数据支撑和数据验真，新市民可通过微信小程序进行简便的登记、申请及回执领取操作，实现办事减环节、减材料、“零跑动”，工作效率及服务质量实现质的飞跃。另外，服务通平台能够为相关部门的流动人口管理工作提供各类数据支持：在新市民动态监测方面，该平台可以通过实时接入出租屋视频门禁、公积金、社保就业以及运营商等数据，监测分析新市民的出行规律、动态纳管、重点对象、人口变化趋势，并对各类风险发出预警；在新市民大数据分析方面，平台可以汇集佛山市内新市民的数量变化、居住时间、性别比例、年龄阶段、文化程度、户籍来源、婚姻家庭、“广佛候鸟”、就业情况、居住方式、行为习惯、融合度等各项数据，为区域新市民群体进行整体画像，分析变化趋势，为社会治安、人口融合、基本公共服务均等化等提供数据支持和决策参考；在新市民精准服务管理方面，平台可同时通过数据筛选和比对分析，推算区域内新市民对各项公共服务的需求量，为各区域拟订基本公共服务计划时提供决策参考；在出租屋管理方面，佛山市民通过该功能模块可以及时发布出租屋信息、办理租赁房屋登记，通过汇聚这些信息并进行分析，平台可帮助网格员准确进行出租屋安全隐患评估，并逐渐将全市所有出租房屋纳入“一网统管”。

佛山新市民服务通平台已经开始推动与“粤省事”“粤政易”“佛山通”等多个线上服务平台的数据对接工作，以实现资源共享、数据互联、多渠道办理等功能，在佛山全面打造新市民“掌上办”“随时办”“异地办”的第一综合服务平台，助力新市民融合，营造共建共治共享的社会治理格局①。

（四）互联网+大数据，提升环境治理水平

在习近平新时代中国特色社会主义思想的指导下，自2020年以来，佛山市生态环境局高明分局积极探索和创新生态环境治理信息化体系，将互联网、大数据、云平台等现代信息技术运用在生态环境治理中，提升了国家生态文明建设示范区治理能力，进一步拓展了“互联网+大数据”的社会治理实践道路。

建设“水陆空”三维监测体系，提升环境执法效能。2021年，高明分局开创“互联网+大数据”创新治理方式，通过科技赋能生态环境信息监测，建设“水陆空”三维立体监测体系的建设，大大提升了环境执法效能。在实践中，高明区首先通过统筹整合已建成的水质、空气、油烟、污染源在线监控等监控系统，以及环评审批、信用评价、行政处罚等监管数据，形成了“水陆空”环境监控与监察执法管理生态环境大数据中心库，实现了数据的智能采集与交换；其次，通过三维GIS电子地图定位技术，搭建了生态环境数据全图，实现动态实时可视化监控；再次，通过引入多个数据模型，对自动监测数据进行深化分析，增强了监测体系在大数据预测预警等领域上的科学决策能力；最后，高明区将移动信息技术植入生态环境保护业务基础数据库，建立企业生态环境保护业务档案，强化了环境数据的共享与应用。

建设庆州“精细化管理”试点创新企业服务体系。高明区在推进“互联网+大数据”环境治理创新手段的过程中，着力推动科学试点工作，在庆州片区开展了“精细化管理”治理模式的探索实践。高明分局在庆州片区内选取了19家帮扶诉求较为强烈的企业，针对其行业、生产工艺、规模、治理设施等特点，为每个企业提供个性化服务和进行网格化精细化管控。在定制服务的帮助下，片区内试点企业达成了治理设施的升级改造，

① 佛山新市民547万人！“新市民服务通”平台上线办事“零跑动”［EB/OL］. 禅城区人民政府网，2020-11-25. https：//baijiahao. baidu. com/s？ id=1683996373518169911&wfr=spider&for=pc.

生态环境管理水平明显提高。企业的生态环境治理能力的提升带动了庆州片区环境质量，解决了生态环境信访问题。根据荷城街道庆州片区环境空气质量监测微型站数据记录，2021 年度庆州片区空气综合指数比 2019 年改善 20. 5%。同时片区群众对美好生活环境获得感得到了增强，与 2019 年同期比较，2021 年区内环境信访投诉明显减少，其中关于气味的投诉更是较 2019 年减少三分之二。

通过在生态环境治理工作中对“互联网+大数据”技术的应用，高明区的生态环境管理水平得到了显著提升，不但构建了企业服务的创新体系，还真正做到了企业绿色发展与居民优美生活环境和谐共赢。在未来的生态环境治理探索中，高明区将继续提升技术应用能力，促进国家治理体系和治理能力的现代化，帮助推动经济社会发展，满足人民日益增长的美好生活需求，提升企业整体环保管理水平。

第四章
练“功架”：特色机制，创新治理

为了进一步加强新的市域社会治理建设体系的效果，佛山市因地制宜，发展出了多种特色机制，包括在市域内广泛推动“德治”促进善治、多种模式和路径并用的城乡统筹治理、加强对群众诉求的回应、强化风险矛盾及不稳定因素的化解机制、引入专家智库助力政府决策等。这些机制，将佛山向市域社会治理现代化建设的最前线迈进又推进了一步。

一、以德治促善治，春风细雨润人心

（一）促进融合交流，助力社区共融

中共中央、国务院印发的《国家新型城镇化规划（2014—2020年）》提出要促进流动人口社会融合，使农民工融入企业、子女融入学校、家庭融入社区、群体融入社会，建设包容性城市[①]。推动流动人口的社会融合对于社会治理具有重要意义。

首先，推动流动人口的社会融合有助于社会的稳定与团结，在流动人口规模持续高涨的时期，出现盲目无序的状态甚至冲突在所难免。只有不同群体之间有较高的融合度，才能有效化解基层矛盾和不稳定因素，消除群体之间的对立与冲突，推进社会公平和正义，促进经济社会的和谐发展。

其次，推进流动人口的社会融合有助于促进工业化、城市化和现代化的历史进程。由于流动人口的劳动就业往往缺乏稳定性，居无定所，流动性大，多处于漂泊之中，不少流动人口身在外地，根在故乡，家分两地，长期奔波，劳动力转移极不彻底。流动人口不能在某个流入地长期定居，致使企业不能形成劳动经验不断积累、劳动技能不断提高的稳定的产业大军，从而对企业的人力资本积累、技术进步和产业升级造成不利影响，将会使流动带来的人口红利难以实现，也造成了社会资源的巨大浪费。为使流动人口更好地服务于流入地社会，保证社会经济的可持续发展，就需要推进他们的融入过程。

最后，把握流动人口的融合情况有助于创新社会管理、推进公共服务均等化。从现实情况看，它有助于政府了解流动人口在流入地的生存发展

① 国家新型城镇化规划（2014—2020年）［EB/OL］. 中国政府网，2014-03-16. http：//www. gov. cn/gongbao/content/2014/content_ 2644805. htm.

状况，促进人口有序流动、合理分布，实现流动人口与流入地居民的融洽相处。从政策上看，它有助于政府对流入地的公共服务均等化等问题做到心中有数，作为评估地方流动人口管理服务工作水平的参考依据，找到融合的突破口，出台更具有针对性的措施，改善流动人口服务与管理工作的公共政策，加快流动人口社会融合的步伐，简化融合过程，扩大融合途径，并对户籍制度的改革、城市化过程中的建设规划、服务规划等相关问题提供参考。

佛山作为珠三角流动人口主要聚集地之一，目前全市在册登记新市民530多万人，大多数新市民在佛山居住意愿明显。佛山市政府办公室（以下简称市新市民办）通过顶层制度设计、需求调研以及提供专业服务等方式，将国家有关政策转化为有针对性的新市民服务，加快推进佛山新市民在文化、经济、政治、生活等领域全方位融入佛山。

“新市民学堂”以新市民需求为导向，为新市民量身定制专业化、多样化的融合社区教育课程，多渠道多方面促进新市民“员工融入企业、家庭融入社区、子女融入学校、群体融入社会”，同时吸纳新市民优秀代表参与其中，探索新市民共同参与区域社会治理现代化的路径，推进新市民融入社区，融入当地社会的新方式。

1. 新市民融合：搭建自治服务平台，文化、社区、企业全方位融合

市新市民办大力宣传与新市民服务管理密切相关的政策，宣传积分落户、积分入学、积分入住公租房、出租屋消防安全、居住登记、居住证办理和社保政策等，扩大“新市民学堂”活动的影响，营造同城生活、共建共享的良好氛围。

文化融入方面，市新市民办为新市民开展讲授粤语、烹调粤菜、欣赏粤剧文化和游览佛山城市景点等课程，弘扬佛山优秀传统文化，强化非户籍人口的市民意识，以文化凝聚新市民，消除文化隔阂，促进多元文化融合。

社区融入方面，佛山市积极开展“社区邻里节”等交流活动，通过举办文娱、体育、“邻里关爱”等活动，拉近来自不同地区社区居民之间的距离，打造熟人社区，培育团结合作的社区精神。市新市民办在开展活动过程中，发掘和培育一批有志于成为新市民服务的志愿者骨干，成为志愿

者导师或助教，向社区其他新市民分享经验、传播信息与技能。

企业融入方面，佛山市加强对新市民就业技能的培训及就业权益的保障。2021 年 11 月 16 日，三水区委政法委、白坭镇工业园区党工委联合举办“共学共融 · 寻梦家园”新市民学堂活动，将法律讲座送进佛山市三水区白坭镇工业园区，围绕学法、依法、用法，引导企业、职工学会用法律知识来维护自身合法权益。

搭建融入平台方面，佛山市借助现代信息化技术，搭建新市民自助服务平台。佛山新市民服务信息网提供“佛山新市民自助申报平台”在线服务，新市民可在线办理居住登记、居住证服务、居住房屋登记、居所提供人报送和积分服务。“佛山新市民服务通”微信小程序目前也已上线居住登记、居住证服务、居所人申报、积分服务等功能模块，可实现居住证业务指尖办、随时办。

据市新市民办消息，“佛山新市民服务通”微信小程序自 2021 年 7 月试运行至今，累计办理居住登记业务 4580 宗，居住证业务 3062 宗①。通过减材料、减环节、简流程、容缺受理等措施，佛山市简化了新市民的居住证、积分业务办理材料。在网上填报电子表单、上传电子材料的新市民，受理机构不再要求重复提供纸质材料。

2. 各区探索融合行动，服务品牌各具特色

2019 年 12 月开始，佛山市南海区桂城街道各社区主导试点开展“新市民学堂”20 场次。自 2020 年起，“新市民学堂”逐步在南海、顺德、禅城等新市民聚居地全面铺开。目前分布在佛山市的“新市民学堂”有 50 多个，围绕经济、社会、文化、心理 4 个融合维度开展系列活动共 300 多场次，惠及 60 多万新市民。

在新市民学堂活动的带动下，各区探索创建了各具特色的新市民服务品牌。

顺德区积极探索“群众点菜、政府指导、机构执行、社会买单”的服务模式，指导区新市民服务协会创新方式手段，动员社会力量和资金加入

---

① “佛山新市民服务通”微信小程序上线 8 个多月 居住证业务可指尖办随时办［N］. 佛山日报，2022-03-13.

重要节日关爱活动，如开展“新市民学童书桌计划”，联合在册的 14 个异地商会在顺德区教育基金会冠名成立“顺德新市民关爱基金”，等等。

禅城区积极探索创新融合行动，在张槎街道海口村开展新市民融合行动试点，与村党委、佛山市司南社会工作服务中心联合以“党建领航·筑梦新家园”为主题，开展为期一年的新市民融合行动项目。

南海区开展新市民融入“一镇（街道）一品牌”创建工作，纵深推进各镇（街道）新市民融入，指导各镇（街道）结合自身实际，找问题、定目标、搭平台、创品牌，通过深挖镇（街道）工作亮点，精心培育品牌，发挥示范引领和辐射带动作用，推动新市民融入基层治理工作。

3. “创熟”三年行动计划：助推基层治理创新

在快速城市化大潮下，曾经“烟火气”十足的邻里情似乎越来越淡，街坊彼此不熟，给社区治理带来挑战。为此，南海在“创建熟人社区”（以下简称“创熟”）方面寻求破题，推出“创熟”三年行动计划，从党建引领、队伍建设、建立“创熟”治理体系、培育社区熟人文化、推动社会力量参与和建立激励机制 6 个方面入手，推动区域化党建网格与社区自治网格融合共生，培育楼长、巷长、街长、自治小组、街坊志愿互助会等，引导社区社会组织、辖区企业、业委会、居民等各方主体主动参与社区治理，探索打造有南海特色的共建共治共享社会治理新格局。2021 年，“创熟”工作被列入民政部“社会治理动态监测平台及深度观察点网络建设”项目中，南海区被选为民政部社会治理深度观察点，“南海探索”备受全国关注。

南海“创熟”行动中，通过坚持推动区域化党建网格与社区自治网格融合共生，大力培育楼长、巷长、街长、自治小组、街坊志愿互助会，形成以党员为模范先锋、各方主体主动参与社区治理的新格局，实现了社区各方力量有效联动；通过盘活物业、党群服务中心等传统场所，将其扩展为居民互识共娱共议的新空间，为居民提供多样化的活动平台；通过在恒常服务中植入熟人社区理念，在社区构建共同的情感归属和价值认同，赋予社区服务新的生机和动力；通过建立南海区“创熟”智库，吸纳了一批有基层治理经验的人才作为智囊团；通过发挥社区的“创熟”专干及楼长志愿者、街坊会热心人士等“创熟”骨干、社会组织及社工人才等团体力量，不断激发“创熟”的内生活力，确保社区“创熟”的延续性与再生性。

“创熟”以“一社区一特色一品牌”为治理模式，立足区域文化基础，挖掘工作亮点，不断加强品牌效应。如西樵镇樵园社区以“老班长”作为社区“创熟”特色，退役军人积极参与社区治理，实现退伍不褪色；桂城街道苏志敏“创熟”工作室被评为“全国模范人民调解委员会”。

（二）营造慈善风尚，推动共同富裕

2022 年，习近平总书记在党的二十大报告中指出，中国式现代化是全体人民共同富裕的现代化，要引导、支持有意愿有能力的企业、社会组织和个人积极参与公益慈善事业。慈善事业是我国多层次社会保障体系的重要组成部分，是社会救助制度和兜底保障制度的重要补充，是我国经济制度特别是收入分配制度不可或缺的一部分，是实现社会第三次分配的重要途径，是社会主义核心价值观的重要体现，是国家治理体系与治理能力现代化的重要力量①。慈善事业作为社会转型的内在关怀纽带在调节收入分配、缩小贫富差距、完善民生保障、提供社会基本公共服务补充供给、参与社会治理等方面发挥着重要作用②。

对于社会治理来说，慈善事业蓬勃发展的益处是多方面的。第一，慈善事业的发展有助于提升社会整体道德，帮助公众构建其对社会的责任感和对公共事务的参与感，利于推动多元主体共治；第二，慈善事业的实践利于构筑社会资源流通的新路径，对包括基层治理在内的多个工作领域形成新的支持架构；第三，慈善事业可以直接惠及社会中的特殊群体，利于基层社区和群众，直接起到了通过治理改善基层社区状态的作用。

佛山市政府、企业、社会组织、志愿者、公民共同构成了相互融入、合作共治的生态系统，构建了独具佛山特色的慈善救助机制，让慈善资源发挥了最大的综合效能，让受助群众真切感受到社会的关爱和温暖，有效

---

① 宫蒲光．社会治理现代化大格局下推进慈善事业高质量发展［J］．中国行政管理，2021（2）：6-13.

② 吴宏洛．中国特色慈善事业的历史演进与发展路径［J］．东南学术，2016（1）：70-79.

化解了社会矛盾，推动佛山人民实现共同富裕。

1. 佛山市慈善会：常态会、日常化发展，多元化、全民化参与

佛山市慈善会依法成立于2001年1月21日，是市级注册的社会团体组织，2015年获评佛山市5A级社会组织。《中华人民共和国慈善法》正式实施后，佛山市慈善会成为佛山市级第一个被认定为慈善组织的机构，并获得公开募捐资格证。

佛山市慈善会公布的财务报告显示，2020年，佛山市慈善会总收入2021.66万元，总支出3280.25万元。总支出中，慈善活动支出3124.62万元，为上年实际可用总收入（2155.24万元）的144.98%[①]。2019年，佛山市慈善会总收入955.23万元，总支出3691.58万元，结余净资产总额13627.67万元。总支出中，慈善活动支出3559.39万元，为上年实际可用总收入（2859.24万元）的124.49%[②]。

2020年春节前夕，武汉市发现新冠肺炎病例后，中共中央总书记、国家主席、中央军委主席习近平作出重要指示，各级党委和政府及有关部门要把人民群众生命安全和身体健康放在第一位，制订周密方案，组织各方力量开展防控，采取切实有效措施，坚决遏制疫情蔓延势头[③]。佛山市慈善会积极响应，于2020年1月29日设立“抗击新冠肺炎”项目，助力开展新冠肺炎疫情防控工作。截至2020年12月31日，“抗击新冠肺炎”项目共筹集善款950111.74元，其中，线上捐款148999.74元[④]。线上捐款的人员有学生，有退休工人，还有各行各业的从业者。

佛山市慈善会对“抗击新冠肺炎”项目严格执行专款专用，捐赠资金

---

① 2020年佛山市慈善会财务报告［EB/OL］. 佛山市慈善会，2021-12-31. https：//fsscsh. n. gongyibao. cn/nv. html？nid=a96bdf40-4dac-4aa7-9df8-816219ef53d3.

② 2019年佛山市慈善会财务报告［EB/OL］. 佛山市慈善会，2021-12-31. http：//search. gd. gov. cn/search/all/757001？timeRange=all&keywords=%E6%85%88%E5%96%84.

③ 习近平：要把人民群众生命安全和身体健康放在第一位 坚决遏制疫情蔓延势头［EB/OL］. 人民网，2020-01-21. http：//cpc. people. com. cn/n1/2020/0121/c64094-31557684. html.

④ 佛山市慈善会2020年年刊［EB/OL］. 佛山市慈善会，2021-06-22. https：//fsscsh. n. gongyibao. cn/nv. html？nid=eaa6fb60-c0f4-45a7-b69d-2e8479628a68.

到账后开具由国家财政部门监制的公益事业捐赠专用收据，并及时通过网站及微信公众号公开接受社会捐赠情况，并根据捐赠人的意愿在市疫情防控指挥部指导下统筹使用。截至 2020 年 12 月 31 日，其划拨疫款 922407.73 元[①]。

《中华人民共和国慈善法》2016 年实施以来已有近 6 个年头，依法行善的最终立足点是以法行善。佛山市慈善会在慈善法的指引下，打通慈善服务“最后一公里”，根据社会发展形势和需求，聚焦脱贫攻坚，聚焦特殊群体，聚焦群众关切，针对各类特殊群体的实际需求，坚持创新，提高慈善服务专业化、服务化和多元化程度，切实协调、帮助社会各类特殊群体解决难题。

佛山市慈善会自 2014 年 8 月开始实施儿童大病医疗救助项目，截至 2022 年 3 月 31 日，已筹善款 4379723.50 元，已使用 3878230.10 元。根据目前实施的《佛山市慈善会儿童大病医疗救助管理细则》，佛山市本地户籍儿童及异地务工人员子女患有恶性肿瘤、先天性心脏病、再生障碍性贫血、地中海贫血、先天性聋哑、新生儿肺透明膜病等重大疾病，家庭人均月收入在佛山市城乡最低生活保障标准 4 倍及以下（家庭人均月收入的审核参照当地低保审核办法），治疗自费部分在一个年度内累计达到 2 万元及以上的儿童（0—18 岁），即可向佛山市慈善会提出救助申请。

慈善工作需要社会各方合力支持，开展广泛动员才能带来积极行动。公信力是募集善款的一张道德名片，是慈善组织永续发展的重要前提。在互联网时代，佛山市慈善会通过开展品牌项目，公开项目收支，主动接受社会各界的监督，让慈善在阳光下运行，在社会上营造“事事可慈善、人人乐慈善”的良好社会氛围。

2. 德胜基金会：以社会需求为本，“慈善信托+社区基金会”双轮驱动

党的十九大报告提出“打造共建共治共享的社会治理格局”，强调“加强社区治理体系建设，推动社会治理重心向基层下移，发挥社会组织作用，实现政府治理和社会调节，居民自治良性互动”，吸纳更多行动主

① 佛山市慈善会 2020 年年刊［EB/OL］. 佛山市慈善会，2021-06-22. https：//fsscsh. n. gongyibao. cn/nv. html? nid=eaa6fb60-c0f4-45a7-b69d-2e8479628a68.

体参与社会治理成为趋势①。2017 年、2021 年“社区基金会”这一社区慈善模式被正式写入中共中央、国务院印发的《关于加强和完善城乡社区治理的意见》《中共中央国务院关于加强基层治理体系和治理能力现代化建设的意见》之中。

作为社区基金会，广东省德胜社区慈善基金会（以下简称德胜基金会）积极响应“将治理资源下沉社区”的政策导向，聚焦社区公益，以“慈善信托+社区基金会”双轮驱动，创新公益慈善模式。“顺德社区慈善信托”是永续慈善信托，5 亿元本金委托专业的信托公司保值增值，每年将 3000 万元左右收益用于支持顺德公益慈善事业，德胜基金会担负着专业、高效资助的职责使命。

德胜基金会资助资金杠杆作用突出，推动社会治理创新领域的跨界合作落地实践。据悉，截至 2021 年底，德胜基金会撬动镇（街道）、社区、企业投入项目配资共 3800 多万元。此外，德胜基金会积极发展冠名基金，依托配套资金及专业服务两重优势，目前已成立冠名基金 13 个，捐赠金额超过 650 万元。在社区抗疫中，德胜基金会发挥灵活高效的特性，快速回应社区一线抗疫行动的需求，资助覆盖全部约 95%的村（社区）。

德胜基金会成立以来，便“以社区需求为本”开展项目服务，聚焦顺德公益普惠性学前教育质量不高、长者和精神障碍人士的社区照顾服务不足、社区人际关系疏远、社区参与度低等问题。4 年多来，德胜基金会共资助了 717 个项目，资助总额达 10831. 92 万元，服务覆盖 201 个村居（占全区 98%）。在教育发展领域，累计资助了 83 所幼儿园的改造提升，让 7350 多名幼教人员接受系统培训；在社区照护领域，支持 45 个社区养老服务阵地建设，让 26500 多名长者和 1100 多名精神障碍人士在社区能得到适合的照护陪伴，缓解家庭照顾压力；在社区营造领域，培育社区组织 73 家，提升居民对社区事务的参与度和参与能力。

---

① 习近平提出，提高保障和改善民生水平，加强和创新社会治理［EB/OL］. 中国政府网，2017-10-18. http：//www. gov. cn/zhuanti/2017-10/18/content_ 5232656. htm.

3. 顺德民政人社局：探索“慈善+社会”模式，建立社会救助综合服务体系

顺德区民间慈善氛围浓厚，拥有全国独一无二的区、镇（街道）、村（居）三级慈善体系，慈善资源丰富，企业、单位、社会组织等社会力量已成为慈善与社会救助的重要补充。根植深厚的慈善土壤，顺德区民政和人力资源社会保障局（以下简称顺德民政人社局）搭建“慈善+社会救助”框架，完善“一对一”“多帮一”困难群众帮扶机制和建立顺德区社会救助综合服务体系。

顺德民政人社局实施“众扶乐享”计划，助力推动多维救助服务。一是建立完善“众扶乐享”帮扶信息平台，开发应用网站和手机端系统，建立帮扶对象台账，记录帮扶服务，推送帮扶信息，实现资源对接、动态管理和监督帮扶全过程，归纳和分析帮扶数据及情况。二是着力统筹社会服务资源。现今，系统服务已覆盖全区 10 个镇（街道）205 个村居，建立了 10002 份帮扶对象档案，为 680 名帮扶对象上线 1575 个心愿，完成 1203 个心愿，已筹总额（包含筹募物资折价金额）471451. 62 元。

基于慈善超市在近年来因逐渐与社会发展脱节带来的“造血”机制缺失、功能定位不明确、人流量少等问题，顺德民政人社局自 2019 年起，推动各镇（街道）慈善超市按照“5+N”的基本配置开展创新建设，转型升级为慈善综合体。慈善综合体涵盖款物募集、物资接收、慈善义卖、困难群体救助、特殊群体培训就业 5 个基本功能，并逐步发展商品销售、便民服务、志愿服务、慈善项目孵化培育、慈善文化传播、慈善产品开发等 N 项综合功能。

顺德民政人社局联动社会各方资源和力量，通过“圆梦行动”帮扶有需要的人实现个人梦想，达到困难人群的精准帮扶。2021 年，开展“善居圆梦”“助学圆梦”“99 圆梦”三大项目筹募主题，积极联动腾讯公益平台，引入线上“顺慈联募”圆梦筹募平台，实现“捐款+捐物”的双路径助力圆梦，共联动 13 个项目执行机构参与。

同时，拉动慈善资金进入社会救助领域，充足聚合资源，实现多元救助“多点开花”。目前，顺德区内共有冠名基金 50 个，资金体量达 1. 72 亿元，其中千万元规模基金 3 个，百万元规模基金 4 个，涵盖助医、助学、

助困、助老、助残等多个领域，大大增加了社会救助领域的资金体量。

4. 延续传统习俗，构建慈善符号

正月十六“行通济”，是独具佛山特色的民间习俗，有“行通济，无闭翳”（“闭翳”，粤方言，意指烦恼忧愁）一说。每年元宵佳节，佛山市民举着风车、摇着风铃、提着生菜，浩浩荡荡走过通济桥牌坊，祈求来年平平安安、顺顺利利。近年来，佛山将“行通济”习俗与慈善事业紧密联系在一起，通过举办“行通济”慈善系列活动，弘扬慈善爱心文化，为古老的元宵习俗注入了新的文化内涵。

2020 年，佛山首次推出“温爱佛山·网上行通济”活动，吸引超百万人次参与①。市民通过手机参与网上“行通济”活动，可看到公益市集、慈善义卖、爱心企业展示等公益慈善元素；点击公益市集摊位、爱心企业等即可查看其相关介绍。“网上行通济”通过媒体搭台、凝聚大爱，不仅传播了现代公益慈善文化理念，而且助力了疫情防控。

佛山市顺德区容桂慈善会也将“观音开库”这一延续百年的民间盛事赋予新的时代内涵，将慈善文化、美食文化和民俗活动结合起来，传递全民慈善理念。自 2013 年开始，容桂慈善会连续多年携手容桂敬老院、仁爱园、容桂伍威权庇护工场等 7 所福利机构，在“观音开库”期间举办“行善积德，观音送福”慈善义卖活动②。慈善义卖活动筹得的善款在扣除成本后，用于各福利机构开展助残、助老事业以及拨入“容桂困难家庭帮扶基金”，帮扶容桂困难家庭。

（三）由“小家”及“大家”，营造和谐社区

中国人安身立命之处是家国。家庭和睦则社会安定，家庭幸福则社会祥和，家庭文明则社会文明。党的十九届四中全会提出构建基层社会治理新格局，并强调注重发挥家庭家教家风在基层社会治理中的重要作用。党的十九届五中全会提出，家庭作为社会的基本细胞，是落实基层社会治理

① 红遍全佛山的“网上行通济”又来了！还有重磅福气包等着你［EB/OL］．佛山新闻网，2022-02-22. https：//m. thepaper. cn/baijiahao_ 11416905.

② 顺德容桂百年民俗观音开库如期而至 借库不忘行善［N］．珠江商报，2018-03-13.

的“神经末梢”、最小单元，家庭和睦是社会和谐的重要风向标，家教事关培养担当民族复兴大任时代新人的历史使命，家风是社会风气的重要组成部分。

古今中外，家庭在社会治理中都发挥着基础性的作用，一直受到社会的普遍关注。一方面，家庭是社会教化的重要渠道，家训、家礼、家规的三者共同作用，有利于促进传统社会主流价值观的社会化；另一方面，家庭是社会管理的有益补充，家庭内部的有效管理有利于教化民众、调解社会冲突。因此，在进行市域社会治理现代化的推进工作时，也格外注重家庭的作用。在这方面，佛山市除了推进妇联的家庭服务之外，还将发展重点落在了家庭服务中心的建设上。自佛山市 2012 年开启家庭服务中心试点建设至今，家庭服务中心已经在佛山全面铺开。家庭服务中心由政府出资建设运营，按照项目运作的方式，实行严格的招投标程序，选取民办社会工作服务机构具体承接，向居民提供专业社会工作服务。社会工作机构根据政府购买服务协议，组建以专业社会工作者为主导的服务团队和相对稳定的社区义工队伍。各个家庭服务中心以面向家庭、青少年、长者等重点群体的服务为基础，并根据社区人口、环境、经济发展等实际情况，不断拓展服务项目，使服务范围覆盖全体社区居民。

1. “佛山融爱”家庭服务中心：提供多元化公益服务

2012 年，佛山市委、市政府印发了《关于佛山市家庭服务中心建设的实施意见》，推动“佛山融爱”家庭服务中心的建设。作为佛山市委、市政府委托佛山市妇联牵头建设的服务平台，“佛山融爱”家庭服务中心通过购买专业社会工作者，为妇女儿童及其家庭提供了婚姻家庭、权益维护、社会适应、家庭教育、儿童辅导和社区参与等多元化公益服务。

2019 年佛山市妇联对外公布的“佛山融爱”家庭服务中心专题调研报告显示，2012—2018 年，佛山市“佛山融爱”家庭服务中心累计跟进个案 593 宗，开展小组活动 1103 个，社区活动 8179 场，组织培训 930 场，组织督导 1177 场，直接服务人次超 68 万[①]。

① 6 年直接服务人次超 68 万！“佛山融爱”家庭服务中心报告公布［N］. 佛山日报，2019-12-30.

2. 融爱家庭服务中心："阳光亲子读书会"助力家庭文化建设

南海区融爱家庭服务中心从正式启动到现今，充分发挥金宁社区的示范带动作用，逐渐形成了一个议事团队+多个参与主体（1+X）和一支"阳光亲子读书会"总队+多支"阳光亲子读书会"小分队（1+X）的双"1+X"模式，初步铺就了亲子共读行动网络。

2020年，以"阳光亲子读书会"为骨干力量的南海区金宁社区家长学校被命名为"全国家庭亲子阅读体验基地"，是佛山市唯一、广东省仅有的3家"全国家庭亲子阅读体验基地"之一。

"阳光亲子读书会"分队通过"真人图书馆"、戏剧演练等形式，分享家庭教育故事，讲好家风故事，营造向上向善、相亲相爱的良好家庭氛围；同时，依托小区"共享书角"将亲子共读服务常态化，让亲子共读成为丰富小区生活不可或缺的一部分，真正扎根小区，形成亲子共读宣传推广路径，有效促进多方积极参与社区家庭文化建设，推动居民参与社区治理。据悉，"阳光亲子读书会"至今已举办66期亲子共读恒常活动，其中"阳光亲子读书会"分队独立自主策划开展的亲子共度恒常活动8期。

在服务持续深化的过程中，"阳光亲子读书会"骨干从服务的享受者、参与者，逐渐成为服务的组织者、传播者，他们以口相传讲好"家事"，以实际行动传承优良家风，助力家庭文化建设。团队的发展除了给个人带来成长，更有效推动社区文化建设，是内在发展的重要动力的体现。

二、城乡统筹治理，互促互带创和谐

"城乡统筹"是"城""乡"在一定的时代背景中互动发展，以实行"城""乡"发展双赢为目的的发展格局。城乡统筹就是要改变和摒弃过去那种重城市、轻农村，"城乡分治"的观念和做法，通过体制改革和政策调整削弱并逐步清除城乡之间的藩篱，充分发挥工业对农业的支持和反哺作用、城市对农村的辐射和带动作用，建立以工促农、以城带乡的长效机制，促进城乡协调发展。

21世纪以来，我国经济社会发展进入加速转型阶段，城市与乡村之间、工业与农业之间、市民与农民之间的发展差距呈现扩大趋势。党的十七大提出，统筹城乡发展，推进社会主义新农村建设，要加强农业基础地位，走中国特色农业现代化道路，建立以工促农、以城带乡长效机制，形成城乡经济社会发展一体化新格局。党的十八大提出，要加大统筹城乡发展力度，增强农村发展活力，逐步缩小城乡差距，促进城乡共同繁荣；坚持工业反哺农业、城市支持农村和多予少取放活方针，加大强农惠农富农政策力度，让广大农民平等参与现代化进程、共同分享现代化成果。党的十九大明确提出，实施乡村振兴战略，坚持农业农村优先发展，按照产业兴旺、生态宜居、乡风文明、治理有效、生活富裕的总要求，建立健全城乡融合发展体制机制和政策体系，加快推进农业农村现代化。党的二十大也进一步提出，全面推进乡村振兴，坚持农业农村优先发展，坚持城乡融合发展，畅通城乡要素流动。

党的十九大以来，佛山市深入学习贯彻习近平总书记关于“三农”工作重要讲话、重要指示批示精神，全面贯彻落实中央和省关于实施乡村振兴战略、打赢脱贫攻坚战的决策部署，聚焦重点难点，深化改革创新，始终坚持以工促农、以城带乡，走出一条独具特色的工业强市乡村蝶变之路。

2018 年 5 月 31 日，经佛山市乡村振兴工作会议审定，印发了《中共佛山市委、佛山市人民政府关于推进乡村振兴战略的实施意见》及其七大工程的行动方案。按照“1+7+X”系列文件安排，佛山市大力实施“七大工程”，加快推动组织振兴、生态振兴、产业振兴、人才振兴和文化振兴。

（一）推进“三治”融合，夯实乡村治理

乡村治理是实现乡村振兴、推动城乡融合发展的基础，构建现代化的乡村治理体系，填补乡村治理的短板，强化乡村对城乡融合发展的支撑作用，是乡村治理改革的主要目标[①]。

乡村基层治理涉及范围广、矛盾多、利益诉求差异大，各村既有由各级党委政府领导下共同的治理框架，又有自身所处地理位置、资源禀赋和

① 黄锡牛，王中政．论城乡融合发展的双重逻辑及制度统合［J］．现代经济探讨，2021（5）：1-9.

历史传承等鲜明特点。改革开放以来，伴随着佛山城镇化、工业化的快速发展，农村积累了一些问题和矛盾，如人居环境变差、劳动力空心化、治理混乱等。新时代如何在总体的治理框架体系基础上，结合自身特点，通过有效的治理重整乡村秩序，实现城乡融合和乡村振兴，是推进市域治理现代化的必答题。

党的十九大提出，要加强农村基层基础工作，健全自治、法治、德治相结合的乡村治理体系。党的二十大进一步指出，坚持依法治国和以德治国相结合，把社会主义核心价值观融入法治建设、融入社会发展、融入日常生活。乡村治理是一项复杂的系统工程，自治、法治、德治“三治融合”的治理体系为化解乡村发展和城乡融合过程中产生的失范问题，开出了一张全面的“药方”。乡村自治是基础，落实法治是保障，弘扬德治是动力，三者相互融合，构成了新时代乡村治理的最优路径。健全自治、法治、德治相融合的乡村治理体系，是实现乡村振兴不可或缺的基础。

2018 年，经佛山市乡村振兴工作会议审定，印发了《关于实施“党建统领·三治融合”农村基层治理工程的行动方案》（以下简称《方案》），提出了强化党对农村基层的统一领导、深化村（居）民自治实践、提高基层依法治理水平、加强基层道德建设的要求。《方案》首先强调，必须强化村（社区）党组织领导核心地位，加强党组织建设，精准整顿软弱涣散的基层党组织，并以党建为牵引开展村企结对共建活动；其次，通过拓展非户籍人口参与基层治理的途径和方式，构建多层次基层协商格局和深化“三社联动”工作机制，深化乡村自治；再次，通过提高基层依法行政能力，明晰基层职权，加强农村社会治安防控工作，构建矛盾纠纷多元预防排查化解机制等措施提升基层依法治理水平；最后，通过深化和创新社会主义核心价值观宣传教育，健全道德模范选树机制，丰富农村群众精神文化生活等加强基层道德建设。

近年来，随着“党建统领·三治融合”行动的推进，佛山市乡村治理成效显著。乡村治理体系已基本形成、治理水平明显提升、治理基础不断得到巩固，基本形成了“党委领导、政府负责、民主协商、社会协同、公众参与、法治保障”的现代乡村社会治理体制。乡村治理水平的提升，带来的治理成效是党的十八大以来全市社会治安稳定和谐的基础不断得到巩固。

在《方案》的引领下，佛山市各地区积极展开“三治融合”实践，形成了各具特色的乡村治理模式。

1. 上金瓯社区：“三治融合+书香文翰+宜居乡村”绘就历史名村

上金瓯社区位于南海区西部，是全市美丽文明示范村居和省级“民主法治示范村”，深受康有为等众多历史名人的影响，素以书香文翰著称。全村总面积5.32平方千米，常住人口约8800人，其中外来人口约3900人。

近年来上金瓯社区坚持把“自治、法治、德治”“三治融合”作为社会治理基础性工程，逐步形成“大事一起干、好坏大家判、事事有人管”的基层治理新格局。完善村民自治，取得最大公约数。村民代表大会制定了5个上金瓯村民公约，得到了98%以上村民的支持，为社区治理筑起了一道保护墙。健全完善法治，化解各类矛盾纠纷。上金瓯社区深入开展“省民主法治示范村”创建工作，通过组织学法、引导用法、带动守法，为社区居民提供法治宣传教育服务、律师服务、公证服务、人民调解服务等法律服务，保障社区居民的合法权益。以德治化人，强化社区治理软实力。上金瓯社区抓住这个突破口，打出“金瓯好家风”文化品牌，通过树立好的道德模范传播正能量，以点带面提升村民的整体素质，让村民自觉参与社区治理。

上金瓯社区充分发挥历史文化底蕴深厚优势，以“书香金瓯”作为上金瓯社区整体品牌和主线贯穿工作，结合社会主义核心价值观的内容和各自然村特色文化元素，逐步形成了一村一品牌、一村一公园、一主八副的品牌格局。上金瓯社区大力建设文化设施，目前社区共建体育健身场所8个、图书室1个，定期维保的祠堂、古建筑13座。传统文化迸发出时代新活力，使村民的文化自觉形成了推动社区治理的强大动力。以创建美丽文明村居工作为抓手，上金瓯社区结合村级工业园综合提升工程，积极开展村庄环境整治。环境的改善和公共服务水平的提升，使得村民也愿意回村，曾经一段时间劳动力流失、农村空心化的问题初步得到解决，越来越多的年轻人愿意回村居住、生活和创业，上金瓯社区开始重新焕发出勃勃生机。

2. 黄龙村：精细化服务+网络化管理+信息化支撑，实现“治”在基层

近年来，顺德区北滘镇黄龙村坚持以党建引领发展，推进精细化服务，实现“治”在基层。每逢出现邻里纠纷、家庭矛盾、公共事务等情况，黄龙村党委就以民主议事协商室为平台，引入党员、退休干部、乡贤、村民小组长等共同参与协商讨论，做到小事不出村。

为强化源头化解，黄龙村还建设基层“三室”（社会心理服务室、矛盾纠纷调解室和公共法律服务室），为村民提供心理健康宣传教育、法治宣传教育及矛盾纠纷调解服务。同时，黄龙村还引入专业社会工作服务，通过深耕黄龙基层、深挖社会需求，开展形式多样的社区服务，逐步提升乡村文化自信和社区认同感。

在提升治安环境上，黄龙村建立起“天网”“地网”“人网”“屋网”四网治安力量，包括安装视频监控系统，覆盖村内的治安重点和黑点区域；在村主要出入口安装警务超市，实时监控主要路口治安状况；建设庞大的网格员队伍，收集各类信息，及时化解矛盾纠纷等。

据悉，黄龙村按照一个网格约 1800 人的标准，将全村划分为 9 个网格，并将 9 个网格合并为 4 个党建社会事务网格，共配专职网格员 9 名①。同时，以网格员为常规力量，治安联防队员协同补位，依托网格化信息平台实现警务类警情和非警务类警情双向派单、联勤联动、闭环处置。公共法律服务团队则在网格内进行有针对性的普法宣传教育，引导村民合法理性表达诉求。

3. 小洞村：多元共治，激发乡村振兴活力

高明区更合镇小洞村党委坚持党建引领乡村振兴、平安建设，以自治、法治、德治“三治融合”为抓手，构建共建共治共享的新时代基层社会治理格局，打造出一个充满活力、和谐有序的善治乡村。工作中，小洞村党委发挥党员作用，形成了“党委统领、支部主抓、部门联动、党员带头、群众参与”的工作模式，不断推动乡村治理多元共治。

在自治实践中，小洞村下辖的 6 个自然村均成立村规民约监督理事会、

---

① 探索新型基层治理，“三差村”变“典范村”［N］. 佛山日报，2021-08-26.

理财小组等。2020年，小洞村以新村为试点，成立由党员、乡贤、村民组成的乡村振兴促进会，参与村务决策、民主议事、环境整治等各项工作。2021年4月，新村有块4.2亩的闲置地，经乡村振兴促进会开展走访、劝说等工作，将该地回收，随后放在更合镇资产交易平台进行招标，拍出了每年47500元/亩的租金价格，这意味着新村每年可增加分红约20万元①。经乡村振兴促进会的努力，新村不少闲置土地被盘活，带来了新产业和新收益。

小洞村认真落实社会治安综合治理领导责任制，建成“基层社会治理推进办公室”，探索制定了扫黑除恶“六强化六提升”机制、防范电信网络诈骗“四着力”机制等基层社会治理工作机制，持续强化农村群防群治水平，推动社会治安防控力量下沉。小洞村同时健全矛盾纠纷多元化解机制，譬如组建村矛盾多元调处机构，并结合无职党员“就亲就近就熟”大力开展法治宣传和矛盾化解，90%的矛盾纠纷在村一级源头化解。

（二）完善社区规划，建设绿色田园

乡村振兴，生态振兴是根本。农村生态环境治理既是实施乡村振兴战略的重要途径，也是其题中应有之义，两者之间是一种互促共进的关系，能够产生正向乘数效应②。

作为制造业大市，佛山改革开放40多年来经济持续快速发展，广大农村作出了重大贡献，同时也付出了沉重的环境代价。为提升乡村生态、完善乡村规划，2018年佛山市环境保护局印发了《佛山市关于实施乡村生态提升工程的行动方案》，提出加强农村水、气、土等突出环境问题综合治理，开展重要生态系统保护、修复工程和乡村绿化美化工程，到2020年，全市空气质量达到国家空气环境质量二级标准；地表水水质优良，划定地表水环境功能区划的河流消除劣V类水体，全市基本消除黑臭水体；土壤环境质量总体保持稳定；环境改造提升覆盖全市所有村级工业园；筑牢乡村生态屏障，打造人与自然和谐相处的高品质乡村森林生态系统。

乡村规划是实施乡村振兴战略这项系统工程的“第一道工序”，2018

① 党建引领“三治融合”走好乡村善治之路［N］．佛山日报，2021-10-11.

② 张志胜．多元共治：乡村振兴战略视域下的农村生态环境治理创新模式［J］．重庆大学学报（社会科学版），2020（1）：201-210.

年佛山市住房和城乡建设管理局、佛山市国土资源和城乡规划局印发了《佛山市关于实施乡村规划建设提升工程的行动方案》，提出佛山市力争2018年实现镇村规划建设全域化，行政村庄规划覆盖率100%；梯次创建干净整洁村、美丽宜居村、特色精品村，2020年前，完成农村人居环境整治，建成一批生态宜居美丽乡村示范点；2025年前，全域建成生态宜居美丽乡村。

乡村生态提升上，佛山市把乡村人居环境提升与美丽文明村居、“五好”新农村、特色小镇建设有机结合起来，推进重点流域、重点区域、重点行业污染整治，做好农村生活垃圾治理、生活污水处理和厕所改造，努力把佛山建设成“河畅、水清、堤固、岸绿、景美、文兴”的典型岭南水乡城市。

乡村规划上，佛山市坚持把绿色发展理念贯穿于乡村规划编制实施全过程，加快划定生态保护红线，推动城乡融合发展、一体设计、多规合一理念落到实处。此外，佛山市加强对农村宅基地建设的管理，大力整治农村建筑风貌紊乱的问题。

2019年10月31日，佛山市正式发布《佛山市“百里芳华”乡村振兴示范带建设策划方案》，提出打造一条彰显岭南水乡特色的乡村振兴示范带，发挥长效示范机制带动美丽乡村建设①。

过去5年，佛山市乡村振兴成绩斐然，农村人居环境持续优化，“百里芳华”示范带彰显岭南水乡魅力。生态环境保护成效显著，荣膺国家生态文明建设示范区、国家森林城市，云勇林场成为国家森林公园，能耗强度大幅下降，空气质量明显改善，新（改）建污水管网3500千米，国考断面水质达到考核要求，广佛跨界河流重点断面水质近3年全面达标②。佛山市通过全域开展人居环境整治，催生乡村蝶变，如今，越来越多美丽乡村星罗棋布般地点缀在佛山大地上。

1. 罗南村：国家级生态村

罗南村，位于禅城区南庄镇，至今已有700年历史。20世纪90年

---

① “百里芳华”引领佛山乡村高质量振兴［N］. 佛山日报，2019-11-05.

② 2022年佛山市政府工作报告［EB/OL］. 佛山市人民政府网，2022-01-17. http://www.foshan.gov.cn/zwgk/zfgzbg/content/post_5143126.html.

代，罗南村以陶瓷工业为主的集体经济不断壮大。富裕之后的罗南村，不忘村容村貌建设和人居环境改造，先后投入数亿元实施“蓝天碧水”工程。

2016—2018年，罗南村再投1.5亿元，进行全村村容村貌提升，开展古村落活化、城中村改造、“五好”新村居、美丽文明村居、污水管网铺设、自来水管更换等环境建设，先后完成14个公厕升级改造，并建成了集农业生产、农产品展示和销售、饮食、休闲于一体的都市型乡村旅游休闲胜地——罗南生态园。

2018年，罗南村还完成总长15.3千米、总投资达3500万元的污水管网建设工程，将污水管网接入村里的每家每户，成为佛山市第一个完成村级管网铺设并真正实现雨污分流的村庄①。如今，罗南村的三条主要河涌和五条附属支涌的水质都已达到Ⅴ类水标准以上，其中罗南河涌则已达到Ⅲ类水标准。

罗南村先后获得“国家级生态村”“全国绿色村庄”“全国绿色小康村”等称号。从走“工业强村”道路的“陶瓷罗南”，到探索观光农业的“生态罗南”，罗南村成功实现生态转型、绿色发展。

2. 紫南村：中国最美乡村

紫南村，位于禅城区南庄镇，于南宋时期开村。紫南村在2007年以前是有名的“上访村”“脏乱村”。近10年来，紫南村共投资3.8亿元进行村居环境改造提升，率先实施雨污分流工程，增加村内人均绿化面积，实现道路硬化、绿化和亮化，兴建立体停车场、生态停车位、人行天桥、人行隧道，实行人车分流。同时，紫南村大力开展环境综合整治，成立市政处，建立村级环卫队伍，购置洒水车、扫地车。

村内环境基础设施日趋完善。在改善村内环境方面，紫南村修建了18座文化休闲公园，实现道路绿化，人均绿地面积增加到60余平方米，是广东城市人均绿地面积的近4倍；打通部分断头河涌，对全村4.5千米河涌进行清淤，对其中大部分河涌进行砌岸、植绿处理；扩建、改建大小桥梁

① 禅城区南庄镇罗南村：生态田园小康家 村美民富幸福乡［EB/OL］. 佛山在线，2020-10-13. http：//www.foshan.gov.cn/zwgk/zwdt/jryw/content/post_ 4518601.html.

60多座，修建亭台水榭40多座①。

为巩固环境治理成果，紫南村先后制定了《紫南村环境卫生管理自治规定》《紫南村公共环境整治提升管理提升方案》《紫南村辖区内河涌管理制度》等一系列制度，明确村内禁养鸡、猪等畜禽类，实施鱼塘承包合同制，辖区内所有鱼塘及农用地严禁搭棚建舍、杜绝饲养，改善河涌水质、合理布局农用地，遏制村内生态恶化。紫南村制定《私人住宅建设规划管理规定》规范私人住宅建设行为，对建筑杂物等的摆放也进行了细致的规定，村容村貌得到进一步提升和改善。

紫南村先后获得“全国乡村治理体系示范村”“全国文明村”“新时代·中国最美乡村”“中国十佳小康村”“全国民主法治示范村”等称号。

3. 阮埇村：中国传统村落

阮埇村，位于高明区荷城街道，开村于南宋时期。阮埇村地理位置优越，比邻古耶山、凌云山、南蓬山，一圈活水环绕村落，犹如荷叶载珠。阮埇村有古民居、古祠堂、古围墙、古巷道、古书院、古私塾、古桥等传统建筑，保存较好的有阮北“八大家”古民居、阮西古民居群。开村以来，村内文风鼎盛，人才辈出，据史料记载，阮埇村先后走出了6名进士、17名举人，被称为“三朝六进士，一榜四文魁”。

2015年以来，阮埇村以开展特色古村落宜居示范与升级活化为契机，启动农村污水处理工程，逐步建成“污水管网收集—沉淀池—生化池—生态修复区—净化排放”的小型污水处理系统。生活污水经管道收集后，经格栅进入调节池均衡水质、水量，然后用泵送到生化处理池处理。污水经生化处理池处理后，污染物已得到有效处理，因此生态修复池中可种根茎、球茎类植物，生化修复后达标排放。污水处理系统完成之后，再把环村水道与秀丽河接通，实现活水绕村。

据悉，阮埇村已入选“佛山十大醉美古村”和第五批中国传统村落名录。

---

① 佛山紫南村：坚定不移走绿色发展之路［EB/OL］．广东省生态环境厅，2020-10-10. http：//gdee. gd. gov. cn/ztzl_ 13387/wrfzgjyxal/hjzlal/content/post_ 3098550. html.

（三）推动经济转型，实施乡村振兴

村级工业园涉及基层的经济利益分配问题，有序推进村级工业园既是推动佛山产业转型升级的必然，也是形成共建共治共享的社会治理格局的必然要求①。2018 年，佛山市有村级工业园区 1088 个，总面积 207 平方千米，约占全市工业用地面积的 80%，产出却仅为全市总量的 20%。乡村振兴的关键是产业振兴，产业兴旺是经济发展的前提，乡村的繁荣离不开农业和农村产业的蓬勃发展②。

2018 年 7 月，佛山市国土资源和城乡规划局印发的《佛山市关于实施村级工业园综合提升工程的行动方案》提出目标，到 2020 年，全市村级工业园综合提升的体制机制、配套政策基本完善；结合城市治理和中心城区城市形态提升专项行动计划，重点门户地区、环境和安全问题突出的村级工业园区综合提升全面启动，完成不少于全市村级工业园总量 20% 的用地的综合提升工作，建成一批主题鲜明、配套完善的产业园区，示范引领全市村级工业园综合提升。

中共佛山市委农办、佛山市农业局印发的《佛山市关于绿色优质农业发展工程的行动方案》，提出加快推进农村集体经济和农业产业转型升级，大力发展农村电子商务、休闲度假等新兴产业业态，推动农村集体经济由以物业出租为主向适度多元化发展转变；到 2020 年，全市农业资源配置更加高效，供给体系质量和效率明显提升，农业结构进一步优化，产品品种和质量契合消费者需要，产业整体竞争力走在全省前列，努力促成佛山市成为粤港澳大湾区特色农产品“菜篮子”基地、高值花卉生产出口基地和农业休闲观光基地。

2018 年 7 月，中共佛山市委农办、佛山市农业局印发《佛山市关于实施农村集体经济转型发展工程的行动方案》，提出佛山农村集体经济转型发展的阶段性目标：2018 年底，全市全面完成清产核资，顺德区完成农业

---

① 罗月红．佛山市基层社会治理创新的实践与思考［J］．佛山科学技术学院学报（社会科学版），2019（2）：75-80.

② 姜德波，彭程．城市化进程中的乡村衰落现象：成因及治理——“乡村振兴战略”实施视角的分析［J］．南京审计大学学报，2018（1）：16-24.

部、中农办交办的农村集体产权制度改革试点任务；2019 年 10 月底前，高明区全面完成集体经营性资产股份合作制改革；2020 年，全面完成宅基地、建设用地等农村土地资源确权登记颁证，实现全市农村集体产权制度改革全覆盖；2021 年，农村集体资产管理进一步规范，农村土地“三权分置”取得明显成效，城乡经济融合发展体制机制进一步完善，基本建立归属清晰、权能完整、流转顺畅、保护严格的农村集体产权制度和集体经济治理体系。

在一系列政策的指导下，佛山市乡村振兴成效显著。2020 年，佛山市农村集体资产总额首次突破千亿元大关，农村集体经济收入达 227 亿元；农民实现稳步增收，农村常住居民人均可支配收入达 3.34 万元，高于全国、全省平均水平；农林牧渔业产值达 368.55 亿元，产业结构进一步优化升级，农地产出率每亩达 3.32 万元，位居全省前列；淡水养殖面积、产量、产出、单位面积产出均为全省第一①。

2019—2020 年，广东省下达佛山市扶持壮大村级集体经济试点村 11 个，全部定在高明革命老区。截至 2021 年 12 月，高明区推动资金扶持 11 个试点村共 11 个项目，11 个试点村 2020 年农村集体经济总收入全部超过 100 万元，比 2019 年总收入增值 180%。2021 年，高明区建立农业招商数据库和农业招商平台，以更大力度推进农业招商，同时致力壮大农业生产经营主体发展。2021 年高明区规模以上农业龙头企业达到 39 家，农民专业合作社达到 90 家，“菜篮子”基地达到 34 家，新增 1 个省级休闲农业旅游示范点②。

2021 年 2 月 19 日，《佛山市村级工业园升级改造总攻坚三年行动计划（2021—2023 年）》正式下发，佛山市在 2018—2020 年已完成地上物拆除 7.36 万亩，计划 2021—2023 年再用 3 年时间完成地上物拆除 13.80

---

① 佛山农村集体资产总额首超千亿 农村居民人均可支配收入高于全省平均水平［EB/OL］. 广东省人民政府网，2021-05-08. https：//www.gd.gov.cn/gdywdt/dsdt/content/post_3277139.html.

② 佛山高明多措并举推动广东农村集体经济新发展［EB/OL］. 广东省农业农村厅网，2021-12-10. http：//dara.gd.gov.cn/snnyxxlb/content/post_3709407.html.

万亩[①]。

近年来，佛山以建设广东农业科技示范市为抓手，紧紧围绕农业产业发展进行科技创新和攻关。佛山已累计获得国家级、省级农业科技类奖项17项，实现国家级农业科技项目、国家现代农业科技示范展示基地、省级工程技术研究中心、农业农村部丰收二等奖“四个零的突破”；成功引进佛山鲲鹏现代农业研究院、广东数字农业示范园等一批重点项目；建成佛山市现代渔业科技园并顺利开园，建成全国最大鼋鳖育基地，白羽肉鸡育种国家联合攻关项目进展顺利[②]。

规模化、专业化、生态化是现代都市农业的重要特征，佛山以打造特色农业品牌、建设专业镇村、认定食材生产基地等方式，推动现代都市农业发展。截至2020年，佛山建设南海区花卉园艺产业园、顺德区花卉产业园、高明区花卉产业园、三水区渔业产业园、佛山市南海区九江鱼花产业园、佛山市顺德区优质草鲩产业园6个省级现代农业产业园，实现花卉、水产等主导产业标准化、规模化、品牌化。佛山认定省级“一村一品、一镇一业”专业镇村42个，累计获地理标志认证农产品6个，打造佛山蝴蝶兰区域公用品牌，培育省级以上农业龙头企业57家、市级以上农业龙头企业147家。佛山积极实施“佛味鲜生”优质粤菜食材工程，认定市级“菜篮子”基地70个、省级“菜篮子”基地21个、粤港澳大湾区“菜篮子”基地14个[③]。

截至2021年底，佛山市建成省级现代农业产业园10个、农业公园30个，农业集约化程度不断提高，为现代都市农业发展提供肥沃的土壤[④]。

1. 大沥镇：促治理谋振兴，释放发展新动能

大沥镇位于佛山市南海区东部，是岭南创新商都、产业经济重镇。近

---

① 佛山又发村改新政！2023年，佛山村级工业园将退出历史舞台［EB/OL］．中工招商网，2021-03-09. https：//www. sohu. com/a/454885522_ 120409518.

② 谭海琪．制造业大市奏响现代都市农业变奏曲［N］．佛山日报，A04. 2021-09-23.

③ 同②.

④ 科技赋农+三产融合 打造佛山特色乡村振兴模式［EB/OL］．佛山新闻网，2022-01-04. https：//www. foshannews. net/h/139/20220104/411912. html.

年来，大沥镇坚定不移走城乡融合的道路，以乡村振兴、城市更新、产业转型为重点，努力实现全域振兴。

近年来，大沥镇通过“三旧”改造，以高水平规划引领城市现代化、以城市现代化促进产业高端化，城乡融合展现新景象：广佛国际商贸城中心区成为国家“集体土地上建城市”的成功实践；海北新城探索打造广佛极点带动新片区；盐步片区担起了佛山市“百里芳华”示范片区的重要使命……

大沥镇有村级工业园 111 个，涉及用地 2.3 万亩。在推进工业园升级改造过程中，大沥镇坚持以拆为手段、建为目的，以产业提升、项目落地为导向，将园区改造与传统产业转型结合起来、与互联网新经济发展结合起来，实现产业链固链、强链、补链。目前，大沥镇村级工业园升级改造如火如荼，大沥镇瀚星科学园、沥中新兴产业载体、全铝家居智能产业园、羊城创意产业园（南海分园）等一批项目落地，培育现代生产性服务业阵地。

在加快推进重点项目建设的同时，大沥镇还在不断强化和优化自身的产业体系。如立足于 36 个专业市场和广佛智城直播电商产业基地优势，打造互联网新经济服务体系。此外大沥镇也积极参与“腾云计划”，推动生产性服务业与大沥传统优势制造业融合发展。依托南海国际会展中心及全国安全产业大会，大沥正在探索“会展+”新经济模式，并通过加快安全产业集聚，打造智慧安全小镇。

2. 白坭镇：深化“文创+”，推动产业振兴①

佛山文创古镇位于佛山市三水区白坭镇西北部，是连片乡村振兴功能集聚区的重要节点，依托丰富的生态资源、农业资源和文旅资源，打造古镇为体、文化为核、创意为魂、四位一体的“创新型岭南文旅特色小镇”。2017 年 8 月，文创古镇正式启动建设；2019 年 10 月，成为首批通过验收命名的市级特色小镇；2020 年 8 月，纳入省级特色小镇培育库。2021 年 8 月，佛山文创古镇入选全国特色小镇 50 强，完成了从市级特色小镇到

---

① 乡村振兴样板村！佛山白坭：打造特色小镇带动乡村振兴样板［EB/OL］. 南方新闻网，2020-09-02. https：//baijiahao. baidu. com/s? id = 1713644740102247335&wfr = spider&for = pc.

“国字号”荣誉的华丽蝶变，实现“四年三级跳”。

白坭镇通过全面实施重要事权清单管理，不断深化提升“党建统领，三治融合，四会联动”的“134 基层治理体系”，营造共建共治共享的治理格局，实现古镇城乡土地、劳动力、资本等要素高效配置，实现佛山文创古镇体制“新而活”。

白坭镇将文创古镇、乡村振兴两大品牌工作有机融合，探索党建引领乡村振兴的制度、人才、组织、惠民、善治“五大路径”，以特色小镇带动打造乡村振兴样板，实现了产业、人才、文化、生态、组织的全面振兴。

依托浓厚的书院文化、疍家文化、祠堂文化、龙舟文化，佛山文创古镇以“人才+平台+农耕文化 IP”为模式和驱动力，重点推进四大细分领域产业体系建设，推进“文创+旅游”“文创+农业”“文创+艺术”“文创+服务”产业。白坭镇以旅游休闲产业为带动，以西江文化为根基，将文创古镇打造成珠三角地区最具农耕文化特色的文旅体验地和旅游目的地，以产业振兴推动乡村振兴。

立足特色产业的长远发展，白坭镇还以文化特色为引领，围绕传统、再生、未来三个核心，在实现文旅产业高端集聚和融合发展的同时，通过提升优质公共服务辐射作用，加强教育服务、医疗卫生服务、体育运动、公共文化服务、社会保障等体系建设，大力开展文体活动等，打造宜人的生活环境，构建高品质小镇。

（四）“创文”延伸基层，共建美丽村居

乡风文明是指农民群众的思想、文化、道德水平不断提高，在农村形成崇尚文明、崇尚科学的社会风气，农村的教育、文化、卫生、体育等事业发展逐步适应农民生活水平不断提高的需求。党的十九大报告提出实施乡村振兴战略，从“产业兴旺、生态宜居、乡风文明、治理有效、生活富裕”五个方面作出了总体要求，其中乡风文明贯穿乡村振兴的各个方面，是乡村振兴战略的灵魂所在。

乡村文化是维护乡村社会秩序的重要内生力量，乡村振兴不仅需要经济的富足，生活的美好，社会的和谐，还要有乡土文脉的传承，乡村文化

的自我更新[①]。宋小霞、王婷婷从四个角度出发，提出从加强农民思想道德建设，弘扬中华优秀传统文化，培养文明乡风、良好家风以及淳朴民风，加强农村公共文化建设，完善人才队伍建设，以及推动文化振兴与生态振兴、产业振兴融合发展等方面推动乡村文化振兴[②]。

2018 年 7 月，佛山市精神文明建设委员会印发的《佛山市实施乡风文明建设工程的行动方案》提出，开展思想引领活动，牢牢把握农村意识形态和宣传思想文化工作主导权，推进社会主义核心价值观在村居“三融入”（融入村居环境、融入村规民约、融入群众文化生活）；开展文明涵育活动，建设崇德乡村、好学乡村、孝义乡村、乐善乡村；开展文化传承活动，继承弘扬红色文化、传承保护优秀本地文化、繁荣发展新时代先进文化；开展规范创建行动，规范公共服务流程、规范公共设备管理、规范村民日常活动。

现今，佛山市美丽村居数不胜数——禅城区张槎街道的莲塘村“龙狮圣源·莲塘毓秀”品牌深入人心，书法和龙狮文化已成为莲塘村的文化名片；南海区西樵镇松塘村崇文重教的翰林文化发扬光大；顺德区北滘镇碧江村深挖祠堂文化，碧江金楼旧貌换新颜；三水区乐平镇大旗头村发扬乡贤文化，牵手清华大学高水平地建设广府文化体验基地……

1. 下朗村：塑造时代新村风，迈上振兴快车道

下朗村位于广东省佛山市禅城区张槎街道西北面，占地 0.78 平方千米，户籍人口 3319 人，常住人口 11021 人。2020 年村组两级集体经济收入约 1.7 亿元，村民人均每股福利分红超过 7000 元。全面实施乡村振兴战略以来，佛山市下朗村持续发力推动乡村移风易俗，以“仁和”为核心构建朗朗政风、文明乡风、淳朴民风、良好家风，有力推动了村内陈规陋习和不良风气转变，塑造新时代乡村精气神，让村里的各项事业迈上振兴的快车道。

下朗村共有 7 个村民小组，以“招”“江”“陆”三家姓氏为主。曾

---

① 吕宾．乡村振兴视域下乡村文化重塑的必要性、困境与路径［J］．求实，2019（2）：97-108，112.

② 宋小霞，王婷婷．文化振兴是乡村振兴的“根”与“魂”：乡村文化振兴的重要性分析及现状和对策研究［J］．山东社会科学，2019（4）：176-181.

经很长一段时间，村内各小组宗族派别问题复杂，阻挠村集体重大事项推进，导致村里的发展事业停滞不前。为破解这一困局，下朗村从强化党建着手。一是加强党组织建设，精准把握民情民意。优化农村党组织设置，从三姓党员、村民代表抓起，通过搭建一支三姓团结协作、战斗力强的村“两委”队伍，逐步解决三姓之间的矛盾和纠纷。着力将党组织向小组进一步延伸，下设7个小组党支部，强化党员的群众工作，根扎得更实更深，仔细掌握村民的所思所想，着力化解村民所忧所虑。二是请来老党员当“播种机”，潜移默化凝聚共识。深入开展“大榕树下讲党课”活动，邀请村内享有高度威望的模范老党员“现场说法”，宣讲“和则两利”的道理，分享近年来村中发展变化的感受，传递“仁和政风”正能量，潜移默化转变村民的思想认识，赢得村民的理解和支持，凝聚“团结一心谋发展”的共识，村里的重大事项顺利得到表决通过。三是再掀敢闯敢拼之风，推动事业大发展。有了民心民意的基础，下朗村党委在村内做足改革再出发的动员，大力弘扬敢闯敢拼风尚，在村民的支持下克服重重困难，拆除低矮破旧厂房，实行村级工业园提升改造，推动产业全面转型升级。近年来，下朗村迎来发展新浪潮，先后建成下朗针织城、朗宝工业园、塑沙国际商业批发中心、中恒交易中心等产业平台，吸引400多家企业进驻，企业规模和质量创历史新高。

很长一段时间内，下朗村村民有重视物质利益轻精神文明、重经济发展轻环境保护的思想，垃圾随手乱扔、杂物随意乱堆现象普遍，卫生环境脏乱差曾是一大顽疾。下朗村着力构建“仁和乡风”，提高村民爱护环境、守护美丽家园的自觉性，促使村容村貌脱胎换骨。一是以机制推动村民转变意识。一方面，以村规民约方式制定长效机制，建立环境卫生保障机制，加强村内保洁队伍、卫生外包公司的管理和监督；另一方面建立奖惩机制，制定《下朗村村容村貌和环境卫生管理自治管理暂行规定》，从建筑材料堆放、杂物堆放、摆放花盆等方面一一作出奖罚规定，引导村民爱护村内环境卫生保护工作，参与人居环境整治行动。二是以工作实效推动村民转变认识。近年来，下朗村多渠道筹集专项经费，全面加大人居环境整治力度，对村内脏乱差“黑点”进行全面清理，并因地制宜打造下朗“四小园”特色生态板，村容村貌发生了翻天覆地的变化。渐渐地，村民发现环境变好后，房子更容易租出去，而且更值钱了，爱护环境卫生的自觉性随之大幅提高，共同守护美丽家园蔚然成风。

下朗村是典型的城中村，常住人口多，结构复杂。由于生活方式和观念差异，村民和新市民的矛盾一度非常尖锐。下朗村坚持着力构建“仁和民风”，有力促进村民和新市民的融合，不分本地和外地成为村中新风尚。一是从“顶层”开始“设计”。在制定《村民自治章程》中，将“睦邻关系”作为其中一个章节，明确要求村民之间要相互尊重、相互理解、相互帮助、和睦相处，建立良好的睦邻关系。二是请外来工当“村官”。2017年，下朗村在禅城区张槎街道首创吸纳外来务工党员到村委会中担任非户籍委员，参与基层治理，促进非户籍委员发挥桥梁纽带作用，让村党委决策时更多地关注外来人口。村里举办迎春文艺会演、重阳敬老等各种活动时，广泛发动村民、非户籍群众一起参与，加深群众之间的感情，凝聚乡村“向心力”。三是壮大服务群众力量。为更好满足群众需求，促进居民融合，组建了一批村内健康社团组织，活跃人数约300人，不分村民和新市民，共同常态化、项目化组织开展群众喜闻乐见的文娱活动、节庆活动和惠民服务，把乡风文明送到家门，送入民心。

在经济生活水平大幅提升后，村民普遍住上好房子、开上好车子，一些村民不知不觉染上了游手好闲、攀比摆阔的恶习，甚至赌博挥霍。下朗村及时介入，着力开展家风建设，让“仁和家风”在每个家庭中薪火相传，自觉杜绝歪风邪气。一是旗帜鲜明倡导良好风尚。在《村民自治章程》中将“村风民俗”单独作为一个章节，明确提倡红事新办、不铺张浪费；白事简办，不搞陈规陋俗；不请神弄鬼，不算卦相面，不看风水，不搞封建迷信活动。《村规民约》中明确实行奖学金制度，凡就读全日制学校的普通高校大专毕业生奖励1200元、大学本科毕业生奖励1500元、研究生或以上学历奖励5000元、博士学历奖励10000元，鼓励村民努力提高科学文化知识水平和技能。弘扬尊老、敬老的传统美德，丰富村民文化生活，每年举办重阳敬老慰问活动、敬老宴席及文艺演出，每月给符合条件的老人发放200元慰问金。二是赋予传统习俗新内涵。下朗村“烧炮”风俗由来已久，以往每到农历二月十九，村民在祠堂举行“烧炮”活动，祈祷来年好运。下朗村大力推动转变风俗，赋予“烧炮”新内涵。如今，农历二月十九当天，村民们不再燃放爆竹，而是以孝老敬老为主题，举办大型宗亲宴会增进感情，传承孝善之道。三是大力打造“服务阵地”。在建设村民公寓时，在每栋楼大堂设有约 280 平方米的公共区域，建有党群服务中心、妇女之家、长者中心、联合图书馆、托幼中心，让村民在自家楼下就可以接受健康的文化娱乐活动滋养。创新性将宗祠改造成为“下朗英锋文化活动基地”“下朗私伙局”，推动姓氏宗祠逐渐成为村民交流技艺、宣扬勤俭务实美德的“殿堂”。四是悉心组织系列“叫好叫座”活动。围绕弘扬社会主义核心价值观主题，下朗村每年举办祭英烈、传统民俗表演、村民运动会、龙舟赛等大型活动，各个年龄段村民均可参与，吸引村民踊跃参与，村民迸发出昂然向上的精神活力。

2. 仙岗村：活化古建筑 创新民俗活动

作为文化底蕴深厚的乡村，南海区丹灶镇仙岗村保留着各类古色古香的建筑，每个角落都蕴含着深厚的乡土文化和历史记忆。在谋求乡村新发展、建设美丽村居的过程中，仙岗村从本村实际出发，走出了一条有地方特色的古村振兴之路。

仙岗村首先对古建筑进行修复完善，将它们打造成村民活动场所和村史展览馆，提升村居环境。2016 年，仙岗村在区镇相关部门的支持下，开始对现有古井、古祠堂、古屋、古牌坊等古建筑进行多方位修复完善，重新挖掘遗失多年的传统文化。

在提升改造村容村貌的基础上，仙岗村开始发动社会力量参与共建。仙岗村邀请多位粤剧艺术表演家演出，林小群粤剧艺术传承基地也落户仙岗村。此外，仙岗村还联合外来企业等多方力量，活化老建筑，发展文旅产业。

仙岗村结合时尚元素，不断创新传统民俗文化活动，吸引游客前来参观体验，成为远近闻名的网红古村，村里也因此焕发新的生机与活力。每年八月十五中秋夜，仙岗村都会上演一场烧番塔盛会。这也是仙岗村一年中最热闹的节日。烧番塔又名烧花塔、烧瓦塔、烧瓦子灯，是一项有着百年历史的传统民俗活动。相传烧番塔可以祈福求财，不仅代表着村民祈求风调雨顺、步步高升、生活兴旺的心愿，更意味着民俗风情转化为村族文化，成为积极向上的精神引领。近年来，仙岗村烧番塔活动加入了粤曲、醒狮、市集等多种创新形式，效果显著，吸引了更多青年人参与。

三、回应群众诉求，打好治理“和功夫”

“健全群众利益诉求表达机制”在2012年首次被写入国务院《政府工作报告》和《国家人权行动计划（2012—2015年）》。党的十八大提出，要建立健全党和政府主导的维护群众权益机制，畅通和规范群众诉求表达、利益协调、权益保障的渠道。党的十八届三中全会进一步提出，要创新社会治理方式，坚持源头治理，及时反映和协调人民群众各方面各层次的利益诉求，创新有效预防和化解社会矛盾的体制，建立畅通有序的诉求表达、心理干预、矛盾调处、权益保障机制，使群众问题能反映、矛盾能化解、权益有保障。党的二十大进一步指出要“在社会基层坚持和发展新时代‘枫桥经验’，完善正确处理新形势下人民内部矛盾机制，加强和改进人民信访工作，畅通和规范群众诉求表达、利益协调、权益保障通道，完善网格化管理、精细化服务、信息化支撑的基层治理平台，健全城乡社区治理体系，及时把矛盾纠纷化解在基层、化解在萌芽状态”。

群众诉求服务是解决社会治理的重要组成部分，在现实中，群众诉求却经常面临着“无门”或者“多门”的困难，这不仅妨碍了社会矛盾化解与利益协调，还对社会治理的有效性产生不利影响。现今，作为“系统末梢”的诉求反映网络和基层治理网格系统成为政府精准回应群众诉求、解决群众矛盾纠纷的有效渠道。群众诉求反映网络以智能化、信息化为主要特征，为业务办理、数据比对、矛盾化解等提供了技术支持，为提升社会治理整体效能、提高现代治理水平提供了有力支撑。基层治理网格系统通过新的管理技术、管理手段、管理方式，将网格中的各种问题尽快发现、尽早处理并及时反馈，从而实现社会治理精细化、精准化，将政府管理和服务的触角更为有效地延伸到基层，从而实现全面治理的目标。

学者研究指出，社会公众诉求和社会问题矛盾总是最先指向具体的基层政府部门，因此提升政府精准回应能力对于疏解基层社会矛盾、防止社会问题积聚、改善党群干群关系具有十分重要的意义；政府应该主动适应社会发展的趋势，把信息技术的应用与完善和以人为本的治理理念、健全的制度保障、广泛的社会参与结合起来，通过问题精准识别、信息精准沟通、责任精准落实、效力精准评估来实现政府与社会的良性互动，提高政府回应的实效性和群众的满意度①。当前群众利益表达中还存在主动联系有序引导不够、合理合法界定标准不清、需求类型及风险预判不充分、公共服务供给不足等4个主要障碍；在社会治理背景下，建议应该在引导群众有序表达、智能化一站式受理平台建设、合理合法诉求标准建设、诉求风险预判机制建设、利益表达组织化水平及扩大公共服务供给6个方面重点作为②。

2018年11月，佛山创新提出构建“1+3+X”群众诉求服务运作体系、“四个一”运作模式、“群众诉求+网格化”工作模式。佛山市群众诉求服务体系坚持以人民为中心，主动为群众做“减法”，为群众促“和”，为群众提供多渠道、多方式提交诉求以及多元、便捷的矛盾纠纷解决方式，以佛山“和功夫”打造新时代佛山“网上枫桥”。

（一）建立服务网络，回应群众诉求

群众有诉求往往通过向信访、市民热线、职能部门、基层政府、法院等反映、提出或申诉。一方面是“多门”，多头重复，耗时耗力耗神；另一方面是“无门”，各渠道职责划定不清容易出现“踢皮球”。2018年11月，佛山提出对各种诉求解决途径进行全面整合，构建“1+3+X”群众诉求服务体系，实行“一总三分”的运作体系，群众诉求服务中心牵头抓总，分中心实行双重管理、分级管理、归口管理。

“1”为群众诉求服务中心。通过对现有12345热线平台进行改造提升为诉求服务中心，负责对群众诉求线上线下受理、流转、处置情况反馈，协调各方资源和力量，监督诉求处置过程，考核群众诉求服务工作，分析研判群众诉求趋势，辅助党委政府决策，提高社会风险预判、预警、预防能力，成为有效解决群众诉求的智慧“大脑”。

---

① 刘冬梅．精准回应：以“互联网+”纾解基层社会矛盾的创新探索［J］．探索，2016（5），80-85.

② 杨婕娱．浅谈社会治理背景下群众利益表达的新变化［J］．长沙民政职业技术学院学报，2018（4）：32-36.

“3”为诉前和解中心、信访诉求服务中心、公共法律服务中心。诉前和解中心整合人民法院、有关行政单位、社会力量等调解职能，把非诉讼纠纷解决机制挺在前面，建立速裁机制托底解决纠纷，对人民法院调解前置分流的民商事案件进行集中诉前调解。信访诉求服务中心以人民来访接待厅为载体，设置人民调解室，建立健全访调诉调对接机制，构建联合接访、依法分流、直接调处、多方联动、全程督查的信访矛盾纠纷调处新机制，建立群众信访诉求服务新模式。公共法律服务中心整合人民调解、法律服务等资源和力量，派驻调解力量到其他分中心和部门，为群众提供包括法律咨询、法律援助、人民调解、律师公证、司法鉴定等线上线下法律服务，将矛盾纠纷化解于当地，消灭于萌芽状态，为群众提供“家门口解决问题”的便利，实现“小事不出村、大事不出镇”“矛盾不上交”。

2019 年 6 月 6 日，佛山市、区两级诉前和解中心同步挂牌，人民调解、行业调解、商事调解、工会、妇联等单位均派有人员进驻，最大限度汇聚了调解资源，具备成本低、效率高、影响小、促共赢等优势。据统计，2020 年，佛山市两级诉前和解中心共调解案件 59267 件，调解成功 41841 件，调解成功率为 70.6%[①]。佛山市、区两级信访诉求服务平台于 2020 年 10 月 30 日同步挂牌。据佛山市公共法律服务中心统计，2020 年，佛山各人民调解组织共调解案件 19484 件，调解成功 19016 件，调解成功率达 97.6%。

“X”为佛山市检察院、佛山市公安局、佛山市民政局、团佛山市委、佛山市总工会、佛山市妇联等职能部门，通过整合链接各职能部门群众诉求服务资源和力量，建立完善工作机制，实行归口管理，由各职能部门对口负责处置群众诉求，以及参与联合化解工作。

自 2020 年 5 月开始，佛山市选择高明区为构建群众诉求服务体系建设试点。高明区通过将“高明区社会综合治理指挥平台”和市社会共治智云平台对接，打造高明区基层社会治理“一张网”，逐步整合各方力量和资源，理顺区、镇、村、部门条块关系，率先在区 12345 热线的基础上成立

---

① 政法队伍为民服务十大实事｜诉求“一口办”，佛山群众诉求服务体系一年化解矛盾纠纷数万件［EB/OL］. 澎湃政务，2021-04-30. https：//m. thepaper. cn/baijiahao_ 12483349.

区群众诉求服务中心、在镇（街道）综治中心的基础上成立镇（街道）群众诉求服务中心，建立完善群众诉求服务工作机制，为佛山市构建群众诉求服务体系建设贡献出可复制、可推广的“高明样本”。

2020 年 11 月 5 日，佛山市、区、镇三级群众诉求服务平台正式启动试运行，诉求“一口办”是佛山市群众诉求服务平台的一大特点。该平台可以在全市范围内受理处置群众（公民、法人和其他组织）提交的矛盾纠纷、诉前调解、访前调解、司法确认、法律援助、法律咨询、律师公证、司法鉴定等合理诉求（不包括行政复议、涉党政干部问题等法律法规明确规定受理机构和方式的事项）[①]。

群众登录佛山市群众诉求服务平台网站，按照平台指引填写相关真实信息登记诉求，平台就会自动将该诉求流转到相应的平台审核，审核通过后，将会有专门的人员进行处置。群众可以在佛山市群众诉求服务平台网站实时查询诉求处置状态信息、对诉求处置工作进行评价、反馈意见建议等，还可以通过佛山市群众诉求服务平台足不出户参与在线远程矛盾纠纷调解。

除了开设了 12345 热线、微信小程序、网页等线上渠道，佛山市还在市、区两级的诉前和解中心、信访诉求服务平台、公共法律服务中心，以及区、镇（街道）群众诉求服务平台都设立了实体窗口，群众在其中任何一个窗口提交诉求，受理后会自动流转至相应平台进行处置。基层网格员在工作中收集的矛盾纠纷，也纳入了群众诉求服务平台。

（二）“一口”包揽服务，简化办事流程

一方面，佛山市建立健全诉求联合处置、远程化解、多元化解诉求救助等工作机制，搭建诉求受理、处置、监督与反馈的闭环工作流程；另一方面，佛山市借助诉求服务处置信息平台的力量整合司法、行政、社会组织等多元主体矛盾纠纷化解的治理资源与专业力量，为实现多元主体联

---

① 佛山市群众诉求服务平台上线试运行［N］. 佛山日报，2020-11-06.

动、化解矛盾纠纷提供技术支撑①。

化解是核心与关键，佛山市群众诉求服务体系以“集约化、系统化、多元化、最优化”为目标，打造强大的矛盾纠纷化解体系。佛山市群众诉求服务体系聚焦为群众提供全科诉求解决途径、整合各类资源实现最大化解能力，通过大数据、人工智能等先进技术手段实现科学高效，具体体现在其“一站式、一条龙、一网式、一门式”运行模式。一站式受理，即佛山市民的各类诉求可以通过实体窗口、12345 热线、微信公众号、网站等线下线上方式受理，实现诉求“一站式”受理；一条龙服务，即建立群众诉求受理处置、联合处置、多元化解、远程化解、诉求救助等机制，利用诉求服务处置信息平台，构建一个“诉求受理—流转—处置—监督—反馈”闭环工作流程，实现诉求服务全程可控、全程可视、全程可督；一网式共联，即通过诉求服务处置信息平台链接整合全市司法、行政、社会组织、各类调解队伍等矛盾纠纷化解力量和资源，建立牵头受理、联合处置、多元化解、远程化解、诉求援助等解决渠道；一门式办结，即诉求“一站式”受理后，平台根据诉求类型、区域、规模等要素，以各负其责、科学合理等原则，由相应处置单位和人员进行对接、处置、流转、确认等，形成解决诉求集约化、系统化、最优化的途径，实现群众诉求受理处置“一门式”完成。通过这一运行模式，佛山市内各区域的群众诉求能够得到快捷高质量的回应和处理，满足群众的同时，还避免了不安定因素的发生。

这一运行模式之所以成立，其中一个关键是在于佛山市政府财政资金专门投入开发建设的“诉求服务处置信息平台”。这一平台是让许多群众诉求服务得以联合处置、多元化解和远程化解得以实现的载体。该信息平台主要包括 4 个核心 10 个中心功能。一是以群众视角为核心的诉求受理、业务咨询、进度查询、法律服务等功能；二是以案事件办理为核心的案事件流转办理、督查督办等功能；三是以化解能力为核心的资源信息库、大数据库等功能；四是以支撑保障为核心的援助服务、应用支撑等功能。利

① 宁超，喻君瑶．“智治”与“联动”：中国市域社会治理现代化的一种新形态——基于佛山市“1+3+X”的案例分析［J］．地方治理研究，2022（1）：33-42+79.

用该平台以及其他现有渠道，佛山市群众诉求服务体系填补了党委政府在社会事务尤其群众诉求服务方面的不足，为群众提供了多方式、多元化、便捷化的矛盾纠纷解决渠道，具备成本低、效率高、影响小、促共赢的优势。数据显示，2020 年 1—9 月，群众诉求服务体系调解案件共 43634 件，调解成功 29631 件，调解成功率 68%①。

（三）打造联动平台，落实基层服务

“群众诉求+网格化”的工作模式发挥了广大网格员在基层探查风险的敏锐性和便捷性，积极实现矛盾纠纷“发现在早、化解在小”②。如果说城市大脑是“中枢”，那么一个个社区的网格化管理员就是延伸至社区“最后一公里”的毛细血管。佛山市以网格化服务为桥梁连接政府和群众，将政府公共资源、社会公益资源、市场商业资源等资源整合到网格化管理信息平台，及时收集、反映和协调人民群众各方面、各层次的利益诉求。

近年来，佛山市打造集社会共治指挥平台、群众诉求服务处置信息平台、社会共治基础数据库、网格化管理信息平台、一体化视频监控平台于一体的佛山市社会共治智云。其中，群众诉求服务处置信息平台和网格化管理信息平台两大工程已基本建成，其余项目正有序推进，初步形成完备、高效、立体的“群众诉求+网格化”工作模式。一是实现“眼”的作用，通过网格员的每日巡查、各类视频的实时监控，增强了政府发现矛盾纠纷的能力。二是实现“嘴”的作用，对日常性的小微矛盾纠纷，网格员利用熟悉社情、反应迅速等特点，第一时间处置化解，将问题化解在萌芽状态。三是实现“手”和“脚”的作用，发挥网格化辐射广、落脚深的优势，协助送达解决群众诉求服务产生的各类法律文书、证明文件等，确保信息传送及时到位、准确到人。

截至 2020 年 8 月，佛山市已建立起统一的市、区、镇（街道）、村

---

① 构建全覆盖全链条全智能群众诉求服务体系 打造“网上枫桥”佛山样板［EB/OL］. 法安网，2020-12-04. https：//www. faanw. com/xueliangongcheng/4929. html.

② 宁超，喻君瑶．“智治”与“联动”：中国市域社会治理现代化的一种新形态——基于佛山市“1+3+X”的案例分析［J］. 地方治理研究，2022（1）：33-42+79.

(社区)、网格五级社会治理格局，建立了覆盖全市的5个区级指挥中心和32个镇（街道）指挥分中心；佛山市共有网格员18794名，其中专职网格员8040名，兼职网格员10754名；2018年底以来，佛山全市累计处置各种事件630000多宗，办结事件数620000宗，办结率超98%[①]。佛山市2018年启动建设的市网格化管理信息平台项目，已于2020年7月在顺德区伦教街道、三水区全面铺开使用，目前与各区自建平台初步完成对接，与市直部门网格化平台对接工作正在加快推进。

1. 禅城区：一格共治，打造基层生态网格[②③]

近年来，禅城区为应对中心城区人口流动性大、社会结构多元、群众诉求多样的社会治理挑战，积极探索“五个一”智慧社会治理新路径。其中，通过“一格共治”，搭建“网格事网格管、有事不出格”的治理格局，打造具有自我感知、自我调节、自我修复、自我成长的基层生态网格。

基层网格系统整合化。通过“多网合一”，将各条线部门在基层设置的多个网格合而为一，开展系统治理；推动“一员多能”，打破部门职责壁垒，规范统一网格员的工作方式、工作任务、工作量等，逐步让网格员承担社会治理组织动员、宣传教育、矛盾化解、隐患排查和公共服务、志愿服务等职能；通过科学划分网格，统一整合各类条线网格，并逐步置入“粤政图”，实现生态网格的标准化、数字化、可视化管理。

网格治理模式专业化。通过规范事项入格，分领域、分层级、分类别厘清入格事项权责边界，建立内容明确、权责分级清晰、结案时限和标准明确的事项清单；同时完善闭环处置流程，建立健全四级智能分拨模式，从发现到处置、反馈，形成工作闭环，实现“琐事不出网格、小事不出村(社区)、大事不出镇（街道)、难事不出区”；通过探索主题式综合巡查，改革巡查部门，优化人员配置及工作程序有效为基层减负；并且打造网格

① 佛山构建“1+3+X”群众诉求服务体系，打造“和功夫”［EB/OL］. 南方Plus，2020-08-13. http：//pc. nfapp. southcn. com/40/3894898. html.

② 佛山禅城：以“五个一”打造智慧化基层社会治理新模式［J］. 中国民政，2021（18）：40-41.

③ 一格共治！禅城生态网格平台再升级，“一表巡”切实减负提效［EB/OL］. 南方Plus，2021-09-28. http：//static. nfapp. southcn. com/content/202109/28/c5787499. html.

铁军，实行网格员的常态化职业技能、职业道德培训，建立考聘公开的职业认证资格制度，提升网格员专业素质和能力。

网格治理手段智慧化。通过智慧化基层治理服务平台“生态网格App”的上线运行，禅城区建立了一套生态网格机制，以54个村、101个居委会为基础单元，建设“法治+自治+他治”的共建共治共享生态网格，推动社会治理提质量、提效率、减人力、减成本。使用生态网格App后，系统根据各个事项对应部门设定的执行频率，自动定期把工作任务下发给专职网格员。生态网格App实现了一表巡，减少表格的填写工作量，为基层减负，提高了工作效率。网格员完成后提交表格，相关的数据会进入禅城区城市大脑。若部门需要相关数据的，可申请提取。

禅城区对“一格共治”的积极探索，大力推进了基层网格治理工作的整合化、专业化和智慧化。活用科技和数据，赋能社会治理，为佛山市探索网格化管理、精细化服务、信息化支撑、开放共享的基层智慧化社会治理打开了新的格局，同时大力推进广东省智慧化基层社会治理改革。

2. 南海区：一网统管，赋能搭建智慧平台

南海区管理人口近500万，市场主体超44万户，在册登记出租屋超20万栋，呈现“人口众多、结构复杂、利益多元、问题凸显”的特点①。近年来，南海区坚持党建引领，构建以“城市大脑”为中枢的“一网统管”社会治理新体系、新机制，打造南海区智慧城市运行中心，创新开展统一巡查终端试点工作，充分发挥了数字政府功能，提升城市治理现代化水平，实实在在为基层治理减负提效。

以前，南海村（社区）基础数据重复采集、重复录入问题突出，社区工作人员要完成消防“四化”、网格化、安监的任务需要同时使用多个业务系统，填写多份纸质台账，工作烦琐负担重。

为此，南海区积极开展统一巡查终端试点工作，深度整合基层网格、消防、安监、城管、流管、河长等基层巡查系统，以“南海通”App作为基层巡查终端，通过统一用户体系，共享基础数据，整合业务流程，逐步实现“一个终端巡查上报”，提高一线巡查人员的工作效率。南海区统一

① “一网统管”赋能搭建智慧平台［N］. 佛山日报，2021-12-10.

用电子台账代替纸质台账，以系统自动生成的电子表作为检查依据，大幅提高了基层一线巡查人员的工作效率。

此外，南海区智慧城市运行中心统揽了南海全区事件上报、指挥调度、限时办理、结果反馈、信用评价的全闭环流程，统筹协调全区所有非警务、非紧急的城市事件指挥调度，还能规划落实全区城市事件工单的监督考核，在区级层面把社会治理的数据归并整理，彻底改变过去工单散乱的局面。南海区还在各镇（街道）、村（社区）成立了智慧城市运行中心，在区职能部门设立分中心。在三级智慧城市运行中心和分中心的组织架构下，社会治理重心向基层下移，将工单快速分派至镇（街道）、区职能部门和村（社区），可直接触达接诉的“最后一公里”。

在搭建智慧城市运行平台的基础上，南海区还打造超级工单中心，将各条线的工单汇聚起来，进行标准化办理，阳光下运行，实现权责明确、流程可控、时限可控。

南海区网格化工作2014年试点以来，深入开展“综治中心+网格化+信息化”工作，科学应用大数据、5G、区块链、物联网等高新技术手段，启动“南海区城乡融合大数据治理平台”试点建设，实现大数据治理平台、城市大脑、网格化平台之间的互通，联动市社会综合治理云平台，构建“终端感知—数据分析—综合治理”的闭环管理，搭建“社区大脑”为基层赋能减负。截至2020年8月，南海区共有网格员6000多人，直联团队3000多人，社会治理网格化平台共收集网格管理对象超过204万个，累计巡查550多万次，上报问题139万多个，问题总办结率99.75%①。

3. 顺德区：警情分流，警访调一体化对接联动

近年来，顺德加快融入粤港澳大湾区城市格局，但随着经济高速发展，城镇化带来的本外融合、邻里纠纷、经济纠纷叠加固有的农村历史遗留问题等社会矛盾凸显，信访维权、纠纷调解的诉求与日俱增。顺德区司法局、公安局以顺德区提出的“最多访一次”警访调对接机制为契机，从2019年起，创新整合公检法系统工作流程与内部力量、深度联动多元社会

---

① 佛山召开网格化管理平台建设工作推进会［EB/OL］. 网易，2020-08-14. http：//gd. news. 163. com/foshan/20/0814/09/FJVV2N8A04179HUN. html.

专业主体，实现警访调一体化对接联动，及时高效化解社会矛盾风险，打造出“枫桥经验”顺德样本。

自2019年起，顺德区在全区10个镇（街道）警情最集中、最繁杂的社区民警中队建立警调中心，实现警情分流。顺德区相关镇（街道）依托警调中心，在区域内设置区公安局驻派出所涉警信访工作室，由派出所民警和警辅人员，协同镇（街道）司法所派驻专职调解员，联合办公、各司其职。在此基础上，顺德区部分镇（街道）根据自身实际情况，对警调中心进一步升级，强化公安、检察院、法院、司法等部门联动，规范案件的甄别、流转和调处，采用“治安调解+人民调解+刑事和解+司法确认”相结合的警访调一体化对接联动新模式，实现民间纠纷和适用于调解的涉警信访事项、治安及轻微刑事案件和解调处工作“一站式接待、一条龙办理、一揽子化解”。

自2020年起，顺德区多个政法单位先后联合印发《顺德区社会矛盾纠纷全链条多元化调解工作意见》《关于开展公安机关警访调一体化对接试点工作的实施方案》《佛山市顺德区推进访调对接工作实施方案》《警访调对接工作办法》等一系列文件，从高位进行布局，保障探索形成的协作联动调处机制持续高效运行。

社会组织、专业人士和热心的社会参与者是基层矛盾纠纷化解工作的重要补充力量。在推进联合调处模式过程中，顺德区以警调中心为据点激活与整合零散的社会专业调解资源，撬动更多社会力量参与社会矛盾调解工作。顺德区内大良、容桂、北滘、乐从、杏坛等警调中心先后以政府购买服务的形式，创新引入专门从事信访纠纷化解的调解组织——顺德区恒创信访纠纷人民调解委员会参与调解。同时，各警调中心积极引入协会、商会、律师顾问、乡贤等团体中的热心人士作为帮办员，建立帮办人才库，利用行管、乡情、专业等社会优势资源直接参与矛盾纠纷化解，搭建了协会、商会、律师顾问、乡贤等多元群体参与的大调解工作格局。

2020年3月推行以来，顺德区各警调中心共接待来访群众11422人，受理调解事项2757宗，成功化解2625宗，成功率95.21%，调解成功涉及金额4429.67万元，协议履行率100%。与此同时，顺德区开展的相关工作也推动了非警务类警情从“110”分离，2020年顺德区内信访总量下降9.97%。

4. 高明区：织密网格，探索多层级网格管理①②

随着城市化进程的加快，小区成为城市的重要结构单元，也成为城市综合治理的核心和难点。为有效破解小区治理与建设难题，高明区以荷城街道为试点，探索建立由党支部领导、党员楼长联动、业委会及物业公司共同参与的小区治理模式。以楼栋为单位，分别设立“网格党员楼长”和“网格志愿楼长”，建立包网格、包楼栋的责任制，共同联系网格内社区居民群众，发挥“双楼长”人头熟、信息灵、情况明的优势，确保把小矛盾化解在楼栋内。自2020年起，荷城街道建成高明区首批小区党支部33个，设立三级网格1296个，设立网格党员楼长1314人、网格志愿楼长1260人。通过动员小区党员力量，解决了小区无人管理、业委会难成立、乱停乱占严重的老难题，并顺利完成老旧小区改造提升。另外，以小区党建为突破口，通过小区党组织和小区党群服务阵地的建设，激活基层党组织、党员活力，织密党建网格。

除了城市社区，高明区还积极探索农村网格精细到户。随着基层治理工作的深入，尤其是在疫情防控常态化的新形势下，不少村民小组出现人员底数不清、村庄情况不明、网格管理不到位的情况，不利于基层工作的开展。为了让社会治理的重心真正下沉到基层，改变过去治理效果不明显的局面，高明区以白石村委会黄村村民小组为试点，探索构建大、中、小网格管理。形成了以白石村党委为大网格；以黄村党支部为主，以黄村股份社、黄村共建单位为辅的中网格；以黄村党群服务站为中心，分成三个片区的小网格格局。大网格发挥的是牵头抓总作用，统筹协调全村各项事务。中网格发挥上传下达作用，具体负责落实大网格派发的具体事项，指导协助小网格开展具体工作。小网格则安排网格员下沉到户，面对面为村

---

① 织密党建网格 引领城乡善治［EB/OL］. 佛山市高明区政府网，2021-08-25. http://www.gaoming.gov.cn/gzjg/gzjzfjdbsc/hcjdb/gzdt_1105250/content/post_4973758.html.

② 高明区更合镇白石村委会黄村上墙网格图：小网格精细到户，开创基层大治理［EB/OL］. 佛山市农业农村局，2022-05-26. http://fsny.foshan.gov.cn/zwgk/qzdt/content/post_5271251.html.

民排忧解难。为了让网格化管理真正发挥实效，网格员统一从村中知村情、有威望、善沟通、有担当的党员、人大代表等人员中择优推荐，形成专职网格员队伍。同时建立党员志愿者队伍，积极鼓励和引导党员、入党积极分子、村干部及社会爱心人士等加入党员志愿者服务队。通过构建党建三级网格，把“平战转换机制”融入乡村治理。“平”即为平时，要求网格员、网格长能够倾听村民诉求，力所能及解决村民的烦心事、小矛盾，做到“小事不出格，大事不出网”。“战”则强调应急状态下，能够快速转换岗位，集结队伍，快速整合资源，实现基层治理效能最大化。

5. 三水区：一键反映，诉求调处外送到家

随着经济社会快速转型和法治社会建设日益完善，群众维权意识不断增强，对基层治理水平有了更高的要求。基层政府在积极探索矛盾纠纷多元化解机制过程中无可避免遇到调处意愿不高、工作人员不足、专业化水平参差不齐、社区居民参与度不高等问题，导致基层矛盾纠纷不能得到高效化解。为此，三水区云东海街道在坚持党的领导，立足风险隐患“早发现、早报告、早化解、早处置”要求下，积极探索和实践，通过构建“诉求调处外送到家服务体系”，用有限资源，最大限度地为群众提供畅通无阻的诉求反映渠道、快捷便利的调处方法和高效满意的处理效果，扭转“陌生人社会”的社区治理困局，切实将矛盾问题有效解决在萌芽状态、化解在基层。

搭建“一键反映、上门服务”直通高速网。一方面，利用上线“彩虹桥”连心服务微平台小程序，突破时间和空间限制，优化整合现有信息平台、诉求平台的功能和资源，微信一键登录即可。平台功能简单，大大降低群众判断、选择难度，实现群众快捷、方便、随时随地反映诉求；案件受理后，安排专人专案跟进、主动联系、实时反馈处理进度和结果，让群众“不用跑”也能办成事。另一方面，依托党建共享客厅，以个人调解室为主阵地，在住宅小区、工业园区设立调解服务站点，为周边群众提供纠纷调解服务，加强矛盾纠纷源头预防、前端化解、关口把控，把调解工作延伸到居民家门口。

搭建“一键反映”平台的同时，建立政府主导、村（居）主力、村民小组（居民小区）主办，党员、调解员、网格员一线协同机制，真正做到

"线上枫桥，线下到家"。由政府搭建信息平台，接单诉求后迅速响应、科学分类分流、协调调度各部职能部门和资源，协助各社区（村委会）对接调处；各片区站点人员根据自身特长、优势和所居住区域进行接单、抢单，以既是调解员又是邻居的身份主动上门了解情况，提供调处服务，并将调处结果逐级反馈。将"最熟悉的陌生人"变成"爱管闲事的和事佬"，营造"万事皆可调"的邻里互助社区氛围。

三水区云东海街道诉求调处外送到家服务体系，既合理利用了网络信息技术，也充分动员了基层网格力量，形成了经济成本低、机制流程设置严密、工作措施落实到位、撬动整合资源体量大的调解模式。该体系已入选"2021 年全国社会治理创新案例库"，有待推广普及。

四、织密防范网络，风险矛盾稳化解

党的十九大开启了全面建设社会主义现代化国家的新征程。党的十九大报告把防范化解重大风险摆在三大攻坚战之首。2022 年，党的二十大则强调在增强维护国家安全能力方面，要"提高防范化解重大风险能力，严密防范系统性安全风险"。党中央部署着力防范化解重大风险，表明了全面推进伟大事业与防范化解重大风险的一体化，二者是同一个目的、同一个实践、同一个过程。防范化解重大风险是一项艰巨任务，《佛山市市域社会治理"十四五"规划》中，特别针对提升社会风险防范能力进行了明确的规划，打造完善的社会治安防控体系、社会矛盾防范化解体系、防控新型网络安全风险体系和公共安全保障体系。通过风险防范体系化建设，织密防范网络，化解风险矛盾。

（一）开展专项整治，化解治安风险

在社会治安方面，党的十九届五中全会提出要加强社会治安防控体系建设。党的二十大提出，要强化社会治安整体防控，推进扫黑除恶常态化，依法严惩群众反映强烈的各类违法犯罪活动。社会治安防控体系建设是保证政治安全、社会安定、人民安宁，促进社会经济平稳发展的基础，是进一步增强人民群众的获得感、幸福感、安全感的有效手段。加快推进

社会治安综合治理建设的方针指引着市域社会治理的行动方向。在佛山市市域社会治理现代化的进程中积极开展专项整治行动，革新系列办案机制，为社会治安防控体系建设注入了新的动力。

1. 保持高压态势，打击防范并举

在推进市域治理现代化过程中，佛山市保持对突出违法犯罪的高压态势。密切关注群众反映强烈的治安问题，拓宽群众举报违法犯罪问题的渠道，完善“举报—处理—反馈”的工作闭环。形成市级统一指挥、合成作战、专业研判、分类打击机制，深化缉枪治暴斗争和禁毒人民战争，严厉打击盗抢骗、黄赌毒等违法犯罪以及食药环等领域的突出违法犯罪。有效打击针对妇女、未成年人的各类违法犯罪。依法打击各类经济犯罪，维护市场经济秩序。提升打击电信网络诈骗等新型犯罪和跨区域犯罪的能力水平。

2021 年，全市公安机关全力推进“八大专项”“全警反诈、全民反诈”等专项行动，坚持打防结合、以打促防，集中攻坚百万元以上特大电信网络诈骗案件，通过以大带小、以点带面，促进电信网络诈骗案侦破率整体提升，发起“飓风 2 号”“飓风 6 号”等六大集群战役，侦破电信网络诈骗案件同比上升 84.87%，抓获涉电诈犯罪嫌疑人同比上升 98%。其中部、省督办百万元案件破案率 88.29%，居全省第一。2021 年以来，佛山市、区两级反诈中心拓宽预警信息来源，增加预警上门劝阻量，共完成见面劝阻 15.1 万人次，电话劝阻 93.2 万人次，挽回直接经济损失约 7800 万元，返还涉案资金 3000 多万元；止付、冻结涉案账户约 2.5 万个，止付、冻结资金 5.5 亿元。全市电诈警情同比下降 21.34%。同时，“两抢”案件、命案现案 100%侦破，百万元以上电诈案件破案率、盗抢现案破案率均居全省前列。

佛山市坚持打防并举、标本兼治，推动扫黑除恶常态化。树立同黑恶势力斗争长期化的思想意识，持续严格执行相关法律法规，确保扫黑除恶斗争的法治化运行。加大深挖攻坚力度，推进线索核查工作；加强重点地区、重点行业和突出问题专项整治；深化基层治理，把扫黑除恶斗争与反腐“拍蝇”、加强基层党组织建设有机结合起来，推动开展以案治本、以案促建“新蝶变”，铲除黑恶势力滋生土壤。

2021年，成功打掉涉黑组织3个（其中本地1个，异地用警打击2个），涉恶犯罪集团7个，涉恶犯罪团伙6个，破获涉黑恶刑事案件114宗，刑拘犯罪嫌疑人111名，在追捕“漏网之鱼”行动中，17名在逃目标全部被抓捕归案，到案率100%。全市检察机关共起诉涉黑涉恶案件12宗54人，全市法院一审审结涉黑恶案件7宗17人，二审审结涉黑恶案件6宗69人。在专项斗争期间对重点涉黑恶案件财产进行依法处置，其中“4·25B”涉黑专案就查扣罚没涉黑资产超40亿元，判决赔偿29.6亿余元生态环境修复费，创下全国环境类公益诉讼最高金额，有力斩断了黑恶势力的经济链。同时，佛山市坚持扫黑除恶与政法队伍教育整顿有效衔接。2021年共立案查处涉黑涉恶腐败和“保护伞”67人，给予党纪政务处分50人，移送司法机关13人。

除了高压打击，佛山市同样着重防范工作。2021年以来，佛山公安高位推进“四个一”（第一勤务、一把手工程、一盘棋考虑、一体化部署）的总体要求，坚持步巡与车巡结合、昼巡与夜巡结合、定点与流动结合，开展全市社会面巡防工作，大力提升见警率、管事率和震慑力，有力提高群众安全感和满意度。据统计，巡防体系优化重构后，全市社会面巡防日均部署警力提升了62.7%。社会面巡防作为公安机关的基础性勤务，不仅要依靠警力的投入，更要向智慧警务借力，才能抓实抓细各项工作。

譬如，何处、何时、何类警情高发，什么地方是巡防重点部位、什么时段要重点防范，通过大数据智能深度分析，针对街面多发警情精准开展巡防打击。据统计，巡防体系优化重构后，全市社会面巡防日均部署警力1.1万人次、日均查人2.5万人次、日均查车8000辆次，分别提升了62.7%、13.4%、19.6%。在道路交通安全方面，佛山公安坚持系统防范，围绕“人、车、路、企、救”5个方面综合施策，2021年共清理了逾期重点车辆2.4万辆、重点驾驶人5.9万人，排查整治道路交通安全隐患634处，推动全链条、系统化解决交通安全风险。同时深入开展交通安全事故预防“减量控大”工作，全天候、全覆盖开展摩电交通违法专项整治，驾驶人头盔佩戴率从原来的64%提升至80%以上。聚焦治安隐患，佛山公安严格落实护校安园机制，推动全市1759所中小学、幼儿园的“一键式”

紧急报警装置完成升级改造，全市中小学校、幼儿园100%设置护学岗，100%建设最小应急单元，进一步织牢织密校园安全防护网。

2. 多局布网整合，查办督导并举①②③④⑤

在传统意义上，处于社会治安防控体系工作核心的是公安机关，社会治安防控体系则是公安机关主导的、有组织的社会化控制⑥。随着佛山市各政府部门的介入，佛山市域治安治理从提升办案效率入手，从查办到督导，完成了一系列横向布网工作。

公安部门作为社会治安防控的核心部门，佛山市局承接公安部“减负增效、服务实战”的目标要求，以试点推行的方式开展一系列案件办理机制革新。在行政案件办理方面，佛山市局为了突破公安机关警力有限、案件办理成本压力较大的困境，试点推行快速办理机制，由点至面大胆突破、全力推进，切实为基层公安机关减负、增效、提质。佛山市公安部门围绕简化办案流程和成本，开展了以下系列工作。

第一，开展实地调研，细化施行规范。2019年，佛山市局在充分调研和广泛征求上级部门、司法部门意见后，制定印发了《佛山市公安机关快速办理行政案件实施细则（试行）》《佛山市公安局推进快速办理行政案件工作方案》，作为办案单位高效有序的工作指引。

第二，简化办案流程，减少重复工作。在高效案件办理规范的指导下，公安部门通过应用执法记录仪、办案音像监控等信息化手段，简化证

---

① 佛山市局创新行政案件快速办理机制切实为基层减负增效［EB/OL］. 广东公安法治南方号，2019-11-01. https：//static. nfapp. southcn. com/content/201911/01/c2766424. html.

② 佛山顺德公安创新“破小案”工作机制：合成作战 快侦快破 智慧防控［N］. 南方法治报，2019-08-21.

③ 佛山市工商局聚焦民生重点领域 提升办案效能［N］. 佛山日报，2017-12-28.

④ 加大案件办理力度，提高案件办理效率［N］. 佛山日报，2018-07-04.

⑤ 佛山市生态环境局环境违法行为举报奖励办法的政策解读［EB/OL］. 佛山市环保局，2019-03-01. http：//sthj. foshan. gov. cn/zwgk/zcfg/fsgju/content/post_690634. html.

⑥ 宫志刚，李小波. 社会治安防控体系若干基本问题研究［J］. 中国人民公安大学学报（社会科学版），2014，30（2）：107-115.

据搜集、调查取证、文书制作、告知送达等一系列程序，对功能或内容相近的文书不再重复制作。对符合快速办理条件的行政案件，违法嫌疑人在自行书写材料或询问笔录中承认违法事实、认错认罚，并有音视频记录、电子数据、检查笔录等关键证据相互印证的，可不再开展其他调查取证工作。据统计，案件办理中音视频替代文书证据量大幅增加，每宗案件节省制作文书至少3份以上，案件最短半小时办结，平均办案时长约3小时，比以往节省了近一半的时间。

第三，建立试点调研，逐步推行方案。在试行初期，整体的方案推行从试行单位和案件类型两方面积累经验。佛山市局按照15%—20%的比例，选定重点扶持的基层派出所或中队作为试点单位。在市、区两级公安机关的调研指导下，对办案民警和法制员全面开展培训，大力推进行政案件快速办理新机制。同时，以殴打他人、盗窃、吸毒、卖淫嫖娼、赌博案5类常见行政案件为重点，指定五区分局“定向研究”办理，待积累一定经验后，再将案件范围扩大至其他类别。

第四，结合试点特色，发挥区位优势。在新的办案机制成型后，佛山全市积极探索、建立独立的快速办案区。其中，南海分局雷岗，三水分局张边、芦苞三个社区民警中队设立了示范性的快速办案区，以点带面推动全市基层所队快速办案区建设，进一步促进案件快速办理的质效提高。此外，各试点单位陆续开设视频音证据特色微课程以及开展示范案卷评选，多措并举汇聚示范效应，努力打造行政案件快速办理的新标杆。

第五，总结试点经验，调整推行方案。在方案推行的过程中，出现了部分办案民警认识不统一、执法文书制作不规范以及程序适用等问题。根据各试点的问题经验总结，佛山市局进一步明确工作规范和标准，总结固化经验，优化完善考评体系，在新机制试运行期间加大容错广度，并逐步将行政案件快速办理新机制推广至所有符合案件办理条件的办案单位与行政案件范围，进一步提高行政案件快速办理比例，切实为基层减负增效。

除了提高行政案件办理效率外，佛山市公安部门推出的新一代案件侦查工作机制也卓有成效。2019年，佛山市顺德区公安局聚焦民生小案，推出了“破小案”工作机制。顺德区公安局对全区小型案件的现场勘查、走访调查、组织侦破等环节统一规划，并交由区刑侦大队负责，将“小案”

当成“大案”破，对该类案件实现精准打击。区局还派出刑侦大队民警分片进驻，开展跨所多发性案件并案侦查等工作。此外，顺德区公安局刑侦大队抽调专业力量组建打击盗抢专班，加强对全区盗抢线索的统筹打击。镇（街道）派出所组建“破小案专业队”，每个专业队由具有丰富工作经验的人员组成，专人专班实施对小案的快速侦办。在具体的案件侦查环节中，警方接到小案警情后，“破小案专业队”将立即派出侦查员、社区民警等人员抵达案发现场，按照打击“大案”的机制和模式就地开展“小案”侦办工作，围绕案发中心现场及周边开展追踪、调查走访。据统计，“破小案”工作机制推行后，半年中顺德全区涉民生案件“两车”（电动车、摩托车）、“两入”（入室盗窃、入屋盗窃）、“两抢”（抢劫、抢夺）同比分别下降 38.7%、32%、9.1%，命案、街头暴力、盗抢案继续保持破案 100%。

在佛山市公安部门着手推进行政案件与小案侦查效率提升的同时，工商部门也参与了违法经营活动的打击行动。近年来，佛山市工商局开展了整治不正当竞争行为、打击传销、走私贩私等专项行动。首先，佛山市工商部门加大力度查办侵害群众利益的民生案件。市工商局于 2017 年与市委政法委联合印发《佛山市 2017 年开展整治“老人免费体验店”违法经营行为专项行动方案》，联合公安、食药、卫计等 5 部门整治“老人免费体验店”违法经营行为。另外，佛山市工商局陆续开展“无传销城市”行动工作。市工商局联合市教育局、市公安局、市人社局印发了《佛山市开展打击整治以“招聘、介绍工作”为名的传销活动专项行动方案》，明确工作目标、时间安排，落实职责分工。同时，随着《中华人民共和国反不正当竞争法》落地实施，佛山市工商局将通信行业、互联网交易、旅游行业、房地产以及金融等列为重点排查行业，严厉查处“傍名牌”“刷单炒信”“商业贿赂”及虚假宣传、不正当有奖销售等违法行为，加强事中事后监管，维护市场经济秩序公平、公正。佛山市工商局将切实维护民生作为出发点，深入开展多项专治行动，扎实推进执法办案工作，有力整顿和规范市场秩序，获得了显著的工作成效。

与此同时，佛山市环保部门紧跟中央环保督察“回头看”政策，一方面建立完善环境违法行为举报系统；另一方面对交办案件办理进行督导，对案件查办到督导“两头抓”，着力提升市局办案能力。2019 年，佛山市环保局在与市委政法委、财政局和公安局等部门进行沟通研讨后，修订并印发了《佛山市生态环境局环境违法行为举报奖励办法》，进一步明确了佛山市的环境违法行为举报奖励的适用举报行为、举报方式、奖励条件、奖励标准、奖励程序，并简化环境违法行为举报奖励流程、支持匿名有奖举报。具体来说，该规定主要完成了以下 4 个方面的调整。一是简化奖励流程。在该规定修订前，举报人举报的违法行为涉嫌环境污染犯罪的，要经人民法院判决后才能进行奖励。该流程耗时较长且较为复杂，影响了公众举报环境犯罪行为的积极性。修订后，案件有一名以上犯罪嫌疑人经检察院批准逮捕或由检察院提起公诉，举报人就可以申请奖励，从举报到申请奖励的流程周期也得到了极大的简化。二是完善匿名举报机制。当举报人认为不方便表露身份时可匿名举报，经查证属实的可以申请奖励。同时，该规定明确生态环境主管部门工作人员的保密要求，对泄露举报人身份信息、举报内容和奖励等情况的，要依法承担法律责任。三是拓宽了举报的适用范围。该规定将使适用的举报行为扩展到违法建设项目、环境犯罪、篡改伪造监测数据、拒不执行停产或查封扣押措施等 8 种环境违法行为，涵盖了废水、废气、固体废物和环境管理等多个方面，将各类常见环境违法行为纳入群众的监督。四是建立多元举报平台。市民掌握的环境违法行为线索，可以直接向市、区生态环境主管部门进行举报。举报既可通过来电、来访、来信等传统方式，也可通过电子邮箱和微信公众号平台提交举报信息等便捷方式进行举报，不受时间、空间限制。该规定在修订后更好地保护了举报人的隐私，增强了群众参与的积极性，为打击环境违法犯罪提供了便利。

总的来说，佛山市各部门根据具体案情类型，完成了社会治安防控工作的细分化管理。一是发挥部门职责专业优势，做到了专案专办、简化程序，从办案流程方面提高案件查办能力与效率。二是聚焦民生问题，从群众基本需求出发，切实维护群众利益。三是密切联系群众，完善群众举报机制，促进群防群治治安防控体系的建立完善。

案例

佛山市扎实推进治安基础要素管控“五合一”行动

2021年7月以来，佛山市公安局认真贯彻落实省公安厅“三合一”专项工作部署，并按照“进一次门办多件事”理念，结合佛山市实际进一步拓展，扎实有序开展出租屋排查、“三非”外国人排查、反诈宣传、管制刀具收缴和严重精神障碍患者排查管控“五合一”专项行动，建立起以问题为导向、以数据为引领、以制度为抓手、以清查为重点、以防范为目标的“三三六”工作机制，持续深入推进“五合一”专项行动，进一步整治社会治安复杂区域，进一步强化违法犯罪打击效能，进一步增强市民安全舒适感受，进一步提升基层社会治理水平。

立足“三大思维”，高标统筹推动。以统筹思维做优顶层设计，以情报思维赋能重点整治，以系统思维创新基层治理。围绕“屋、人、事、物”等四要素，夯实工作措施、纪律要求，制订涵盖5大项、15小项的量化考核方案，倒逼行动深入推进。联合多维度数据，搭建分析比对研判模型，以专项战役等形式赋能清查整治工作。坚持新时代“枫桥经验”，在清查过程中同步加强基层矛盾纠纷排查化解和群众法治宣传教育，结合公安业务拓展各类法治宣传活动。

构建“三项机制”，高位支撑实战。构建多形式规范支撑专项行动，多维度评价强化成果检验，多条块督导推动纵深开展。制定“五合一”专项排查采集、数据核查、违规处罚、集中清查等系列工作指引，联合市新市民办制发出租屋分类分级管理工作指引，并统一制定基层民警“六必查、三必检、双必管”具体工作清单。将“五合一”专项行动与“四标四实”基础信息更新采集有机结合，建立起多维度的综合行动实效评价体系。建立市局领导挂点各分局（公安局）和警种联合督导机制，领导班子定期下沉前线督战，推动行动纵深开展、落地见效。

拓展“六大战法”，高效提升战果。实现普通居所常态查，对辖区出租屋开展常态化地毯式滚动排查；重点区域集中查，建立全市集中清查战役机制，划定重点区域；精准建模追踪查，搭建“三非”外国人员活动排查模型，对重点单位、重点行业、重点场所进行突击检查；数据赋能碰撞查，常态对本市各类开户信息以及上网等轨迹进行比对、分析；逆向思维反向查，将清查整治工作与案件侦办挂钩，建立“入所”（拘留所、看守所、强戒所）流动人口和刑事发案出租屋倒查机制；内外布控安全查，根据区域围闭及房屋出入口、内部结构等情况，集中清查行动明确设置内围清查组和外围管控组，严防突发案事件发生。

（二）搭建应急体系，守卫人民生命

党的十九大召开，标志着我国应急管理体制机制进入了新时代，新时代下的应急管理体制机制承接国家应急管理部成立后的具体实践与管理职能，是针对自然灾害和事故灾难的管理部署①。党的十九届五中全会提出，在公共安全方面，要保障人民生命安全，完善和落实安全生产责任制，强化生物安全保护，提高食品药品安全保障水平，提升自然灾害防御工程标准，完善国家应急管理体系。另外，应急管理建设关系到国家经济社会发展全局和人民群众生命财产安全；加强应急管理体制的建设，可以有效预防和减少突发事件及其造成的损害，保障公众的生命财产安全，维护国家安全和社会稳定，促进经济社会全面、协调、可持续发展。党的二十大进一步指出：“国家安全是民族复兴的根基，社会稳定是国家强盛的前提。”我国将强化国家安全工作协调机制，完善国家安全法治体系、战略体系、政策体系、风险监测预警体系、国家应急管理体系，完善重点领域安全保障体系和重要专项协调指挥体系。可见，应急管理是维护国家公共安全的工作要塞。然而，在应急管理机制体制发展的进程中，仍然存在着应急管理机制建设结构性失衡，预案编制与管理缺乏本土性、动态性、科学性，应急反应机制一体化、地方化、多元化不足，组织应急能力建设与管理机制薄弱，灾后恢复机制的社会性、服务性、多样性不足等困境和问题②。如今，市域社会治理现代化的建设东风为我国应急管理体制机制排忧解难创造了新的契机。

---

① 张海波．新时代国家应急管理体制机制的创新发展［J］．人民论坛·学术前沿，2019（5）：6-15.

② 童星，陶鹏．论我国应急管理机制的创新：基于源头治理、动态管理、应急处置相结合的理念［J］．江海学刊，2013（2）：111-117.

佛山市在市域社会治理的建设进程中，其应急管理机制的搭建结合了地方优势，针对地方问题，融合群防群治策略与新媒体信息技术管理手段，分别从组织架构、信息共享、队伍建设三个方面，打造了一套“统一指挥、专常兼备、反应灵敏、上下联动”的应急管理体制。通过创新应急管理机制，佛山市完成了一系列应急管理组织建设工作，有效提高了预防和处置突发事件的能力，保障社会经济平稳运行，为保障人民群众生命财产安全构建了一道安全屏障，有效协助市域社会治理工作完善现代化的治理体系建设，推进“平安佛山”建设目标的进一步落成。

1. 组织科学统领，促进协同发展①

应急管理机制的有序运行，依靠的是清晰的组织架构与关键的指挥能力。佛山市应急管理部门率先调整传统的应急管理组织架构，构建应急管理组织运行系统，最大限度地发挥下属各部门指挥协调能力。

首先，佛山市应急管理部门调整领导委员会，健全了应急指挥中枢。佛山市局对突发事件应急委员会进行调整，统筹协调全市应急管理工作重大事项。市应急委第一主任由市委书记兼任，主任由市长兼任，将原43个成员单位调整为55个，将市委办公室、市政府办公室等纳入市应急委成员单位。明确了各类突发事件的会商研判暨处置牵头部门，建立起突发事件应急响应、会商研判及处置、信息报送、信息平台、应急力量建设、物资保障等工作机制。

其次，佛山市应急管理部门推行创新管理机制，提高了统筹协同力度。佛山市应急管理部门实行各级党委政府主要领导同时担任安委会主任“双主任”制，实现市、区、镇三级安委会“双主任”制全覆盖。着眼“全灾种、大应急、大救援”，整合市安全生产委员会等9个专项议事协调机构为市应急委下属专项协调机构，发生较大以上突发事件后，各专项工作协调机制纳入市应急委统一组织指挥体系，实行统一指挥、统一调度。

再次，佛山市应急管理部门制定出台各单位工作职责清单，厘清统分职责关系。佛山市安委办会同市委编办，共同建立应急管理职责分工协调

---

① 佛山市推进应急管理体系和能力现代化纪实［EB/OL］. 广东省应急管理厅，2021-09-22. http：//yjgl. gd. gov. cn/xw/dsgzdt/content/post_ 3534366. html.

机制，机构改革后，在广东省率先出台《佛山市有关单位安全生产工作职责》，厘清了49个部门的安全生产监管责任，对于现行法律法规尚未明确但实际工作中遇到的新行业、新业态，均逐一明确责任部门，对于存在争议、职责交叉等，明确牵头部门，从源头上厘清部门的安全职责。同时佛山市局按照"测、报、防、抗、救"适度分开的要求，推动防灾减灾、安全生产、森林防灭火职责全面纳入相关部门"三定"规定，进一步明确应急管理部门与自然资源、水利、发改等部门在森林防火、防风防汛抗旱、救灾物资储备等领域的职责分工。

最后，佛山市应急管理部门设立应急管理督办制度，力促督办问责到位。佛山市应急管理部门发挥约谈督办警示教育作用和重大事故隐患挂牌督办制度，以"市长督查令"强力推进隐患整改，每年选取安全生产问题突出的镇（街道）作为市政府安全生产挂牌督办对象，逐个挂牌督办，并在每个镇（街道）选定2—3个行业领域，开展重点整治攻坚。同时，佛山市局发挥巡查督导和事故调查作用，对事故多发的属地和行业开展"解剖麻雀"式专项巡查督导，促进安全生产主体责任落实情况。在制度建设推行方面，佛山市应急管理部门修订了《佛山市安全生产"一票否决"制度》，建立安全生产检讨和诫勉谈话制度；还出台了《较大生产安全事故调查和处理工作指引》，加大事故责任追究力度，做到以事故责任追究倒逼安全生产责任落实。

2. 搭建数字通道，升级治安网络①②

运用大数据、云计算、区块链、人工智能等前沿技术推动城市管理手段、管理模式、管理理念创新，从数字化到智能化再到智慧化，让城市更聪明一些、更智慧一些，是推动城市治理体系和治理能力现代化的必由之路。与此同时，新时代应急管理机制针对的是自然灾害和事故灾难，该类事件具有可预警性和突发性等特质。在自然灾害和事故灾难中，能够及时预警，保证信息畅通是完善应急管理机制的重点。佛山市在市域社会治理

---

① 佛山市推进应急管理体系和能力现代化纪实［EB/OL］. 广东省应急管理厅，2021-09-22. http：//yjgl. gd. gov. cn/xw/dsgzdt/content/post_ 3534366. html.

② 打造"智慧大脑"强化"一网统管"：广东佛山市城市安全治理侧记［N］. 中国应急管理报，2021-09-29.

的应急管理机制建设中，顺应信息化的大数据社会发展要求，将突破信息技术壁垒，搭建数字化平台，实现信息共通共享列为工作重点，开展了一系列信息通道建设工作。

从应急管理的信息技术背景来看，佛山市于 2019 年 8 月启动了国家安全发展示范城市创建工作，印发《佛山市建设安全发展城市实施办法》，投资 2.26 亿元建设智慧安全佛山一期项目，着力打造城市安全“智慧大脑”，构建城市安全治理“一网统管”体系，让城市更聪明、更智慧、更安全。同时，佛山市重塑城市安全“中枢神经”，实现“一网纵观全局”。佛山市打造了监测中心、指挥中心、研究中心三位一体的城市安全“智慧大脑”，搭建“可视化信息汇聚、数字化研判分析、智能化辅助决策、精细化指挥调度”的应急管理综合应用平台，实现跨部门、跨区域、跨层级、跨系统的数据融合，形成城市安全运行状态“全景画像”。由此可见，佛山市在市域社会治理进程中已经逐步构建了信息化的安全监控网络，为佛山市应急管理新机制的搭建提供了充足的硬件和技术支持。

在具体的应急管理信息系统的建设中，佛山市重点完成了“三步走”的工作实践。

第一步，佛山市应急管理部门致力于构建城市安全“感知网络”，实现“一网感知态势”。应急管理部门利用大数据对城市安全运行薄弱区域和重点部位进行综合风险评估，有针对性地构建了桥梁、燃气、消防、排水、电梯、轨道、交通、林火、高危企业九大监测系统，布设 13120 套物联网传感器，实现 24 小时在线监测和自动预警，初步构建了城市安全运行态势的立体化感知网络。应急管理部门还印发了《佛山市城市安全运行风险监测预警联动工作机制》，明确行业主管部门和权属单位的职责，规范监测报警处置流程；组建一支 50 人的专业运营团队进行全天候值班值守和监测预警，月均处置报警 431 起。

第二步，佛山市应急管理局着力打通城市安全治理“神经末梢”，实现“一网协同共治”。佛山市为切实解决应急管理“最后一公里”问题，着力建设应急现场指挥通信系统，运用多种通信链路和各类融合通信设备，实现事故灾害一线、现场指挥部、后方指挥中心通信畅通；创建“智安佛山”微信小程序，打通市、区、镇、村四级指挥网络，随时可向全市

17337 名基层人员精准推送风雨水情、一键下达任务指令、实时跟踪工作状态。2020 年以来，佛山市发布台风防御、强降雨预警等研判分析报告超 100 份，为科学调整应急响应级别提供辅助决策。

第三步，佛山市应急管理局完善城市运行智慧大脑。佛山市着力建设城市安全运行监测中心，打造城市安全运行管理的“中枢大脑”。目前，城市安全运行监测中心完成了九大监测专项建设，布设近 2 万套前端传感器，构建自然灾害、事故灾难、公共卫生等领域全域覆盖的立体化感知网络。整合汇聚全市 34 个单位 7492. 8 万条基础数据及超过 22Tb 的物联网数据，对城市安全运行的薄弱环节和部位进行耦合、叠加、衍生风险分析，呈现全过程的综合风险评估结果。与此同时，佛山市局组建专业团队进行 7×24 小时值班值守、监测预警和综合研判，成功处置 2586 起不同类型的监测预警。打造应急实景实战教学基地，培育本地科研技术创新和服务团队，围绕典型事故灾害，为不同部门、不同层级提供全天候、个性化解决方案。该项目被《人民日报》选入《2020 国家治理创新经验典型案例》，被求是《小康》杂志中国全面小康论坛选为“2020 年度中国十大社会治理创新典范”。佛山市应急管理局被省委党校定为“现场教学示范点”。

案例▶

智慧佛山——打造三位一体城市安全风险监测预警模式

佛山常住人口超过 1000 万，市场主体超过 100 万户，城市安全风险面临着监管体量大、监管力量不足；风险隐患多、监测能力不足；城市运行系统性脆弱、解决手段不足的问题，亟须城市安全管理提质升级。对此，佛山市委、市政府坚持“理念引领、技术推动、管理创新、实战应用”的原则，以“智慧安全佛山”项目建设为引领，打造三位一体城市安全风险监测预警模式，积极推进应急管理体系和能力现代化。

2018 年 9 月，佛山市成立由市政府主要领导任组长的佛山智慧安全城市建设工作领导小组，编制了《佛山市应急管理信息化建设规划（2019—2022 年）》，确定了佛山应急管理信息化“一网、两中心、三支撑、四应用”的体系架构和“五个一”发展目标，制定了在一年内初步构建城市安全运行综合监测预警与应急处置协同机制的短期工作目标，三年内推动佛山创建成为“国家安全发展示范城市”的中期工作目标，五年内把佛山打造成智慧安全城市的华南区域中心和全国标杆典范的长远工作目标。

着力提升四项能力。一是提升城市安全风险评估能力，实现“一网纵观全局”。搭建“可视化信息汇聚、数字化研判分析、智能化辅助决策、精细化指挥调度”的应急管理综合应用平台，形成城市安全运行状态“全景画像”。二是提升城市安全风险监测能力，实现“一网感知态势”。建设桥梁、燃气、消防、排水、电梯、轨道、交通、林火、高危企业九大监测专项。三是提升城市安全风险预警能力，实现“一网研判预警”。编制佛山市城市安全运行监测中心运营管理制度、业务培训大纲、报告编制规范等一系列制度规范，指导监测中心运营团队对城市安全运行态势进行7×24小时值班值守、监测预警和综合研判。四是提升城市安全风险处置能力，实现“一网指挥调度”。聚焦“全灾种”、瞄准“大应急”，加强和规范市、区、镇（街道）三级应急指挥中心和应急现场指挥通信保障能力建设。创建“智安佛山”微信小程序，打通市、区、镇、村四级指挥网络，切实解决应急指挥处置“最后一公里”问题。

健全城市安全治理体系，实现“一网协同共治”。编制印发《佛山市城市安全运行风险监测预警联动工作机制》，明确各级行业主管部门监管职责及城市基础设施权属单位主体责任，规范城市安全风险监测报警信息推送、分级响应、联动处置和闭环管理流程。推动珠江西岸城市群安全应急联动合作机制建设，优化应急资源配置，提高应急救援效率，降低应急管理成本，形成防范应对突发事件的强大合力。

3. 加快队伍建设，提高应急能力

佛山市完善了应急管理组织统领架构与信息共享通道，为市域应急管理机制打造了骨骼，疏通了脉络。除此之外，佛山市应急管理局还着眼于应急管理的队伍建设，为市域应急管理机制锻炼筋骨。

首先，佛山市应急管理局对现有应急组织队伍进行摸排调研，整理队伍信息，制定应急管理队伍新制度。近年来，佛山市应急管理部门陆续对全市428支共14018人的应急救援队伍全部登记造册，严格落实24小时

“值班带班”制度，加强常态化应急演练和实战实训并建立完善物资投送方式、队伍调度等应急救援工作机制。同时，佛山市应急管理局加强与佛山军分区、武警第七支队等驻佛部队沟通联系，建立应急救援物资军地代储制度，深入推进军地应急联动机制。另外，佛山市应急管理局推行责任落实制度，落实防汛行政责任人 1074 名和村级网格责任人 965 名，派出 243 个检查组，排查山洪和地质灾害、削坡建房、沿河低洼区、铁皮屋及建筑工地等重点领域，全市登记在册的 135 处地质灾害隐患点做到“一隐患一方案”。

其次，在原有的专业队伍基础上，佛山市应急管理部门加强了专业队伍培训，达到了队伍建设的保量保质。2020 年 3 月，经佛山市委、市政府同意，佛山市应急管理局正式宣布牵头组建一支全省一流、一专多能、一队多用，以森林灭火为主体的专业化、规范化、标准化、信息化的森林消防综合救援队伍。在队伍组建初期，佛山市应急管理局在机构编制上立足创新改革，虽然队伍登记为事业单位，但对加入其中的人员采取“定员不定人”方式实行劳动合同制，进而保持高效管理，激发队伍活力。除了人员的招聘和管理创新外，佛山市应急管理局还主动加强队伍战训和硬件设施建设，通过对标“全国一流”开展“一专多能”训练，配备 28 辆灭火救援、融合通信特种车辆，制定四大类 26 项制度性规定，编写 5 类教育训练大纲，运用“五小练兵法”，严格施训，不断提高队员整体素质和实战能力。佛山市对应急队伍开展的训练卓有成效。2020 年 9 月，在佛山市森林消防综合救援队首批队员集合 3 个月后的广东省首届森林消防业务技能大比武上，佛山市森林消防综合救援队成功荣获团体总分第一名。目前，佛山市森林消防综合救援队正在按照“多点布防”的原则，分别在佛山市高明、三水和南海多处分布驻扎，覆盖全市 90%以上的林区，并推动“一个中心”（珠江西岸区域应急指挥中心）和“四个基地”（综合应急救援基地、训练培训基地、救援物资储备基地和航空救援基地）的建设，进而实现就近驻防、快速扑救。

另外，佛山市应急管理部门围绕群防群治策略，组建民间应急志愿队伍，将全市应急管理能力发挥最大化。为在全社会有效形成应急管理群防群治的良好氛围，提升公众应对突发灾害能力，2020 年 12 月，佛山市应急管理局宣布正式牵头组建应急志愿服务队，很快得到社会各界积极响应。佛山市将志愿服务引入应急管理工作，组建应急志愿者队伍，既能有效承接政府应急服务职能，又能长效开展持续性的社会安全促进工作，从而带动全社会安全程度的提升。

目前，佛山市应急志愿服务队形成了“一体推进、属地招募、分级管理、分类展业、多层次培育、社会化运作”的应急志愿服务模式。其中，应急志愿服务分为宣传类、巡护类、培训类、救援类和咨询类 5 种类型。队伍组建以来，通过结合佛山市应急管理工作的重要节点，已接连开展了包括清明节森林防火巡护、节后复工企业安全巡护、安全生产月企业主要负责人岗位明白卡回访活动、暑期防溺水进村居社区园区宣传活动等扎根基层、深入群众的主题服务活动。与此同时，为了进一步提升佛山应急志愿者的服务能力和专业水平，助力实现更加长远的发展和更多市民掌握应急救援技能，2021 年 6 月，佛山市应急管理局宣布启动应急志愿者教材编写和培训工作，编写适合佛山应急志愿者工作需要的培训教材和适合广大市民的科普教材。2021 年，佛山市还启动了首届应急志愿服务公益项目大赛，并扶持了 9 家社会组织通过专项开展志愿服务，引领形式多样的志愿服务参与符合佛山市实际的应急安全管理工作。

案例

高明区打造“海陆空”三合一巡防体系

城市处于不同的发展阶段时，人民群众对安全的期望值也各不相同：社会发展水平越高，对公安机关的管事率、警情反应速度和解决问题能力要求越高。目前，佛山市高明区社会发展面临前所未有的机遇，随着交通规划建设的稳步推进，佛山市未来几年必将带来人流、物流、车流、资金流、信息流的大发展，再加上入户政策的进一步放宽等诸多发展利好，人口还将持续不断地流入高明。在此背景下，佛山市高明区加快发展脚步，以新时代治安防控的要求对区治安防控体系进行了高质量建设和发展。

高明区公安分局深化机制改革，织密巡防网络。立足于“打造正规化、专业化、职业化 PTU 队伍”工作目标，不断深化机制改革，织密巡防网络。同时，赋能专职建设，拓展应用空间，以PTU为龙头，加强无人机小组、水警建设，筑牢“三维一体”巡防格局。此外，还培训“量身定制”，提升实战水平 。严抓实战化教育训练工作，提高应急处置能力，打造“招之即来、来之能战、战之必胜”的应急处突力量。

自“海陆空”三合一巡防体系搭建以来，高明区治安巡防工作取得了显著成效。在常规巡防方面，2021年1—11月，高明分局PTU（警察机动部队）队伍出动社会面巡防警力16万人次，盘查可疑人员192222名，盘查可疑车辆133434辆。快速有效处置各类警情，应急处突170宗，紧急救援45人，救助帮扶132人。在水上巡防方面，高明分局PTU队伍驾驶执法船配合打私办开展水上缉私行动15次，查扣走私船只6艘，抓获嫌疑人20余名。开展西江水域公务船日常巡航勤务60余次，劝离野泳、野钓群众300余名。同时，PTU队伍也完成了重大活动、重大节日等安保维稳空中巡查勤务，配合其他警种完成搜救被困深山驴友、扑灭山火等警情空中侦查搜索任务。

（三）打造化解机制，处理基层矛盾

社会稳定是顺利推进社会治理现代化进程以及改善基础民生的基本前提条件，而有效化解社会矛盾是促进社会稳定发展的长效之策。近年来，随着我国社会经济快速发展、经济体制变革不断深化、社会利益格局不断调整，社会矛盾纠纷处于高发时期，其呈现出了纠纷主体多元化、利益诉求复杂化、纠纷类型多样化等特点。这进一步要求社会治理工作提升在矛盾纠纷化解领域的能力，而将社会矛盾化解在基层则是当前社会治安维稳建设中的重要工作。

党的十九届五中全会提出，要构建社会矛盾综合治理机制。在市域社会治理体系中，推动基层矛盾化解机制的建立是社会矛盾化解部分的重要核心。在中国特色社会主义的发展进程中，许多优秀的社会矛盾化解经验被继承发扬。在20世纪60年代的社会主义教育运动中，浙江诸暨枫桥的干部群众创造性地提出了“依靠和发动群众，坚持矛盾不上交，就地解决，实现捕人少，治安好”的矛盾化解机制，从此在诸暨枫桥诞生的“枫

桥经验”便沿用至今①。“枫桥经验”就是要以群众为基础，让群众参与社会治安综合治理，依靠群众的力量化解基层矛盾。其中，广泛联系群众是“枫桥经验”的特色与重点。在佛山市域社会治理的建设过程中，群防群治策略贯穿社会基层矛盾化解体系的建设和完善，继承了“枫桥经验”的优良传统，同时结合佛山本土特色，打造出了现代化基层矛盾化解机制。

1. 借鉴枫桥经验，南海先行示范②③④

在佛山市市域社会治理现代化建设的过程中，南海区在基层矛盾预防化解机制建设领域崭露头角。2020 年 8 月，佛山市南海区“147 矛盾纠纷多元化解工作机制”项目在“全国创新社会治理典型案例”评选中，凭借完善制度机制，组建多元、高效、便民的人民调解服务网络，有效化解社会矛盾成功突围，获评“十佳案例”。南海区“147 矛盾纠纷多元化解工作机制”经历了长达 2 年的持续探索，是南海区委区政府坚持和发展“枫桥经验”，结合群防群治策略，立足地区实际，为适应多元社会矛盾纠纷发展而逐渐形成的有效途径。

具体来说，南海区在市域社会治理现代化的指导方针下，从以下 4 个方面完成了社会矛盾纠纷多元化解工作机制的探索、建设与完善。首先，南海区委、区政府领头建设基层矛盾化解机制，多次出台意见政策，完善机制体系。2018 年 6 月 21 日，南海区委、区政府印发《关于构建共建共治共享的社会矛盾纠纷多元化解工作机制的意见》，区司法局等相关部门印发《南海区个人调解工作室管理试行办法》《南海区调解员和调解专家管理办法》《南海区扶持社会第三方调解组织发展试行办法》《南海区调解化解矛盾纠纷“以案定补”实施办法》4 个配套文件。全区 7 个镇（街

① 吴锦良．“枫桥经验”演进与基层治理创新［J］．浙江社会科学，2010（7）：43-49.

② 佛山市南海区“147”矛盾纠纷多元化解工作机制［EB/OL］．民智城乡社区建设研究，2021-08-22. https：//www. sohu. com/a/432220962_ 120798024.

③ 探索矛盾化解新机制 构建社会治理新格局［EB/OL］．佛山市南海区司法局，2020-09-02. http：//fssf. foshan. gov. cn/xwbd/jcdt/content/post_ 4481390. html.

④ 枫桥经验在佛山 丨 南海区矛盾纠纷多元化解机制建设成效显著［EB/OL］．佛山司法，2020-05-27. https：//m. thepaper. cn/baijiahao_ 7585564.

道）出台实施意见及配套文件，形成了南海区“1+4+7”矛盾纠纷多元化解工作机制。

其次，南海区委、区政府着力推进领导责任落实，提升多元矛盾化解工作质效。南海区各级党委（组）对预防化解本地区本领域矛盾纠纷要切实负起领导责任，各级党组织将矛盾纠纷多元化解工作作为加强基层治理、维护社会稳定的重要内容，定期研判和提升工作方案，同时突出和强化村（居）党组织书记作为调解委员会主任职责，形成全区上下各司其职、各尽其责的矛盾纠纷多元化解工作新格局。

再次，南海区顺应矛盾多元化解机制要求，调整建设队伍组织。南海区建立强化区镇两级调解机制，包括区级调解工作指导中心和 7 个镇（街道）矛盾纠纷调解中心，实现各职能部门调解功能整合和协调联动；并且在全市率先成立区级调解专家库，在 7 个镇（街道）组建镇级调解专家库，共聘请 306 名调解专家助力基层重点、难点矛盾纠纷调处；重点在公安、法院、住建、环保、教育、人社等 13 个矛盾易发部门规范设置调解室，相关部门提前主动介入，依法、及时、就地化解纠纷。

最后，南海区落实人员保障，充分利用建设经费，完善矛盾多元化解机制。近年来，南海区、镇两级每年用于矛盾纠纷多元化解机制建设的投入达 3000 万元。资金主要用于配置专职调解员、扶持第三方调解组织和个人调解工作室建设、化解矛盾纠纷“以案定补”等。南海区投入专款开发全区矛盾纠纷调解数据库系统平台，目前，该系统平台已经过试运行且验收，2019 年 12 月底进行系统操作培训，2020 年 1 月正式运行。另外，2020 年，南海区共增加 130 名专职调解员配备到各镇（街道）、村（居）及矛盾纠纷易发部门开展调解工作。

2. 融入先进机制，多方出力建设①②③

佛山市南海区“147 矛盾纠纷多元化解工作机制”由 1 个强有力的领

① 佛山市南海区：“147”矛盾纠纷多元化解工作机制［EB/OL］. 民智城乡社区建设研究，2021-08-22. https：//www. sohu. com/a/432220962_ 120798024.

② 南海区全面推进矛盾纠纷多元化解机制建设［EB/OL］. 南海发布，2019-03-20. https：//m. thepaper. cn/newsDetail_ forward_ 3166900.

③ 佛山市南海法院推动矛盾纠纷前端化解［EB/OL］. 人民网，2021-05-25. http：//unn. people. com. cn/n1/2021/0525/c420625-32112887. html.

导体系，财政投入机制、任务协作机制、多元主体培育机制、绩效考核与奖惩机制组成的 4 个有效运转工作机制，和 7 个功能完善的网格化实施单元共同发力，形成了上下一致、权责清晰、有机联系的政策体系。构建了“纵到底横到边”的调解网络，深化矛盾纠纷多元化解格局，令矛盾纠纷多元化解工作机制成为助力基层社会治理的重要组成部分。该机制的建立为佛山市域社会治理现代化建设与基层矛盾预防环节机制提供了强有力的实践经验和创新灵感。南海区“147 矛盾纠纷多元化解工作机制”的建设，为基层矛盾化解提供了长治之策，也激发了政府各部门和企业组织、专业人士一同参与矛盾纠纷多元化解工作机制的运作，丰富完善该机制的核心内容。

首先，在交通管理方面，“道路交通事故一体化处理中心”的建立为南海区分担了不少交管压力。南海区地处珠三角交通要道，路网发达，辖区范围内进入诉讼程序的道路交通事故纠纷逐年上涨。为了应对与日俱增的交管压力，南海区司法局统一购买服务进驻南海区“交通事故损害赔偿纠纷一体化处理中心”，以此解决繁杂的交通事故纠纷。处理中心于 2018 年 5 月 23 日正式挂牌运行，成为全市第一个挂牌的一体化处理中心。“道路交通事故一体化处理中心”负责南海全区的交通事故纠纷案件，日常调解工作由南海交调委负责。目前共设立调解点 3 处，分别位于南海区公安分局交通警察大队事故处理中队、平洲交警中队以及里水交警中队，以“中心+网格化”的细分管理模式运行。在配备专业调解员的基础上，还开通互联网网站、电子邮箱、微信及小程序等多种网络渠道接受群众咨询并及时处理，积极从源头上解决矛盾。“道路交通事故一体化处理中心”成立后，南海区人民法院民五庭交通事故赔偿纠纷案件的诉讼立案数量呈现出大幅下降的趋势。可见，“道路交通事故一体化处理中心”的建立能及时有效地解决交通事故类的赔偿纠纷，减轻法官压力，释放宝贵的司法资源。

其次，顺应南海区矛盾多元化解机制的建设，南海法院以南海区诉前和解中心建设为契机，推动多元解纷机制实体化运作。诉前和解中心是南海区矛盾调解工作体系的有机组成部分，其工作纳入区委区政府专项督导事项，由区政府每年拨付专项资金支持运作。在有关部门的人力支持和配合下，南海法院在诉讼服务中心挂牌成立南海区诉前和解中心，在大沥、狮山、西樵、九江、丹灶 5 个派出人民法庭挂牌成立诉前和解中心工作室。在矛盾纠纷集中领域，通过“法院+职能部门”的模式，建立道路交通事故损害赔偿纠纷、劳动人事争议纠纷、金融纠纷、医疗纠纷以及消费纠纷等类型纠纷一体化处理平台，逐步构建起“1+5+N”（1 个诉前和解中心+5 个诉前和解工作室+N 个一体化处理中心/分中心/调解点）的诉前和解工作网络。在教育整顿期间，进一步加强与公证处、工会、司法局、金融机构等职能部门的沟通交流，加快推进分中心（调解点）建设，点面结合向群众提供“一站式”非诉解纷服务。诉前和解中心在南海区市域社会治理工作中发挥重要作用，被纳入南海区创建维护稳定示范点的建设内容。

再次，医患矛盾的化解也被纳入南海区多元矛盾化解机制的建设。以 2012 年经南海区卫计局、南海区司法局指导成立的广东和谐医患纠纷人民调解委员会南海工作站为基础，形成了基本覆盖南海全区的医患纠纷调解网格，承担了南海区绝大部分的医患纠纷案件的调处工作。该工作站运用“保、调、赔、防、管、法”联合机制化解大量医疗纠纷，为协助政府化解社会矛盾、创建“平安南海”和“平安医院”发挥了巨大作用。同时，该工作站根据第三方专家评定意见，经调解医患双方意见一致后签订调解协议，保险公司根据调解协议和专家意见书对医疗纠纷责任、赔偿情况进行认定，并按医责险合同赔偿，最终圆满解决各例医患纠纷。近年来，工作站致力于运用市场机制化解医疗纠纷的实践与探索，充分发挥专业调解服务平台的优势，着力构建医患纠纷多元化解工作体系，既赢得群众更多信任和拥护，又大大减轻了南海区医患领域的信访维稳压力，达到很好的社会效果和法律效果。

最后，律师事务所等专业机构也一同参与矛盾多元化解机制的运作。2018 年 7 月，南海区司法局与广东品高律师事务所合作，分别在南海区桂城街道平西社区中队、石东社区中队开展治安纠纷人民调解的服务。充分发挥了律师在预防和化解矛盾纠纷中的专业优势、职业优势和实践优势，推动了南海区治安纠纷调解工作的开展。同样，有着丰富矛盾调解经验的专业人士也参与了矛盾多元化解机制的建设。2018 年 8 月 31 日，在南海区司法局和狮山镇党委政府的指导和支持下，狮山镇人民调解委员会陈平功调解工作室正式成立。陈平功在罗村务庄有超过 20 年的治保工作经验，担当社区治保主任。其对调解工作十分热心，在当地有较好的口碑。日常调解中，陈平功能充分发挥人熟、地熟、情况熟的优势，成功调解企业劳资纠纷、邻里矛盾纠纷。近年来，他调解的纠纷有1000余件。陈平功已经在当地打响了矛盾纠纷调解的个人品牌。务庄社区辖区内的劳动争议纠纷、治安纠纷、邻里纠纷等，相关部门或者组织都会第一时间找陈平功工作室调解。陈平功个人调解工作室的工作，有效地减少了务庄社区乃至整个罗村社会管理处的矛盾纠纷化解及信访维稳工作的压力。多年来，陈平功凭借对调解工作的热心及经验，让各类矛盾纠纷都能有效得到化解。据悉，近年来，罗村务庄社区的综治信访维稳压力比周边社区要小得多，各类越级上访数量也明显少于周边社区。

案例

南海区打造“信访超市” 联通服务群众“最后一公里”

经营餐饮生意的唐先生，因合同纠纷被物业公司停了水电。他和其他10多名租户到南海区“信访超市”反映问题，当天就得到了解决。为唐先生的困扰提供“解法”的“信访超市”，全称是南海区群众信访诉求综合服务中心。

2020年，南海区被确立为全省信访诉求综合服务中心（信访超市）建设试点地区之一。对此，南海区信访局充分整合社会矛盾多发领域的责任部门和第三方社会力量，打通“访—疏—调—裁—议”矛盾化解全过程链条，推动形成“三个一”的工作模式，搭建为来访群众进行“一站式”服务的“区—镇—村”群众信访诉求综合服务中心平台，全区构建矛盾调处“村居首阵地、镇街主战场、区级终点站、分级分层协同”工作模式，努力实现矛盾不上交。

全区建立区镇村（居）“1+N+7+X”立体化矛盾受理体系，将场地（中心）建到群众家门口，全区实现群众反映诉求15分钟服务圈，1千米范围内就有场所，切实满足群众反映诉求就近跑一次。

建立“1+N”的矛盾受理体系，如区法院诉前和解平台、区司法局公共法律服务中心、南海区道路交通事故损害赔偿纠纷一体化处理中心、区卫健局医调委等已经运行、成效显著、群众认可的平台。

建立“7+X”的矛盾受理体系，全区构建矛盾调处“村居首阵地、镇街主战场、区级终点站、分级分层协同”工作模式，努力实现矛盾不上交。

试点工作得到了国家、省、市信访系统的高度认可，服务暖心便民做法也得到了群众的点赞。2021 年 12 月，南海区群众信访诉求综合服务中心获颁“2017—2020 年度平安中国建设全国先进集体”。据悉，这是荣获该项国家级荣誉的全国信访系统三个先进集体之一，也是佛山市唯一获此表彰的集体。

（四）撑起“心治”大伞，构建安全网络

继“十三五”规划正式提出了全面建设“健康中国”战略后，党的十九大继续提出要加强社会心理服务体系建设，培育自尊自信、理性平和、积极向上的社会心态。社会心理服务体系的目的是培育良好的社会心态，对社会治理体系的建设，促进社会治理现代化和科学化，营造和谐的社会心态有着重大意义。社会心理服务体系的建立本质上是为社会治理提供心理学方向的实践途径和治理方案，目的是营造健康良好的社会心态①。具体而言，在社会心理服务的服务对象方面，社会心理服务立足于国家治理层面，是为了解决宏观层面上的社会心理问题所提供的服务，其服务的对象主要是广泛的基层群体；在服务方式方面，社会心理服务借助心理学的专业知识和诊疗手段，进一步拓展社会治理的创新途径；在服务目标方面，社会心理服务是为了培育良好的社会心态，最终目标是促进中国特色社会主义核心价值观融入稳定的社会心态中，促进全社会成员心理健康体系的搭建和完善，最终助力实现中华民族的伟大复兴②。

随着社会心理健康服务在社会治理中的作用越发重要，在佛山市市域社会治理现代化的进程中，心理健康服务体系自然被纳入社会治理建设的重点环节。随着佛山市进一步推进市域社会治理现代化的建设，社会心理服务体系的构建从队伍建设、教育建设、品牌建设 3 个方面不断完善发展，

---

① 葛明贵，高函青．中国特色社会心理服务体系建设的路径分析［J］．心理科学，2020，43（1）：200-205.

② 同①.

惠及全市，既广泛覆盖联系群众，又精准落实到个人需求，推进佛山营造更良好、更和谐的社会心态与文化氛围。

1. 开展组织培训，建设心治队伍①②③

组建专业的心理健康服务团队是佛山市开展建设社会心理服务体系的核心工作。佛山市通过推进心理健康服务队伍建设、做好重点人群心理健康服务、优化社会心理健康服务等工作，大大提升了人们对心理健康、心理疾病的知晓度，以及全市的心理健康服务水平。佛山市第三人民医院作为以精神心理为主兼顾综合性的“大专科小综合”市直属三级精神专科医院，在心理健康治疗领域有着充裕的实践经验与丰富的专业知识。在佛山市推进构建现代化社会心理健康工作的过程中，佛山市第三人民医院成为构建市域社会治理心理服务体系的专业主力军，承接了佛山市创建社会心理服务体系建设相关工作。

2020 年 8 月，佛山市第三人民医院早期干预科的医护团队首次走进企业，为员工进行心理体检及压力管理教育工作，传授如何应对压力、放松技巧等方面知识。由心理体检到压力管理教育，员工可以及时发现并成功摆脱心理困扰；小部分心理危机，经过危机干预后，员工可以恢复心理平衡并重新回到工作岗位。另外，在佛山市内某押运保安公司，佛山市第三人民医院为公司员工进行了全面的心理体检工作，开展了 2 场压力教育讲座。这是医护人员开展心理健康普及工作的新尝试，也是落实社会心理服务体系建设工作的重要举措之一。此后，医护团队陆续走进公共服务单位、学校等地，加强心理健康服务方面的支持。

2019 年以来，佛山市第三人民医院早期干预科在规范化诊疗的同时，就已尝试开展系列的团体心理治疗。例如，针对焦虑情绪的团体认知行为治疗（GCBT），通过个性的成长，思维、行为方式的调整，进一步认识和缓解焦虑情绪，提高生活质量；针对受抑郁情绪困扰的患者，则开设了正

① 佛山打造社会心理健康全程服务链 让心理健康服务触手可及［N］. 佛山日报，2020-10-22.

② 佛山市积极推进社会心理服务体系建设［N］. 潇湘晨报，2020-10-10.

③ 2021 年佛山市“舒心驿站”社会心理服务业务系列培训开班［EB/OL］. 广东省妇联，2021-01-25. http://www.gdwomen.org.cn/zzjsgz/content/post_316430.html.

念认知疗法（MBCT），通过改善组员应对压力的模式，增强其对抑郁情绪的免疫力，从而缓解抑郁症状，也更有力量去面对抑郁情绪的卷土重来。在专业队伍参与社会心理服务体系的同时，佛山市通过构建心理服务网格化管理体系，广泛联系基层群众，当市民需要心理服务时，都能及时在社区得到心理援助。

除了专业的心理医学队伍外，作为群团组织的佛山市妇联也一同加入社会心理服务体系的队伍建设。近年来，佛山市社会心理服务体系着眼于推动“舒心驿站”心理咨询室融入基层综治中心心理服务体系建设，共同服务妇女儿童心理健康，服务平安佛山的建设大局。为响应广东省妇联加强“舒心驿站”规范建设以及配合佛山市委政法委做好搭建社会心理服务实体平台的要求，2020 年佛山市妇联在市维权站设立了“舒心驿站”心理咨询室项目，全市共有省、市、区、镇（街道）主导的“舒心驿站”8 家。

在妇联筹办的“舒心驿站”项目中，妇联多次举办社会心理服务业务培训班，旨在充实“舒心驿站”等社会心理服务体系的队伍力量。2021 年 1 月，由佛山市妇联主办、广东省妇女维权与信息服务站承办的“舒心驿站”社会心理服务业务（沙盘技术）系列培训班在市妇联维权站正式开班。其中，佛山市妇联权益部、部分区分管维权工作的副主席、权益部部长，以及市、区维权站工作人员共 22 人参与培训。佛山市妇联沙盘技术培训旨在提升妇联干部的业务能力，加强心理服务队伍建设，通过心理辅导、心理干预，陪伴和引领来访者往更积极的方向去发展。课程培训主要以实操为主，在场学员们踊跃参与，老师通过分析沙盘、讲解辅导技术，为学员们打开了社会心理服务教育的学习窗口。

2. 引入心治课堂，重视心理教育①②③

近年来，学生坠楼、校园暴力等校园安全事件频发，各种未成年人心

---

① 佛山市全力打造心理健康教育服务体系“十个一”品牌［EB/OL］. 佛山教育信息港，2021-01-15. http：//edu. foshan. gov. cn/kx/jjkx/content/post_ 4678616. html.

② 首个国家级心理健康服务体系实验区落户佛山［EB/OL］. 中国日报网，2021-01-18. https：//3g. 163. com/dy/article/G0KTUVVH0514R9KE. html.

③ 关于加强未成年人心理健康服务体系建设的建议［EB/OL］. 佛山市政协，2021-12-27. http：//www. fszx. gov. cn/wscz/04/content/post_ 713190. html.

理焦虑与障碍症状日益增多，已成为社会关注的焦点。据佛山市 12355 青少年综合服务平台数据统计，2018—2021 年平台共受理约 3.1 万宗未成年人来电来访，其中涉及自杀自残、抑郁焦虑、网络沉迷、人际关系等内容占 37.43%，解决未成年人心理健康问题已刻不容缓。

完善未成年心理健康服务体系是佛山市市域社会治理心理健康建设的重点工作内容。2021 年，佛山市中国共产主义青年团城市委员会联合专业机构通过走访座谈、问卷调查、专题研讨等形式，开展了未成年人心理健康服务体系建设的专项调研，梳理了目前存在的主要问题：第一，学生学业焦虑情况是影响未成年人心理健康的首要原因；第二，校内心理健康教育课程缺乏体系化的建设；第三，未成年人心理帮扶常态化协同机制尚未建立；第四，亲子关系是影响未成年人心理健康的重要原因。基于此，佛山市未成年人心理健康服务的建设重点将着眼于加强学校心理健康教育工作；大力弘扬良好家风，构建和谐亲子关系；搭建未成年人心理健康服务工作社会支持网络；等等。

为完善未成年人心理健康服务与教育体系，佛山市政府首先出台了相关指导政策，引领各级部门开展校园心理教育服务建设，加强社会各界对未成年人心理健康的关注与关心。2021 年 1 月 13 日，佛山中小学心理健康教育工作推进会议召开，会议总结回顾了佛山中小学心理健康教育工作，并解读了市政府印发实施的《全面加强中小学生心理健康教育服务体系“十个一”建设的意见》，部署落实相关工作。各区政府分管教育工作的副区长，各有关单位及各区、镇（街道）、学校的代表等 200 人参加了会议。会议上指出，该意见的出台从政府层面强调了学生心理健康教育工作的重要性。全市教育系统要抓住机遇，推动教育回归本源。要善于运用成熟、系统、专业的心理科学理论以及技术成果，解决学生心理健康问题。全社会要舍得投入、舍得派人、舍得建立专业机构，各部门协同，构建社会、家庭、学校三位一体的学生心理健康教育服务工作体系。学校要着力建设以班主任为主体、教职工全员参与的心理健康教育队伍，筑牢校内外心理健康防护网。接下来，佛山将建立相应督导考核机制。

其次，除了政府出台的中小学生心理健康教育服务体系政策外，佛山市政府还积极与学界合作，拓展心理服务体系构建的实践道路。2021 年，佛山市人民政府与中国科学院心理研究所签订了共建学生心理健康教育服务体系实验区战略合作协议，南海区人民政府与华南师范大学签订共建“佛山市南海区华南师范大学心理应用新型技术研发中心”战略合作协议。与心理健康科研机构的合作，标志着佛山将充分利用全国顶尖科研资源，推进儿童青少年心理应用研究成果落地转化及推广，探索有佛山特色、全省先行示范的中小学生心理健康教育服务高质量发展样本。另外，广东省佛山市人民政府还与中国科学院心理研究所在该市中小学心理健康教育工作推进会议上签署战略合作协议，就中国科学院心理健康服务体系建设项目工作成果在佛山市教育系统落地、共同打造“儿童青少年脑科学与学习心理发展”应用研究基地、培养心理健康教育专业人才队伍、开展横向课题研究等事项达成合作意向。佛山市教师发展中心与中国科学院心理研究所还一同开展了儿童青少年心理健康教育科研项目展，展会上展示了心理所的发展及前沿科研成果以及国家级心理健康服务体系的建设框架、理论体系，为佛山市未成年人心理健康服务体系的建立提供了有效借鉴。

3. 打造优质平台，构建服务体系①②③

打造优质的心理健康服务平台是打通佛山心理服务体系与广大群众的“最后一站”。依托心理健康服务平台，才能使心理健康相关政策文件实施落地，才能完成专业服务队伍与群众需求对接。在心理服务平台建设方面，佛山市建立了一系列包括“舒心驿站”“粤心安”在内的多个品牌服务窗口。

建设“舒心驿站”心理咨询室是2019年广东省妇联十项民生实事之一。旨在为有需求的妇女解决心理困扰，维护妇女儿童心理健康，促进家庭和睦、社会和谐。“舒心驿站”采取政府购买服务的专职服务团队配备方式进行管理，由心理咨询专家和心理咨询专业志愿者组成公益服务团

---

① 广东省妇联“舒心驿站”（佛山禅城张槎站）正式挂牌运作［EB/OL］. 佛山市妇联，2019-07-23. http：//www. fsfl. gov. cn/zwgk_ 1028934/ywdd/wqb/content/post_ 659216. html.

② 舒心更安心，佛山市新增1家省级“舒心驿站”［EB/OL］. 佛山市妇联，2021-10-21. http：//www. fsfl. gov. cn/zwgk_ 1028934/ywdd/content/post_ 705408. html.

③ 三水区“粤心安”“舒心驿站”社会心理服务中心揭牌［N］. 佛山日报，2021-04-22.

队，通过面对面咨询、电话咨询等方式，为辖区内有需要的妇女儿童提供专业的心理咨询服务。2021 年 10 月 14 日上午，佛山市禅城区石湾镇街道“舒心驿站”正式揭牌并投入使用。这标志着在广东省妇联的大力支持下，截至 2021 年，佛山市已建成 16 家“舒心驿站”心理咨询室，其中有 8 家为省级“舒心驿站”。目前，佛山市各站点按照广东省妇联的要求，主要是以咨询、个案的辅导形式介入服务，为前来求助的服务对象提供情绪疏导、资源链接、心理辅导等，利用专业的心理知识为有心理咨询需求的群众及时疏导危机情绪和普及健康的心理知识。

除了妇联主导建设的“舒心驿站”心理服务平台外，“粤心安”也是佛山市建设心理服务平台的一大亮点。其中，佛山市三水区委政法委、区妇联联合揭牌成立“粤心安”社会心理服务中心，成为三水区 2021 年“民生十件实事”之一。中心建立后，三水区将在辖区内 7 个镇（街道）、68 个村居建立服务站点，构建区、镇、村全覆盖的心理健康服务体系。三水区在建设“粤心安”心理服务中心的过程中，完成了从服务平台搭建、工作机制建设到服务队伍组织的全系列落地工作。

首先，三水全区高标准建成了覆盖区、镇、村三级的社会心理服务场室 76 家。其中，区镇两级服务场室通过开设心理咨询热线电话，常驻心理咨询师和专业社会工作者，配备心理沙盘游戏等专业设备，村居的心理服务场室提供咨询指引服务，为心理服务工作提供阵地支撑。其次，三水区政府在开展专项工作调研的基础上，迅速联合专家队伍制定了《全区镇（街道）心理服务站评估指标体系》和《社会心理服务工作手册》，对镇（街道）心理服务站软硬件配置、人员架构、岗位职责要求和服务具体流程及评估指标等进行规范指引。再次，三水区还引进了专业服务团队，通过以政府购买第三方服务的方式，由专业机构安排专业心理咨询师、社会工作者进驻区、镇（街道）心理服务场室提供社会心理服务。最后，三水区还专门组建区级“舒心”心理志愿服务队，依托区内学校和社会心理健康服务机构资源，组建具有相关专业背景、具备心理服务能力、热心大众心理健康服务的志愿者队伍，定期开展集体会诊和业务研讨，常态化地为心理咨询师提供专业支持。

与此同时，在完善的区、镇、村三级心理平台建设中，佛山市三水区的心理服务平台精准对接居民心理需求，做到了一对一的心理服务，并划分重点关注人群，持续跟进心理评估与辅导，为辖区居民排忧解难。一方面，三水区心理服务中心通过开展一对一心理咨询服务、危机个案跟进服务、心理服务援助热线服务、VR 智能系统心理测评服务等，对普通人群提供心理咨询，答疑解惑；另一方面，三水区心理服务中心对有心理行为问题人群进行心理状况评估，提供心理疏导和心理支持稳定情绪和精神状态。此外，中心还主动收集社区矫正人员、刑满释放人员、社区戒毒康复人员和易肇事肇祸精神障碍患者等特殊群体的个案，及时提供心理危机干预等专业心理服务。

总的来说，佛山市建立的“舒心驿站”“粤心安”等社会心理健康服务平台，将优质的心理健康教育、辅导、评估等专业服务引入群众家门口，做到了社会“心治”政策的真正落地。佛山市一系列心理健康服务的推进，帮助佛山在市域社会治理现代化进程中，不断营造良好的社会心态与积极的社会气氛，让治理安全走进群众心间。

五、汇聚智库力量，提升治理效力

创新离不开“智能”与“智慧”。一是“智能”。在推进国家治理现代化的进程中，“智治”围绕智能科技的运用，为社会治理提供了现代化科学技术的辅助治理途径，是推进国家治理现代化的“五治”基本举措之一，是国家新科技革命的重要体现①。“智治”密切联系智能化高新科技，为治理实践提供了技术便利，为国家社会治理提供了科技硬实力的“智能”创新路径。二是“智慧”。实践技术上的便利无法脱离理论上的指导，科技硬实力的发挥还需要人才软实力的辅助。党的十九届五中全会对社会治理的创新能力提出了新的发展要求，其中社会治理体系的创新离不开实践的经验与理论的指导。同样，市域社会治理现代化的建设既需要在实践上结合高新的技术，也需要从理论上跟上时代的脚步。

佛山市作为市域社会治理现代化的实践队伍之一，在推动社会治理创

① 陈一新．“五治”是推进国家治理现代化的基本方式［J］．求是，2020（3）：8.

新的过程中，在积极引进智能化的现代数字信息技术的同时，还着眼于建设专业智库，为市域社会治理不断输送创新活力。在佛山市市域社会治理的进程中，佛山市引入了高质量的优秀平台与专家学者，一同打造专业智库，为市域社会治理建言献策。

（一）借助专业平台，搭建地方智库①②③

为深入贯彻党的十九届四中全会精神和习近平总书记关于国家制度和国家治理的新理念新思想新战略，发扬落实习近平总书记对广东工作提出的在共建共治共享治理格局上走在全国前列的重要指示精神，更好地为市域社会治理现代化在佛山的实践提供理论支撑，依托佛山市法学会的专业平台，佛山市于 2019 年成立了市域社会治理专业委员会。

佛山市法学会市域社会治理专业委员会是广东省首个由地级以上市法学会筹组建立的市域社会治理方面的理论研究专业机构。市域社会治理专业委员会致力于推动佛山市社会治理工作，以解决佛山市市域社会治理理论和实践的重大需求为目标，不断深化战略研究、政策建言、人才培养、舆论引导等重要功能，进而为佛山市实现社会治理体系和治理能力现代化提供了有力的决策参考和理论依据。为了推进佛山市市域社会治理的建设，市域社会治理专业委员会多次召开工作会议与专家座谈，探讨佛山市域社会治理情况，总结建设经验，及时发现治理问题，积极提出解决方案，补齐短板。

2020 年 12 月，市域社会治理专业委员会召开工作年会，会议回顾总结了佛山市市域社会治理的重点工作落实情况，并对未来佛山市市域社会治理的发展方向提供建议。会议提出，抓好市域社会治理试点市的创建工作，需要通过打造品牌工程、补齐短板弱项、夯实三级联动、强化宣传共

---

① 佛山市法学会市域社会治理专业委员会揭牌成立［EB/OL］. 广东省法学会，2019-12-31. http：//www. gdfxh. org. cn/xhdt/sxqfxh/201912/t20191231_ 1023470. htm.

② 佛山市法学会市域社会治理专业委员会 2020 年度工作年会召开［EB/OL］. 佛山政法，2020-12-30. https：//mp. weixin. qq. com/s/3gIVaH8mYONLd2XDjm8GMw.

③ 佛山市法学会市域社会治理专业委员会举办 2021 年专题座谈会［EB/OL］. 广东省法学会，2021-08-12. http：//www. gdfxh. org. cn/xhdt/sxqfxh/202108/t20210812_ 1082704. htm.

建等手段，推动市域社会治理工作提档升级。另外，该会议还明确提出了具体的建设方案：第一，要加强专委会自身建设，提高政治站位，坚持问题导向，着力把专委会建设成市域社会治理中枢服务平台；第二，要深化基地和示范点创建工作，通过持续推进打造市统筹协调、区组织实施、街道强基固本的多层级联动共创机制，发挥党校共建基地优势、打造五区特色示范点等，找准工作抓手，整合多方资源，不断夯实市域社会治理工作基础；第三，要深化平安佛山观察员工作，形成与平安银行、平安校园、平安医院等各个线条以及五区观察员队伍联动配合的“一张网”格局；第四，要构建好市域社会治理共建体系，通过构建先行先试、共建共享、合作创新的示范模式，打造市委政法委与示范点的可复制可推广共建工作流程，打造全省示范“样本”。

在佛山市市域社会治理专业委员会的建议推行一年后，法学会市域社会治理专业委员会再次就佛山市市域社会治理现代化的推进情况召开了专题座谈会。该会议传达了中央政法委关于社会治理最新指示精神，通报了近期工作情况。该会议还对市域社会治理专业委员会的组织架构进行了进一步的细化分工，公布了专委会的业务架构及相关负责人，分别为社会治理政策与法治研究中心、基层治理研究中心、舆情治理研究中心、数字治理研究中心及市域治理评估研究中心等，并由钟继军、周如南等 5 位专家专门负责。专题座谈会主要围绕“新阶段佛山市市域社会治理新格局”“社会治理与打造一流营商环境”两个主题进行研讨，并提出建议意见。其中，座谈会重点探讨了南海区在社会动员体系工作上的成果和龙江总商会立足本土产业，在党建引领工作、政企沟通合作、矛盾纠纷化解、法治宣讲教育等方面的工作。同时，市域社会治理专业委员会指出，未来佛山市市域社会治理现代化的体系建设要聚焦重点难点、短板弱项、城市特色、打造标杆示范基地 4 个方面发力。

依托佛山市法学会的专业平台，市域社会治理专业委员会的建立为佛山市市域社会治理体系的建设创造了强有力的决策辅助机制。一方面，市域社会治理专业委员会为佛山市市域社会治理输送本土人才软实力，协助政府社会治理方案的提出、调研研讨与落实；另一方面，市域社会治理专业委员会为政府实践与学界研讨搭建桥梁，疏通了理论调研等专业社会研究与政策实地落实之间的沟通通道。

（二）开展专项调研，总结先进经验[1][2][3][4]

协助做好佛山市市域社会治理体系搭建与完善的责任要求市域社会治理专业委员会既要对佛山本地风土文化有充分的了解，又要对佛山社会治理的具体情况和优势短板有足够的掌握。专业的社会调研能力是市域社会治理专业委员会的强项之一，积极开展佛山社会治理情况调研，也是市域社会治理专业委员会的重要工作。成立以来，市域社会治理专业委员会曾赴佛山多地开展调研，总结地方经验，为佛山市市域社会治理现代化建言献策。在市域社会治理专业委员会的调研过程中，一方面，专委会成立专业调研课题组，深入佛山区级政府和基层组织进行调研，总结政府治理经验做法，及时发现问题短板并给予改进建议；另一方面，专委会组织走访佛山商会等社会组织，一同探讨社会组织参与市域社会治理的优势，交流社会治理经验。

首先，市域社会治理专业委员于2021年组建课题组，开展了“顺德区人民调解参与基层治理矛盾纠纷化解提升”的专项调研。该调研旨在进一步深入了解顺德区基层矛盾纠纷存在状况及发展趋势，把握人民调解化解基层矛盾纠纷的现状以及存在的问题，更好地服务人民群众安居乐业、维护社会和谐稳定，树立新时代调解工作的新标杆，打造可复制可推广的调解工作模式。课题组成立后，前往顺德区司法局、顺德区人民法院、顺德区市场监督管理局、顺德区信访局、龙江司法所、乐从司法所、北滘司法所、大良司法所、大良街道联合调解中心、文化社区调解委员会、乐从

---

① 佛山市法学会市域社会治理专业委员会到访龙江总商会调研指导［EB/OL］.龙江总商会，2021-11-11. https：//mp. weixin. qq. com/s/F0LpV0IE65XbNDn21j4ndg.

② 佛山市法学会一行莅临我会考察调研［EB/OL］. 佛山市江西商会，2021-09-02. https：//mp. weixin. qq. com/s/IXmmoeVSJxz4-WgKrQZnyw.

③ 佛山市法学会调研组到佛山市潮汕商会考察调研［EB/OL］. 法智佛山，2021-09-08. https：//mp. weixin. qq. com/s/2NGYwFF5EgadYMQoq0r_ uQ.

④ 佛山市法学会市域治理专业委员会调研组到佛山市石湾镇街道办事处进行考察调研［EB/OL］. 法智视界，2022-03-08. https：//mp. weixin. qq. com/s/g0MsJF45YgwRbqxVXI_ ceg.

镇物业管理促进会等单位进行专项调研。调研采用座谈交流、查阅资料、现场考察、进村入户访谈等多种专业调研方法，与各级各类调解组织、调解工作人员、市民村民进行了广泛深入交流。在调研过程中，重点调研、收集了顺德区人民调解参与基层治理矛盾纠纷化解提升的基本情况、创新实践以及工作推进中存在的困难和难点。

在对顺德区进行深入调研后，专委会课题组通过挖掘顺德区基层矛盾纠纷化解机制的经验优势与短板缺点，为顺德区基层矛盾纠纷化解机制提供发展和调整建议，并形成了文字报告，及时与顺德区政府反馈交流，协助推动顺德区市域社会治理发展。调研报告指出，当前顺德区基层矛盾纠纷化解工作开展顺利，开创性地引入“佛山市顺德区恒创信访纠纷人民调解委员会”等专业性社会组织，多部门单位合作设立调解与公证对接工作室，形成了专业的调解队伍与工作方法。另外，专委会课题组也指出顺德区基层矛盾化解机制还存在人民调解员专业化水平不足，队伍不够稳定；经费缺乏保障，调解员收入偏低；调解机制智能化水平不高，信息共享与资源整合衔接不足等问题亟须解决。与此同时，专委会课题组相应地提出了完善矛盾纠纷规范性文件、健全培训和管理机制、购买第三方服务等配套建议。

其次，2022 年，市域治理专业委员会再次组建调研组，到佛山市石湾镇街道办事处进行考察调研，对石湾镇街道市域社会治理相关工作问题进行了解。在调研中，专委会调研组与石湾镇街道办事处进行了深入交流，了解了社区党建引领、网格管理、品牌社区建设等石湾镇街道社区治理体系的建设情况和主要做法。具体来说，石湾镇街道通过线上线下结合的方式，推进市域治理体系和治理能力现代化，全面打开城市格局。坚持共建共治共享的社会治理理念，以人民群众对美好生活的向往为导向，促进基层公共服务体系智慧化、均等化、全域化，打造与居民需求相适应的现代智能服务业体系。全面加强网格化治理的制度建设和要素整合，以街道智慧指挥中心为中枢、三大平台为抓手，划分三级网格分类解决问题，全面提升网格化、精细化、智能化社会治理水平。

在此次调研中，专委会调研组重点调研了丽豪社区“五个一”模式构建的自治、法治、德治相结合的社区治理体系。调研组指出，丽豪社区探索的“五个一”基层治理模式，不仅进一步夯实了基层党组织的战斗堡垒作用，让党的领导始终贯穿社区治理，还整合优化了分散的资源，在区、街道两级支持下，两年间全面提升了辖区周边道路水平，社区环境大幅度改变，并实现了“问题矛盾不上交，社区大多能解决”的良好局面，成功地将社区组织优势转化成了治理成效，构建起“人人参与、人人共享”共建共治共享社区治理格局。对于丽豪社区基层治理发展缺乏亮点的问题，调研组提出未来还要加强联系与沟通，共同做好社区治理服务工作，促进社会治理体制机制现代化，发挥自治强基作用和智治支撑作用，提升党建引领基层治理和发展水平的建议。

除了对政府单位的实践经验进行调研外，市域社会治理专业委员会还到佛山各地商会进行调研，了解社会组织在佛山市市域社会治理中发挥协助作用的体现。2021 年，市域社会治理专业委员会先后到佛山江西商会、潮汕商会、龙江总商会进行调研，交流社会组织参与社会治理的经验。调研发现，商会作为社会组织密切联系当地群众、企业与政府，在基层矛盾纠纷化解中起了关键作用，商会免费调解群众与群众之间、群众和政府之间的矛盾纠纷，不仅能维护群众的合法权益，还可以发挥好商会社会维稳的功能。而商会的制度建设、团队建设、数字化管理方面还需要进一步完善。

市域社会治理专业委员会的走访调研，展现了平台智库链接本土各组织的枢纽作用。一方面，市域社会治理专业委员会通过走访调研，总结同区级中各政府单位的实践经验，将区级各部门的基层矛盾纠纷化解机制进行整合，将区级社会治理经验立体化、一体化、系统化地总结出来，为其他区域提供有效的参考与借鉴；另一方面，市域社会治理专业委员会通过调研密切联系社会组织，成为社会组织与政府部门的沟通桥梁，既总结提炼社会组织参与市域社会多元主体治理的实践经验，又运用专业视角为社会组织排忧解难。

（三）学政紧密合作，推进良好实践①②③

成立市域社会治理专业委员会，旨在为佛山市市域社会治理现代化提供智库经验。一方面，智库经验的积累需要深入政府单位、社会基层进行调研，汲取经验知识；另一方面，还要密切联系学界，积极搭建学政合作平台。积极推进学政合作是市域社会治理专业委员会的一大工作亮点，探索了市域社会治理有理可依、有经验可循的工作方法，做到了将社会治理实践经验与专业知识联系起来。市域社会治理专业委员会主要从开展多元人才参与治理活动、建设高校社会治理研究基地等方式，推进市域治理的学政合作。

2021 年，由中共佛山市委政法委员会、佛山市扫黑除恶领导小组办公室主办，佛山市法学会市域社会治理专业委员会协办的首届“平安佛山观察员”队伍组建正式启动。首批聘任的平安观察员代表有 109 人，他们来自社会各行各业，其中既包括党代表、人大代表、政协委员，又有专家学者、企业代表、执业律师、人民调解员、商协会代表、社会组织代表、媒体记者，还有志愿者代表、普通群众等，他们将围绕全市平安建设、法治建设等积极建言献策，助力提升全市社会治理水平。

“平安佛山观察员”的队伍组建旨在推进平安幸福佛山建设，深入推进扫黑除恶专项斗争，推进佛山市市域社会治理现代化试点工作。为此制定了一系列从选拔人员到规范工作运行的机制，保障队伍的安全运行。第一，择优遴选观察员机制。人员的首批遴选，一方面突出重点，重点选取基层党组织、社区与基层“两新”组织的优秀代表；另一方面突出广泛性，人员来自不同的社会领域。他们以兼职形式对“平安建设与市域社会治理”进行观察，借助其广泛“触角”和“第三只眼”的客观公正性。

① 佛山首届 109 名“平安佛山观察员”上岗［EB/OL］. 佛山政法，2020-08-28. https：//mp. weixin. qq. com/s/KaphDzZGkr55YUesd8OwEg.

② 佛山成立“平安佛山观察员”队伍！推动平安佛山建设［EB/OL］. 民生直通车，2020-08-28. https：//mp. weixin. qq. com/s/qkpq2_ QtunbySFEE4vueIA.

③ 佛山打造市域社会治理现代化实践研究基地［EB/OL］. 广东省法学会，2020-08-28. http：//www. gdfxh. org. cn/xhdt/gzdt/202008/t20200817_ 1040280. htm.

第二，建立观察情况“直通车”机制。通过专委会秘书处与平安观察员建立直接沟通平台，利用微信群、观察专员、联席会议等渠道，与相关部门构建“直通车”。第三，建立工作台账机制。观察员反映的情况实时收集登记，每季度向市委政法委报告，定期提炼平安建设与社会治理优秀案例并宣传推广。第四，建立定期会商机制。观察员队伍每半年召开一次观察员座谈会议，每季度召开一次观察员线上会议，通报情况，交换信息，强化协作，总结经验，研究解决收集上来的问题和建议。第五，建立挂单销号机制。由市委政法委牵头，与相关部门召开不定期联席会议，对反映的问题和案件进行梳理归类、分解，共同协商，认真核实、及时处理，反馈情况，逐条逐项解决问题，要求所有问题务必做到件件有落实，事事有回音。第六，建立工作闭环机制。观察员对平安创建与社会治理创新工作的诉求、意见和建议，在每季度的观察员座谈会和不定期联席会议上与相关部门代表交换意见，并在《佛山平安建设与社会治理》内刊上将优秀案例与部门回应刊登报道。

“平安佛山观察员”队伍的组建是加强和创新佛山市市域社会治理的重要举措，通过观察员队伍的搭建，让社会各界优秀人士参与社会治理，推动建设人人有责、人人尽责、人人享有的社会治理共同体，构建共建共治共享的社会治理格局。

除了推动多元人才加入社会治理行列外，佛山市法学会市域社会治理专业委员会还致力于同高校合作搭建市域社会治理研究平台。2022 年，作为佛山市市域社会治理专业委员会的主要工作平台，市域社会治理实践研究基地在佛山市委党校落地建成。研究基地旨在贯彻落实中央、省、市关于推进市域社会治理现代化工作会议精神，推进佛山市市域社会治理现代化试点工作，是推动各项市域社会治理工作的核心和纽带。基地一方面将发挥干部教育培训主渠道作用，定期举办市域社会治理专题研讨班，研讨佛山的市域社会治理理论、战略和方针政策问题，培训市域社会治理专业人才；另一方面，将依托党校的教学场地，定期举办市域社会治理专题讲座和专题论坛，开展市域治理现代化相关课题的教学、研究和决策咨询工作、市内外学术交流和合作办学，推动佛山的市域社会治理推广普及制度化、常态化。下一步，市委党校将与市委政法委积极开展合作，共同打造市域社会治理现代化实践研究基地。以研究基地为抓手，结合高质量发展、城乡融合、乡村振兴等重点工作，跟踪佛山五区示范点的工作进展，深入挖掘基层鲜活案例，推进党校教学、科研和咨政工作精准落地，将佛山实践推广为具有亮点和特色的市域社会治理名片。

第五章
显“狮态”：成果迭出，风景成带

在佛山市的市域社会治理现代化实践中，《佛山市市域社会治理“十四五”规划》等顶层文件为这个过程擘画了“一张蓝图”，将所有的工作统筹规划成“一盘大棋”。在这盘“大棋”的局部，包括佛山市政府直辖单位在内的“一市五区”根据所辖区域的实际情况，因地制宜、因时制宜，分别探索，从而发展出了自己的特色。

一、市直：发挥职能作用，建构特色体系

在推进市域社会治理及基层社会治理现代化的过程中，佛山市政府各直属单位一方面作为统筹者，为市域社会治理的“一张蓝图”服务；另一方面也作为各项工作的执行者，在一些需要跨区作业的项目和工程上贡献力量。在市域社会治理“一盘棋”中，市委市政府承担起全局统筹协调的重要职责，并切实发挥把方向、管大局、促落实的作用；而在需要跨区执行的各类重大决策部署上，市政府通过市直各牵头单位，直接参与决策的制定、执行和监督工作，带头深入贯彻新发展理念，认真落实市委、市政府为服务企业发展、全面改善民生而推出的一系列政策措施。

（一）搭建融合平台，创建治理品牌

《国家新型城镇化规划（2014—2020 年）》指出，在城镇化工作推进过程中，要促进流动人口社会融合，使农民工融入企业、子女融入学校、家庭融入社区、群体融入社会。作为珠三角流动人口主要聚集地之一的佛山，目前全市在册登记新市民人数已突破 530 万，超过本地户籍人口数量，呈逐年递增趋势，同时，大多数新市民在佛山居住意愿明显。在这一背景下，佛山市重视新市民的融入工作，注重从顶层设计开始，设计搭建各类体系和平台，帮助新市民融入佛山社会。2017 年，佛山市新市民办制定了实施全国首个新市民服务发展专项规划，在全省率先出台户籍制度改革方案，启用“互联网+新市民”自助申报平台，不断完善新市民入户、就业扶持、子女入学等优惠政策。

在成为市域社会治理现代化工作试点城市后，为了进一步巩固相关工作成果、让新市民真正扎根佛山，佛山市政府办公室和新市民办公室大力开展新市民融合行动，通过顶层制度设计、需求调研以及提供专业服务等方式，将国家有关政策转化为有针对性的新市民服务。在这方面，佛山市府办和新市民办公室以“新市民学堂”特色服务项目品牌为旗帜，在全市

各社区广泛铺开举办各类新市民融合行动，有效营造了全社会共同关爱新市民的社会氛围，构建政府、企业、社会及新市民共同参与共建共治共享的新格局。

案例

搭建融合交流平台，助力新市民融入佛山

——佛山在全市开设“新市民学堂”活动

由佛山市府办和新市民办开展的“新市民学堂”新市民融合行动，其主旨在于以新市民需求为导向，通过多渠道、多方面措施促进新市民的融合。该行动的目标是“四个融入”：“员工融入企业、家庭融入社区、子女融入学校、群体融入社会”。

（一）开展全方位广覆盖的新市民融合行动。“新市民学堂”活动以新市民需求为导向，在社区、街道中吸纳新市民优秀代表，让他们积极参与基层治理工作，让新市民在社区事务中发出自己的声音，从而培养新市民的社区融入感和参与感。

（二）以社区社会组织为基，转化培育“新市民学堂”实践阵地。在市新市民办的统筹组织下，各社区（园区）以区域内的社区社会组织为抓手，通过对社区社会组织提供各类专业、系统、具有针对性的培训，提高其参与社区事务、提供社区服务的能力，将其逐渐转化为“新市民学堂”实践阵地。

（三）以政策宣传推进融合工作发展。“新市民学堂”通过对习近平新时代中国特色社会主义思想、国家法律法规、新市民入户入学等优惠政策的宣传，拓宽与新市民的接触面，让新市民从获取资讯开始，渐渐了解“新市民学堂”、对“新市民学堂”感兴趣，加强活动影响力，推进整体工作发展。

（四）以岭南文化宣传为凝聚核心，促进多种文化传统融合共享。“新市民学堂”通过开展讲授粤语、烹调粤菜、欣赏粤剧文化等课程，以及组织佛山城市景点游等活动，弘扬佛山优秀传统文化，强化非户籍人口的市民意识，促进多元文化融合。

（五）发展及培育新市民志愿者队伍。佛山市通过在各社区开展“新市民学堂”活动，成功发掘和培育出一批对社区活动及社区工作具有热忱的新市民骨干，并通过对其提供志愿培训，让他们成为志愿者“种子”。之后，这些“种子”志愿者成为向社区内其他新市民推展志愿活动的导师或助教，为其他新市民分享和传播了大量有益的经验。另外，佛山市还对新市民志愿者队伍提供培训学习、经验交流、项目实践督导等服务，帮助这些队伍提升素质能力，让他们能够进行服务项目策划、执行和队伍运营，帮助他们成为真正具有能力服务民众、服务社区、服务广大新市民的队伍，助力他们深度融入社区。

通过在全市各地定期举办的系列活动，“新市民学堂”活动从全方位推动了新市民融入佛山。2019 年 12 月，“新市民学堂”以南海区桂城街道各社区为最初试点，共开展“新市民学堂”活动 20 场；到 2020 年，该活动逐步在南海、顺德、禅城等区的新市民聚居地全面铺开；到 2022 年初，佛山全市已有“新市民学堂”50 多个，在经济、社会、文化、心理 4 个大维度开展各类融合活动共 300 多场次，惠及新市民 60 多万人次。

在“新市民学堂”活动的带动下，各区从自身情况出发，探索创建了各具特色的新市民服务品牌。如顺德区，积极探索“群众点菜、政府指导、机构执行、社会买单”的服务模式，指导区新市民服务协会创新服务方式手段，动员社会力量和资金加入行动，已经取得了“新市民学童书桌计划”及“顺德新市民关爱基金”等多个成果；禅城区则以张槎街道海口村为试点，由海口村党委、佛山市司南社会工作服务中心联合，基于禅城区情况，开展为期一年的“党建领航·筑梦新家园”主题新市民融合行动；南海区积极开展新市民融入“一镇（街道）一品牌”创建工作，纵深推进各镇（街道）新市民融入工作，指导各镇（街道）结合自身实际，找问题、定目标、搭平台、创品牌，通过深挖镇（街道）工作亮点，精心培育品牌，发挥示范引领和辐射带动作用，广泛推动新市民融入基层治理工作。

（二）健全社区协商，彰显治理亮点

在市域社会治理现代化的“五治”中，“自治”是其他几“治”在基

层得以落实的重要抓手。因此，加强城乡社区协商，推进全市形成协商主体广泛、内容丰富、形式多样、程序科学、制度健全、成效显著的城乡社区协商新局面，是推进佛山市市域社会治理现代化的“必修课”。为推进这一工作，2017 年 8 月，佛山市以市委办、市府办名义出台了《关于佛山市加强城乡社区协商的实施意见》（佛委办〔2017〕37 号），提出要细化城乡社区协商内容、明确协商主体、完善协商形式、规范协商程序、协商成果运用和协商制度等。在成为市域社会治理现代化工作试点城市后，2021 年，佛山市民政局又印发《佛山市民政局关于开展市级社区协商示范经验推荐的通知》（佛民函〔2021〕48 号），充分发挥市直单位的统筹组织作用，在全市范围展开市级社区协商示范经验推荐活动。活动开展以来，已通过“以评促建”的方式，在佛山市内遴选和建立 10 个具有值得推广经验的社区协商示范典型，为城乡社区协商新格局工作提供了适切的参考。各区在市直单位的整体统筹下，结合区情实际，沿着正确的方向，探索并实施了一系列城乡社区协商新策略，在“和而不同”中，探索营造出了良好的多元创新社区协商生态，在社区协商领域呈现出了“百花齐放”之势。

案例

佛山健全基层治理体系，不断推动城乡社区协商科学化管理

自 2012 年起，为解决村（社区）重大决策内容协商不充分、协商流程不规范、群众参与度不足、协商结果议而不决等突出问题，佛山市广泛开展城乡社区协商实践，积极探索城乡社区协商机制，推动基层治理协商科学化管理。2021 年，佛山市高明区更合镇小洞村入选全国村级议事协商创新实验试点单位，成为推进市域社会治理鲜活的样本。

为提升基层群众参与城乡社区协商能力，佛山市民政局推动市内各区根据区域特殊情况，构建起“由基层党组织领导，社区议事会议事，村（居）民大会或村（居）民代表会议决策，村（居）委会执行，社会组织协助，村（居）务监督委员会监督”的村（居）自治体系。其中，禅城区开创出“1+X”的居民议事会模式，加强基层党组织领导下的民主协商，

由社区党组织书记担任居民理事会理事长，分别邀请“两代表一委员”、利益相关方、相关政府部门和其他方面（物业公司、辖区单位、社会组织和志愿者组织）代表共同协商社区事务；南海区多地设立社区参理事会，由“两委”干部、人大代表、政协委员、企业家代表、村（居）代表和异地务工人员代表等担任社区参理事会的成员，共同协商村（居）事务；顺德区在多个村（居）成功建立了议事协商会机构，机构成员分别由热心村（居）务、公德心强、威望高的非交叉任职党支委、企业和大耕户代表、社会组织负责人、村（居）民代表、退休干部教师、优秀党员、社会贤达等社会精英组成，为村（居）民共议共事提供了良好平台；高明区在各村（居）成功建立起了众多村（居）民议事会、恳谈会、乡村振兴促进会等群众协商组织，而作为全国村级议事协商创新实验试点的更合镇小洞村更通过创建村组两级的“微协商”机制，成功创建佛山市、高明区两级乡村振兴示范点，并获上级4000万元的示范创建资金；三水区多地探索组建村组两级“议事会”和“家乡建设委员会”，成功吸纳社区各界精英参与社区建设，协助村委会解决了许多过去未能办成的建设事务。

在市直机关指导下，各区还充分利用城乡协商议事机构和社区社会工作组织，主动吸纳素质好、能力强，又熟悉常住地村（居）事务的非户籍居民参与议事，拓展非户籍居民参与村（居）事务的空间，增加非户籍居民归属感。如三水区，在西南街道张边社区成功开创了“新三水人服务站”（以下简称服务站）管理模式，该模式通过委任一批具有能力和威信的非本地户籍能人居民参与服务站的管理，在调动非户籍人员自我服务、自我管理的积极性的同时，又增强了非户籍人员的归属感；南海区主动吸纳异地务工人员进入社区参理事会，对村（居）重大事项和重要决策进行协商；在顺德区的各村（居）议事协商会、三水区的各村（居）民议事会和新白坭人联络站等平台，也都出现了类似的拓宽非户籍常住人口参与公共事务渠道的尝试。

在市直机关的指导下，各区“各出招式”，建立各类智慧载体，提高协商的便捷性和有效性，提升了社区民意征集和城乡居民民主协商的效率。如禅城区就通过将居民议事事务搬到“智慧党建”小程序上举行，利用小程序的线上民主议事、物业表决、共享活动等功能，突破时空限制，成功推进小区议事决策走向智慧化、智能化；南海区的大沥镇沥雄社区研发了“网上市民议事厅”，采用“线上直播互动+线下现场议事”的方式，打造居民有序发声平台；顺德区则是通过“手机村务通”进行村务、财务公开以及与村民在线互动，有效提升了村务公开的便捷性和有效性。

（三）协同区域单位，助力金融发展

新时期金融发展的健康运转需要法治化建设来保驾护航。近年来，佛山市以实体经济为发展路线，致力于打造产业生态布局金融业态新路径。在此深化改革的关键时期，金融法治化建设如何跟上脚步，与金融业发展同频共振，既是司法改革亟须解决的问题，也是辖区金融矛盾纠纷化解和市域社会治理的现实挑战。

为保证佛山市金融业向高质量发展成功进阶，佛山市金融工作局聚焦法治化金融建设，对金融发展示范区所在的区金融部门进行大力支持。指导区域单位应用科技创新形式，筹建“金融保险巡回法庭”“金融数据应用于金融风险监测云图”等重点项目，维护地方金融系统安全与稳健发展。

在市、区金融工作局的协同配合下，佛山市以优质高效的司法服务，打造了一流的金融法治营商环境，通过化解市域治理金融风险，促进佛山市金融产业良性循环与健康发展，并为平安佛山、法治佛山的建设提供有力的金融支撑。

案例▶

佛山市、区协同治理，打造优质金融法治营商环境

“十三五”以来，佛山市金融业整体保持稳健发展态势，2020 年全市实现金融业增加值 556 亿元，占 GDP 比重为 5.1%，金融业也首次成为支柱产业，随着金融聚集效应逐渐显现，佛山市打造出多个金融产业示范区，助力区域经济迅猛发展。

以禅城保险发展示范区为例，2018 年创建以来，示范区新引进保险项目 71 个，包括保险公司市级区域总部 20 个，保险中介机构总部 16 个、省

级分公司27个，保险科技公司总部8个，累计投资约13.71亿元。保险业集聚发展带动禅城区2021年1—11月实现保费收入213.7亿元，同比增长23.49%，占全市保费收入的39%，保费规模和增速均居全市第一。

然而，伴随金融产业快速发展的同时，金融纠纷也随之产生，产业集聚区更是成为各类金融纠纷的高发区，法院受理各类金融纠纷案件的数量逐年增加。

针对该情况，佛山市金融工作局积极指导区域单位，在金融法治建设上同样加码布局。面对禅城区保险金融纠纷问题，市金融工作局与禅城区金融工作局保持密切沟通，不仅对禅城区重点改革项目——区金融保险巡回法庭的筹建工作进行重点支持和指导，还积极协助禅城区法院推动以互联网信息技术为支撑的“金融数据应用与金融风险监测云图”项目建设。2021年8月15日，禅城区法院民事审判三庭（金融保险审判）正式入驻万科金融中心，成为全市法院首个入驻金融保险集聚区、靠前司法的专业金融审判部门。

在市、区金融工作局的大力协助推进下，禅城区法院成功建成“一系统一云图”，有效发挥了科技助力审判、科技助力金融风险防控的作用。通过全角度、多维度掌握金融市场风险点，促进金融市场更加公开、透明，助力打造一流的金融法治营商环境。

（四）理顺应急架构，打通“最后一百米”

防范化解公共安全风险是社会稳定、城乡安宁的重要保障，是推进市域社会治理现代化的重点工作任务之一。因此，市直机关作为“前线指挥部”，既需要坚定决心，完成全局部署，又需要协调好区、镇（街道）级资源，调动一切积极因素应对公共安全风险，切实保障人民群众的生命财产安全。

2018年9月，佛山市成立了由市政府领导的佛山智慧安全城市建设工作领导小组，通过在顶层设计上积极谋划，以强战略促长远发展，最终确定了佛山应急管理信息化“一网、两中心、三支撑、四应用”的体系架构和“五个一”发展目标。

2020年，领导小组又陆续印发了《佛山市应急管理信息化建设任务书

（2020年）》《佛山市区（镇）应急指挥中心建设指南》《佛山市现场应急通信保障方案与建设指南》等系列文件，以此来规范市、区、镇（街道）三级应急指挥中心和应急现场指挥通信保障能力建设标准，理顺市、区、镇（街道）三级应急管理指挥架构。

在全局强大指挥合力的协调运作下，佛山市安全风险处置能力得到显著提升。在面临各大城市安全风险事件时，佛山市智慧安全领导小组能够快速作出反应，实现市、区、镇（街道）级一网指挥调度，从而提高应急救援效率，让市民的幸福感、安全感变得更加充实、更有保障。

案例

佛山建立三级应急管理指挥架构，提升城市安全风险处置能力

佛山市常住人口超过1000万，市场主体超过100万户，机动车保有量347.2万辆，燃气管线5740千米，在册特种设备25.32万台套，在建地下轨道140千米。这使得城市安全风险面临着监管体量大、监管力量不足；风险隐患多、监测能力不足；城市运行系统性脆弱、解决手段不足等问题。

为实现城市安全管理提质升级，佛山市智慧安全城市建设工作领导小组积极筹建市、区、镇（街道）三级应急管理指挥架构。首先，在硬件方面，不断加强和规范指挥中心和应急现场指挥通信保障能力建设，充分运用4G/5G、卫星通信、无线通信等多种网络链路和指挥车、无人机、单兵图传、数字集群、卫星电话等多种通信设备，保障事故灾害一线、现场指挥部、后方指挥中心在极端情况下的通信畅通。其次，在软件方面，着力搭建“智安佛山”微信小程序，通过智慧技术直接打通市、区、镇、村四级指挥网络，随时可向全市17337名基层人员精准推送风雨水情、一键下达任务指令、实时跟踪工作状态、切实解决应急指挥处置“最后一百米”问题。

在应急管理指挥架构的统筹下，佛山市联动形成多级紧密的指挥链条，充分利用先进技术，保障应急指挥调度能力，同时为科学调整应急响应级别提供辅助决策，积极推进应急管理体系和能力现代化。

（五）各方密切协作，织成严密网络

市域社会治理是市域范围内党委、政府、经济组织、自治组织、群团组织、社会组织、公民等多元行动主体在形成合作性关系基础上开展的一种社会行动。因此，牢固树立“协同”理念，是市域社会治理现代化的题中之义。市直机关不仅要用纵向视角，与区、街道等多级单位保持一致动作，也需用横向眼光，在各市直机关间形成凝聚力，推进共建共治共享的治理格局建设。

在佛山市直管辖范围内，较能体现市域内多元行动主体合作的案例来自青少年保护领域。为加强开展预防未成年人犯罪宣传工作力度，保护未成年人合法权益，构建未成年人保护体系，在市委政法委牵头和团市委推动下，佛山市建立了首个市级未成年人保护示范基地。

此外，佛山市未成年人保护示范基地在共青团佛山市委员会的牵头引领下，与佛山市中级人民法院、佛山市司法局、佛山市卫健局等多个市直单位组织进行严密协同运作，推动和落实青少年思想道德建设和综合素质素养提升工作，整合全市丰富资源，共同为佛山市 160 万名未成年人保驾护航。

案例 1

佛山市多单位协同共建，织密未成年人保护大网

——佛山市未成年人保护示范基地

为加强开展预防未成年人犯罪宣传工作力度，保护未成年人合法权益，构建未成年人保护体系，落实佛山市关于“未成年人保护示范点”建设工作，2020 年 6 月 30 日，在市委政法委牵头和团市委推动下，佛山市建立了首个市级未成年人保护示范基地。

未成年人保护是一盘大棋，需要从未成年人保护多个维度进行同步建设。因此，市未成年人保护示范基地在各市直机构的协同参与下，联合织起一张青少年安全防范保护网。

在法治教育上，市未成年人保护示范基地先后与佛山市司法局开展基地关于民法典宣传元素及普法场所共建项目，与佛山市中级人民法院开展“以案释法”模拟法庭活动，以理论结合实际的形式，让法治深入人心；在心理教育方面，市未成年人保护示范基地与佛山市卫健局共建“青少年心理健康宣教阵地”，从源头关注并解决未成年人心理问题；此外，针对消防安全、食品安全问题，市未成年人保护示范基地也与佛山市消防救援支队开展“第四届佛山市中小学生消防主题绘画大赛”，与佛山市食品安全委员会办公室、佛山市市场监督管理局、佛山市教育局共建“食安赋能少年计划”等项目，用多元化、丰富化、精细化的内容构建未成年人保护体系，在党建引领下谱写青少年健康成长的赞歌。

据了解，佛山市未成年人示范保护基地向公众开放以来，接待青少年参观学习近19000人次；在五区开展15场“进校园”“进社区”活动，参与人数超过10000人次，覆盖人群超过30000人次；不仅大力促进了青少年的健康成长，也为助力市域社会治理现代化贡献了青春力量。

案例2

以热线促服务，擦亮佛山12355名片

2020年5月，佛山市12355成为广东省首个12355“云平台”试点，省12355热线后台与佛山市12345热线后台实现了无缝对接，开设了“心理咨询”专键，服务对象拓展到全市市民。佛山市12355与110、12348热线建立了日常合作、案件转介机制，创新性探索建立了“党政领导+团委牵头+各职能单位协作+志愿服务”的服务模式，为佛山市青少年健康成长与发展提供精准助力。多年来，平台已成为佛山市青少年信息采集中心、问题预警中心，实时关注搜集青少年舆情信息，为政府制定青少年相关政策提供重要理论依据。

为做好青少年保护工作，团市委、市志愿者行动服务中心联合市卫健局、市第三人民医院等相关单位，组建了1支211人的佛山市12355志愿服务队，1支超70人的佛山市严重精神障碍患者救治救助志愿服务总队，1支涵盖130名心理专家的佛山市社会心理志愿服务队及一支100人的法

律援助志愿服务队，安排专家线上值班接听来访案件，分析心理问题风险等级，线下进行沙盘治疗等多层次个案服务，确保“收到一个、跟踪一个、办结一个”，形成发现、分析、干预的工作闭环，及时做好未成年人心理护航工作。

12355 平台专家围绕“积极教养”“优势视角”等主题开展线上心理微课堂，2020 年以来，开展心理在线课堂超 100 场，内容涵盖疫情焦虑、家庭关系处理、复课心理调适等方面。线上培训结合青少年和家长的需求以及关注热点，提供咨询、材料分享、授课等服务，让受众掌握情绪管理、技术沟通等内容。

为进一步发挥 12355 青少年综合服务平台促进青少年健康成长的作用，向困难少年儿童群体提供更多更好的文化服务，佛山市 12355 青少年综合服务平台开展“五区五进”品牌活动，围绕法治教育、禁毒防艾、防校园欺凌、防溺水、防性侵、消防安全、交通安全和食品安全等多个主题深入学校、社区、机关、企业和村居开展活动，免费为一批异地务工人员子女、留守少年儿童和生活困难少年儿童提供团体心理辅导、讲座、亲子活动、夏令营、体验营、个案研讨会等服务。

自 2017 年 10 月佛山市 12355 青少年综合服务平台与省后台并轨以来，共受理青少年求助案件 70040 宗，2021 年线下重点跟踪帮扶个案 152 宗，开展系列活动近 255 场，服务青少年超 130000 人次，深入优化了青少年成长环境，有效提升了青少年心理健康水平，使共青团和 12355 青少年综合服务平台成为青少年想得起、找得到、靠得住的坚实力量。

（六）打造金牌司法，提升法治效能

佛山市委将 2020 年定为“社会治理年”，要求找准社会治理方面存在的空白点、薄弱点、风险点，守正创新，完善制度，推动制度优势更好地转化为治理效能。司法所扎根基层、贴近群众，是党和政府联系群众、服务群众的桥梁和纽带，在基层治理体系中发挥着重要作用。随着镇街机构改革的完成，司法所承担起更多新职能。意味着司法所硬件配套、软件建设必须紧跟形势发展。

为此，佛山市司法局在全省司法行政系统率先出台《佛山市司法行政

系统推进市域社会治理现代化实施方案（2020—2022年）》，围绕全面深化司法行政改革工作部署和佛山市市域社会治理现代化试点工作安排，立足新时代司法行政职能，突出“一个引领（党建引领）”，注重“两个导向（改革导向和实践导向）”，坚持“五个强化（强化市域社会治理的法治统筹、立法保障、执法监督、风险防范、矛盾化解）”，当好党委政府参谋助手，健全立法机制，规范行政执法，推进刑罚执行一体化，完善公共法律服务供给。

2020年4月，作为佛山市司法行政工作的一项“新基建”工程，司法所创建“一所一品牌”活动在佛山市全面铺开。佛山市司法局印发了《佛山市司法局关于司法所创建“一所一品牌”的工作方案》，推动改革创新，充分发挥司法所在新时代法治社会建设中的职能作用。在市司法局统筹部署、区司法局推进落实下，32个司法所立足于各自实际，以“四个同步”的创建方式作为牵引，在法治建设、矛盾纠纷调解调处、普法宣传、社区矫正及安置帮教等职能领域精心打磨下，锻造出了一批具有鲜明时代特征和区域特色的司法行政业务金字品牌，为市域社会治理现代化建设贡献应有的司法行政力量。

2018年8月24日，习近平总书记在中央全面依法治国委员会第一次会议上强调，法治国家、法治政府、法治社会三者各有侧重、相辅相成，法治国家是法治建设的目标，法治政府是建设法治国家的主体，法治社会是构筑法治国家的基础。在佛山市“一司法所一品牌”创建活动中，南海区司法局狮山司法所及西樵司法所在法治政府建设、法治社会建设方面表现突出，分别打造了“创新社会治理机制，落实法治政府建设”“新标准、新品质、新机制、新模式——以司法所为平台提升助力社会治理创新”品牌项目，取得实效。

案例1

西樵司法所：发挥品牌效应，筑牢法治社会根基

2020年12月，中共中央印发了《法治社会建设实施纲要（2020—2025年）》，并要求各地区各部门结合实际认真贯彻落实。建设信仰法治、

公平正义、保障权利、守法诚信、充满活力、和谐有序的社会主义法治社会，是增强人民群众获得感、幸福感、安全感的重要举措。

西樵司法所以佛山市“一司法所一品牌”创建活动为契机，始终坚持党对司法行政工作的绝对领导，打造法治宣传领域“文汇璀璨、法润无声”品牌，调解领域“两中心三结合四对接”矛盾纠纷多元化解西樵模式，法律援助领域“劳资纠纷法援绿色通道”品牌等，为法治南海、法治佛山的建设筑牢法治社会根基。

以点辐射，打造西樵法治文化圈。自2017年起，西樵镇启动村级法治阵地建设工程，先后缔造了简村、太平、百西、新河、河岗等村级公园法治文化点，形成与樵园公园法治文化基地相呼应的法治文化圈。同时，结合“乡村振兴”战略，将法治元素注入工程作为基础建设的一项硬性要求，使法治元素逐步渗透至全镇各个角落。

随着镇—村（社区）两级法治宣传阵地的形成，西樵司法所不断推进法治文化精品项目的培育，通过线上线下相结合的方式，广泛开展法治书法、海报手绘画、征联比赛等形式多样、群众喜闻乐见、参与感强的法治宣传活动，其中，连续三年在樵园公园法治文化基地举行的“法”现精彩系列活动IP逐步形成，原创法治歌曲《法纪于心中牢记》、法治小品《对头冤家》、诗歌舞《诗歌舞法韵樵音》等一系列精品法治节目广受欢迎、传唱。打造的《案例大家谈》《学法一分钟》等法治电视节目，紧跟时点和热点，生动有趣，提升了群众学法热情。

而关于促进社会治理法治化方面，西樵司法所通过建立完善联系机制，整合资源等，打造了矛盾纠纷多元化解“西樵模式”，依法维护社会秩序，为群众办实事、维护群众切身利益。

人民调解被称为化解矛盾纠纷的“第一道防线”，也被国际社会誉为“东方之花”。近年来，佛山市各级司法行政机关坚持和发展“枫桥经验”，充分发挥人民调解在基层社会治理中的基础作用，加强矛盾纠纷多元化解工作机制建设，大胆探索推进共建共治共享社会治理格局，工作扎实、举措得力、质效斐然。佛山全市各级调解组织及调解员围绕扫黑除恶、市域社会治理、创文、乡村振兴、村（社区）“两委”换届等工作重心共开展矛盾纠纷排查2.87万次，调解各类矛盾纠纷1.9万件，成功率97.71%，调解协议金额13亿元，有力地维护了基层的和谐稳定。其中，成效尤为突出的是，在佛山市“一司法所一品牌”创建活动中，以“人民调解”作为特色品牌创建项目，并被市司法局评选为示范代表的有顺德区司法局北滘司法所、禅城区司法局祖庙司法所、南海区司法局丹灶司法所。

案例2

丹灶司法所：“多位一体”联动，把矛盾化解在前端

2019年，丹灶司法所严格按照南海区委、区政府印发《关于构建共建共治共享的社会矛盾纠纷多元化解工作机制意见》的要求，建设丹灶镇矛盾纠纷多元化解调解中心（以下简称“调解中心”），推行在党建引领下的“一中心统筹+多部门驻点联合+村居基层预防”矛盾纠纷多元化解机制，积极建立包括调解中心、社区调委会、民警中队、相关责任部门“多位一体”的联动调解工作模式。

在此基础上，根据佛山市司法局“一司法所一品牌”创建活动的要求，丹灶司法所不断完善、优化矛盾纠纷多元化解机制，最终确定以“党建引领下的多位一体联调体系”为创建主题。

在南海区司法局和丹灶镇党委政府指导下，丹灶司法所通过第三方机构聘请了18名专职调解员组成调解中心，并将调解员分别派驻到全镇矛盾多发的村居、民警中队、法庭、信访、人社等职能部门，定期排查和处理社会矛盾纠纷，实现调解架构网格化、矛盾排查常态化、纠纷调解专业化。

党的十八大以来，以习近平同志为核心的党中央高度重视全民普法工作，强调坚持把全民普法和守法作为全面依法治国的长期基础性工作。在佛山市“一司法所一品牌”创建工作中，全市32个司法所，有6个以法治宣传教育作为创建方向，最终脱颖而出的是南海区司法局里水司法所、禅城区司法局南庄司法所和顺德区司法局龙江司法所。这三家司法所在市、区司法局的指导下，紧跟时代步伐，将普法宣传与乡村振兴等大政方

针紧密结合，整合资源，形成合力，在普法队伍、普法阵地、普法内容、普法方式等方面下功夫，形成具有针对性、实效性的特色普法品牌，基层群众的法治观念得到增强，社会治理法治化水平明显提高。

案例 3

南庄司法所：立体普法，推动民主法治乡村建设

南庄镇下辖 18 个村、5 个社区，乡村一直是南庄普法的重要阵地。近年来，南庄司法所根据“七五”和“八五”普法规划和上级要求，在推进“六进”普法的基础上，结合乡村振兴发展战略，重点抓好基层乡村普法教育，搭建形式多样的立体普法阵地，把普法教育与村民生活、工作和村务管理相融合，打造党委领导、政府负责、村（社区）落实、社会各方参与的多层次多领域普法格局，打通普法“最后一公里”，营造共建共治共享社会治理格局，助力民主法治新农村建设。

在打造立体普法队伍上，一方面，南庄司法所积极发挥统筹协调作用，按照“谁主管谁负责，谁执法谁普法，谁服务谁普法”，落实普法责任，推进法律“六进”活动，配合各类主题，联合各行政机关、人大、党校深入开展形式多样的法治宣传活动，尤其着重发挥各执法单位、法律援助工作站（点）、人民调解委员会的以案释法作用，有效提高普法工作效能。另一方面，建立公共法律服务队伍，用身边事教育身边人。南庄司法所指导各村（社区）成立调解委员会和聘请一名专职调解员、一名法律顾问，同时与综治、公安、应急办、公共服务办、法庭、检察室、村（社区）等单位联合创建社会矛盾纠纷化解“一站式”快速处置机制，为村（社区）内纠纷提供常态化法律服务，培养村民遇事依法解决的习惯，提升尊法守法用法的意识。

经过立体普法品牌的创建，一方面，群众法律素质明显提升。群众学法用法意识大幅提高，学法、知法、用法、守法逐渐成为一种日常。群众遇到问题会找法律顾问咨询，解决不了的纠纷就找人民调解员调解或通过司法途径解决。另一方面，依法管理村（居）民事务水平大幅提高。村（居）民形成了依法办事的好习惯，形成了共建共治共享的乡村治理格局，

村（居）民的获得感、幸福感、安全感明显增强。

全面推进社区矫正与安置帮教工作是深化司法体制改革、完善刑罚执行制度的客观需要，也是民主法治建设的必然要求。如何管理好、教育好、引导好社区矫正对象和刑释解矫人员，直接关系到这一特殊群体融入社会的程度以及重新犯罪的风险，进而影响社会主义和谐社会的构建。司法所作为基层法治建设的前沿阵地，肩负着落实社区矫正与安置帮教工作的重任，三水区司法局西南司法所、云东海司法所，高明区司法局荷城司法所，顺德区司法局容桂司法所着力社矫安帮，刻印下新时代基层司法所的温暖印记。

案例 4

云东海司法所：安置帮教基地打通刑释人员回归社会“最后一公里”

做好刑释解矫人员安置帮教工作，是预防和减少再次违法犯罪，维护社会和谐稳定的重要措施。三水区司法局和云东海司法所以佛山市“一司法所一品牌”创建为契机，联合共建了三水区安置帮教基地，作为切实帮助刑释解矫人员回归社会的实体平台，助力他们重塑人生。

三水区安置帮教基地于 2020 年 12 月正式揭牌成立，基地以“社工+法律辅导+心理辅导+就业辅导”的模式，为全区安置帮教对象提供心理辅导、教育培训、就业帮扶等服务，为刑释解矫人员搭建通往新生活的“桥梁”；同时，为安置帮教对象及其家庭提供关爱服务，包括刑释人员出狱接送、出狱后跟进等，对有需要的家庭进行帮扶，降低刑释解矫人员再犯罪风险，助其顺利融入社会。

在回归社会的过渡期，刑满释放人员面临不少现实问题和心理障碍，如果缺乏社会的关怀和帮助，就可能再次坠入犯罪深渊。

云东海司法所为刑满释放人员搭建“监狱—基地—社区—家庭”四位一体回归网络，发动党员干部、专业社工与志愿者组成安置帮教小组，与村（社区）代表、刑释人员亲属分别确定帮扶责任人，签订帮扶协议，并针对刑释解矫人员的不同情况与需求，制定差异化的安置帮教措施。

总之，佛山市市直机关作为上层建筑的设计者，不仅需要有高瞻远瞩的思维，把握正确指导方向，同时还需用全局视角，引领各区协同发展。通过政治引领、德治先导、智治支撑的融合治理，领导各区机构跟上党建脚步，在大框架中发挥自身主动性，保持协同发展的良好节奏，共同书写和谐佛山的美丽画卷。

二、禅城区：着眼供需两侧，公共服务大提升

党的十九届四中全会审议通过了《中共中央关于坚持和完善中国特色社会主义制度、推进国家治理体系和治理能力现代化若干重大问题的决定》，在构建基层社会治理新格局内容中进一步提出了“加快推进市域治理现代化”的具体行动目标，努力把市域社会治理现代化的美好蓝图变为人民群众看得见、感受得到的实效和实惠，通过市域公共服务供给侧改革来进一步增强城乡居民的获得感和幸福感。

2021 年 12 月，广东省人民政府办公厅印发《广东省公共服务“十四五”规划》，提出要深化公共服务供给侧结构性改革，推动广东省在全面建设社会主义现代化国家新征程中走在全国前列。

目前，我国社会的主要矛盾已经转化为人民日益增长的美好生活需求和不平衡不充分的发展之间的矛盾。这就意味着，在满足温饱问题的基础上，我国人民对于生活质量有了更高的要求，需要通过公共服务供给侧改革来进一步提升城乡居民的获得感和幸福感。

佛山市禅城区位于珠江三角洲腹地，现有 94 个城市社区、53 个行政村，常住人口超 133 万，如何有效地整合公共服务资源，实现精准投放，加大公共服务供给侧改革，满足居民多样化的服务需求，是禅城区推进社区治理体系和治理能力现代化面临的新挑战。为此，禅城区提出要打造“优质供给的公共服务样板”，从服务主体、服务对象、服务方式等方面着手，不断完善公共服务体系，扩大公共服务覆盖面，提升公共服务的供给质量。

（一）协同多元主体，形成供给合力

尽管改革开放以来我国公共服务供给领域的改革取得了长足进展，但

在传统的以政府垄断为主体的公共服务供给模式下，不可避免会存在效率低下、供给不均衡、供给单一等问题，已经不能满足社会的需求，由“政府—市场”两分法的公共服务提供模式逐渐被打破，慢慢转向“政府—社会—市场”三分法的公共服务供给模式，应注重培育和加强社会力量承接公共服务的能力，提升公共服务的供给效率。

禅城区为了最大限度增加公共服务供给，除了依托政府自身的力量之外，还积极探索社会力量有序参与公共服务体系建设模式，形成政府主导、社会参与、市场运作、多方投资的公共服务格局，在多元主体参与的公共服务体系中，能进一步整合各类社会资源，形成供给优质公共服务的强大合力。如石湾镇街道打造了“一站式”群众诉求综合服务中心，多个部门进驻中心，全面提升群众信访诉求服务的质量和效能；丽豪社区搭建共治平台，建立联席会议制度，定期讨论群众关心的热点难点事件，群策群力解决基层治理中的难题，保障公共服务的优质供给。

案例1

石湾镇街道打造“全链条、一站式”镇（街道）群众信访诉求综合服务平台

石湾镇街道为解决以往群众反映诉求要跑多部门和处置时间长等问题，建成矛盾纠纷“全链条”化解、群众问题“一站式”解决的群众诉求综合服务中心（以下简称服务中心），街道综治办、司法所、公共服务办、综合行政执法办、妇联5个部门进驻，大大提高市民反映诉求的便捷度和办事效率。服务中心提供的主要服务包括调处矛盾、诉求处理、司法调解、法律援助、社区矫正、妇联维权、工伤认定、劳动仲裁、劳动监察、心理服务、新市民服务等。群众如有诉求只需到街道群众信访诉求综合服务中心的窗口“下单点菜”，服务中心前台工作人员将及时对群众诉求进行甄别，能当场办理的当场办理；不能当场办理的通过线上或线下向相关职能部门分流、转送、交办。服务中心后台（办公室和联席会议）将充分整合相关部门职能，把群众诉求中需要集中办理的事项和具有内在关联性的服务及其他事项最大限度地统筹调度，形成完整的群众诉求服务链和调

处化解信访问题的闭环，尽最大努力使群众“一站式”解决诉求。

服务中心根据工作需要还将适时安排更多部门采取常驻、轮驻或随驻等形式入驻服务中心开展相关工作，为群众提供更全面、更系统、更直接、更深入的信访诉求综合服务。

案例 2

丽豪社区搭建共治平台　建立联席会议制度

为高质效解决社区治理中的难点问题，为群众提供优质的公共服务，丽豪社区建立了联席会议制度，召集人为社区党委，固定成员为小区党支部、物业管理公司，非固定成员包括街道职能部门和其他相关单位或个人，联席会议定期会议每季度召开一次，非定期会议根据需求召集。通过联席会议制度听取意见建议，讨论社区中群众关心关注的难点、热点问题，如周边环境升级、小区电动单车充电停放等问题，快速响应群众需求，为群众营造一个良好的居住环境。

李克强总理在2019年政府工作报告中指出：“支持社会力量增加非基本公共服务供给，满足群众多层次、多样化需求。”公众对于公共服务的需求已经由过去的“被动接受”转向“主动表达”，政府在公共服务供给中也会暴露出一些不足和短板，而社会和市场的参与则能有效弥补政府的“缺位”“错位”。在进行公共服务改革的时候，佛山市充分察觉社会与市场在这一过程中的作用，大力引入社会力量，让其深入参与公共服务，并最终达成了政府和社会在公共服务领域的平衡互补。

案例 3

南庄镇推进裁调对接工作机制

由南庄镇总工会和南庄镇公共服务办公室共同主导筹建的“南庄镇劳动争议联合调解中心”于2021年6月18日正式揭牌成立，该调解中心旨在搭建一个劳动争议调解合作平台，劳动争议裁调对接工作对具体承办案件的调解人员在专业性和可靠性上有较高的要求，为更好维护职工的合法权益，保障调解工作的权威性和法律效力，南庄镇总工会从多方面多渠道了解和寻找适格律师事务所派驻调解员到联调中心承接具体的调解工作，针对调解员队伍开展全方位业务培训，镇总工会、镇公服办和承办律所三方共同组建了联调中心工作群，承办律所定期在群里发布当月案件调解数据，镇总工会、镇公服办围绕成功调解劳动人事争议案件的目标导向给出意见建议，加强业务指导，针对遇到的问题互相交流，共同找出解决的方式方法。

（二）聚焦各类群体，延伸服务范围

随着社会的不断发展，特殊人群的外延也不断扩大，特殊群体是对困难群体、优抚对象、边缘人群三类人群的统称，如何满足特殊群体的需求，考验着社会公共服务的人性化水平和完善程度。

在推动社会公共服务均等化供给，切实保护特殊人群的合法权益，满足其特定需求上，禅城区展开了一系列探索，这些探索包括重新布局医疗资源、实施积分入学申请、推动户籍制度改革和打造公共服务品牌等，基本保障了教育、医疗、养老、住房、公共文化等基本民生方面的公共服务，大大提升了群众的获得感、幸福感、安全感。

面对人口老龄化的严峻挑战和日益增长的多样化养老需求，禅城区把加快养老服务体系建设列为保障民生、改善民生的重要任务，其中又以“长者饭堂”的建设工作为重点。佛山市石湾镇街道是佛山市内首个发布和实施长者饭堂建设运营规范性技术文件的街道，在这一方面，该街道进行了堪称样本的探索。

案例 1

完善长者饭堂建设，打造长者饭堂标杆

——石湾镇街道出台全市首个《长者饭堂建设与管理规范》

2022 年 1 月，佛山市石湾镇街道出台全市首个《长者饭堂建设与管理规范》。该规范由石湾镇街道公共服务办公室与佛山市质量和标准化研究

院合作研制发布，本着先进性、科学性、合理性和可操作性的原则进行制定，对长者饭堂的建设、运营保障要求、管理监督要求等进行了详细规定。该规范性技术文件的发布实施，不仅填补了佛山市暂未出台长者饭堂服务管理地方标准的空白，也将引领全市社区居家养老助餐服务的品质提升，打造养老服务“石湾样本”。

位于石湾镇街道惠景路的惠景社区长者饭堂是石湾镇街道首家实施该规范文件的长者饭堂。惠景社区长者饭堂从硬件设施到服务实现全方位提升，进一步提升社区居家养老服务的品质。在场地建设方面，适老化就餐区、送餐机器人、高低式洗漱台等一系列适老化设计让老年人用餐环境更暖心；在运营保障方面，饭堂环境卫生、食品采购与加工、疫情常态化管理等要求严格规范，让饮食与健康一步到位，老年人用餐质量更安心；在管理监督方面，严格监管长者饭堂运营主体责任，加入第三方机构评估监督，设立淘汰机制倒逼长者饭堂的服务提供商的服务更贴心。

除了老龄化群体，新就业形态的从业人员也是需要重点关注和帮扶的对象，为全面贯彻落实习近平总书记“三个着力”的重要批示和关心关爱“快递小哥”的重要指示精神，禅城区总工会坚持“党建带领工建，工建服务党建”的工作思路，着力让新就业形态从业人员真正感受到党和工会的关怀和温暖。

案例 2

禅城区总工会建立“快递小哥红色驿站”

为了持续增强快递（配送）行业人员对禅城的认同感和归属感，禅城区总工会以需求为导向，建设“快递小哥红色驿站”，开展“四大行动”暖心服务，将“我为群众办实事”实践活动融于服务提升，着力把为快递（配送）员的服务实事办好，好事办实。

快递小哥红色驿站的建立不仅为快递（配送）行业人员提供了思想理论学习阵地，还为快递（配送）行业流动党员参加组织生活提供场所。在党工共建聚人心方面，通过讲专题党课、看红色书籍等方式，进一步凝聚快递（配送）员红色力量，为推进行业持续健康发展提供强有力的保证。

教育培训提素质方面，禅城区总工会积极开展应急救护培训活动，对快递（配送）员进行应急救护培训，增强他们在突发事件中的自救互救能力。通过一系列的培训，禅城区涌现出一批优秀的快递（配送）员代表。

技能比武展风采方面，禅城区总工会联合区委组织部开展电子竞技大赛，满足快递物流从业人员的精神文化需求，让工作之余的快递（配送）员们放松身心，减轻工作压力，感受城市关怀。

驿站服务送温暖方面，禅城区总工会结合品牌服务活动为快递（配送）员“送清凉”，让他们感受到党委政府及工会组织的关心关怀，从而激发他们的工作热情，为建设高质量禅城贡献更大的力量。除此之外，区总工会还通过开展送体检、送月饼、送生日蛋糕券，节日慰问困难职工等一系列活动，进一步形成了支持和关爱快递（配送）员的良好氛围。

城市日新月异的发展与农民工的辛勤付出是分不开的。近年来，佛山市基础设施建设不断加快，各项事业发展正步入快车道，城市建设规模不断扩大，广大农民进城务工人数越来越多，拖欠、克扣农民工工资现象时有发生。党中央、国务院高度重视根治拖欠农民工工资问题，多次作出重要指示批示，习近平总书记强调：“全面建成小康社会离不开农民工的辛勤劳动和奉献，全社会都要关心关爱农民工，要坚决杜绝拖欠、克扣农民工工资现象，切实保障农民工合法权益。”①

在习近平总书记批示的激励下，佛山市禅城区大胆创新、求真务实，切实保障农民工的劳动报酬权益，维护广大农民工的切身利益。区总工会加强与人社、司法、行业监管部门、行业协会、平台头部企业等部门、组织联动，充分发挥工会在维护新就业形态劳动者合法权益中的独特作用，如通过总工会、人社、工商联等多部门联动成立的劳动争议联合调解中心，畅通维权通道，切实加强了劳动关系三方沟通联系，推动构建和谐劳动关系，充分发挥工会组织作用，积极预防和化解劳动争议。2021 年区总

① 双节将至，不能让每一个农民工“忧薪”［EB/OL］. 中国政府网，2020-12-31. http：//www. gov. cn/zhengce/2020-12/31/content_ 5575940. htm.

工会预算安排35万元用于职工法律援助服务（含诉调对接、裁调对接），共向7人次新就业形态劳动者提供法援服务，其中已结案7件，为职工挽回经济损失共250877.63元。

案例3

禅城区“无欠薪工地”评选活动

佛山市禅城区人社部门联合住建、水利、交通等行业主管部门在2021年开展区内“无欠薪工地”评选活动，各部门对区内工地进行评选，对获得“无欠薪工地”的项目企业进行表扬并组织集体颁牌。对于“无欠薪工地”的项目企业，如果年度发生两次以上欠薪投诉举报，即被摘牌。

禅城区人社局联合南庄镇综合行政执法办公室（劳动保障监察中队）、南庄派出所、南庄镇综合治理办公室和中国工商银行佛山支行到信财置业绿岛湖5号地块项目设摊，就近给农民工提供劳动保障咨询、投诉举报等方面服务，同时，南庄镇联合执法小组将对辖区内所有大型在建项目进行设摊接访，抓源头、控苗头，及时防范化解劳资纠纷风险。

（三）智能手段辅助，提升服务质效

党的十九届五中全会通过的《中共中央关于制定国民经济和社会发展第十四个五年规划和二〇三五年远景目标的建议》进一步提出：“加强数字社会、数字政府建设，提升公共服务、社会治理等数字化智能化水平。”这说明数字化智能化逐渐成为社会治理和公共服务的主要方式。

禅城区推动数字技术与公共服务深度融合，着力解决公共服务需求表达中双向互通机制不完善、政府内跨部门信息流动受阻、地区间公共服务资源差异等因素，借助信息系统、数字平台等载体，对接个性需求、收集公众信息、促进多部门协作等功能，进而提高公共服务的针对性和有效性。其中，禅城区打造的“乡村大脑”已经广泛推广使用并取得阶段性成果，全面提升了乡村治理效能，各社区也结合自身实际，开发社区内部的App、小程序，整合内部资源，形成线上综合平台，满足群众各类需求。

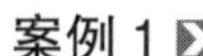

案例 1

禅城区“乡村大脑”赋能乡村智治新模式

禅城区辖区内的农村已深度融入城市发展，城市化为农村经济发展带来巨大的红利，全区 53 个村资产总额近 400 亿元，年收入约 70 亿元（以物业出租和“三旧”改造的收入为主），人均分红约 1.5 万元。过去，在缺乏科技管理手段的情况下，乡村治理中出现底数不清、集体资产流失、股权纠纷、村务信息不够公开、村务参与治理难等问题，导致村民上访、投诉、举报等事件常常发生，部分村民还出现对村委会和政府不信任、不配合等情况，使农村基层工作难以开展。

为此，禅城区决定从农村“三资”方面入手，于 2011 年 11 月和 2012 年 6 月建成了交易平台和财监平台，随后在 2018 年，引入可视化管理模式率先建成禅城农村集体经济数字云图（以下简称数字云图），数字云图开创了一张图管理农村集体资产的新模式，破除底数不清、管理粗放、信息不透明等问题。在前期数字化管理的基础上，划拨了专项经费用于打造“乡村大脑”，建设“一图、一库、一平台、一服务”，实现“以图管人、以图管财、以图管物、以图知事、以图指挥”。

为做好村务公开、化解基层矛盾，进一步开发建设村务共治微信小程序，该系统具有信息公开、民意汇聚、通知公告等功能模块。一是可随时随地查阅村务信息。小程序的信息公开模块已与业务系统进行数据对接，村民动动手指就可查阅财务报表、物业出租、民主表决等公开信息。二是丰富村民议事形式。村民可通过民意汇聚板块反映问题和提建议，促进农村基层沟通，有利于及时化解基层矛盾，引导多方参与乡村治理，全面提高乡村治理水平。三是提供便民服务。新市民能够在小程序中找到可靠的租房和招聘信息，便于他们快速融入当地的生产生活。

案例 2

丽豪社区善用数字工具实现智能化治理

丽豪社区作为石湾镇街道推进智慧化基层治理项目的试点社区，为开发“生态网格”App 积极建言献策，让 App 能真正运用到社区治理，成为社区解决问题、整合资源的好帮手。为解决小区治理问题，丽豪社区积极推广使用“智慧党建”小程序，通过小程序成功申请维修基金，快速解决了小区电梯维修问题；通过在小程序公示小区公共收益，回应居民普遍关心的小区公共收益问题。

此外，为推进社区智慧化治理项目，在街道党工委支持下，丽豪社区在社区党委领导下成立了 1 个社区治理工作站、1 个党群服务中心。治理工作站由社区党委书记负责，成员包括专职网格员、专业网格员和兼职网格员，主要解决社区治理中的难点问题。2021 年治理工作站以丽日玫瑰食街垃圾处理为切入点，率先在餐饮聚集区全面实行生活垃圾分类，实行的“巡罚分离”制度既保障了专职、兼职网格员巡查的有效性，又减轻了专业网格员的负担，为社区治理提供了可参考可复制的经验。

随着高质量发展的推进，城乡居民对完善公共服务体系建设的需求与日俱增，禅城区利用数字技术推动公共读物供给智能化，使其在有限的资源和要素条件下尽可能地满足多元化、异质性、多层次的公共服务需求。如居民可以通过数字技术链接物业管理、养老服务、路网监控、医疗服务等，快速获取个人所需的公共服务资源。

案例 3

禅城区推出“城市大脑”实现城市智能管理

禅城区“城市大脑”构建统一的数据标准、数据协同收集机制和数据共享架构，汇集各部门的数据。通过建设“城市大脑”，对接禅城区大数据中心、区级微服务“云平台”“共享小屋”小程序及民生服务系统，汇聚 31.8 亿条民生服务数据，为“数据赋能”打下了坚实的基础。

“城市大脑”让数据多跑路，让群众少跑腿。精简表格134张，压减率51.5%；23个“无感服务事项”有效减少村（居）超4万件的窗口办件量；10张条线部门表格融合为1张综合巡查表……网格员通过一个终端机、一个App填报表格，系统自动梳理，分门分类自动上报至各条线部门，网格化巡查融合，也让基层的担子轻起来。

通过打造“城市大脑”，为社区工作者“心中有数”“精准发力”提供有力支撑。2021年5月以来，禅城区贯彻落实《中共中央国务院关于加强基层治理体系和治理能力现代化建设的意见》，进一步加强基层智慧治理能力建设，提高基层治理数字化智能化水平。以新冠疫苗接种为例，社区有多少户、多少人，有多少人接种了疫苗第一针、第二针和加强针，还有哪些人未接种，各种信息一屏尽览、动态更新，为精准高效开展疫苗接种工作提供支撑。

通过禅城区微服务“云平台”，形成了动态更新的“社区需求图”与“社区资源图”，为治理赋能，打通了社区与居民之间、居民与居民之间的联系渠道，这也是禅城区创建全国城乡社区治理和服务创新实验区的重要一环。全区154平方千米划分为451个网格。通过生态网格系统，实现多样性民生需求与多方社会供给之间的全域流通、精准配对，网格内各类事件在屏幕上的分拨、处置、反馈流程清晰显示，让全区社区服务运行情况一目了然。

作为佛山城市化程度最高、公共服务需求最集中的区域，禅城以党建引领，数据赋能，整合多方力量参与社区治理与服务创新的探索，构建起凝聚多方力量、关注多类人群、共享资源、解决问题的公共服务根基，探索出社会治理服务的新路径，提升了社区服务精细化水平，形成了良性的社区服务生态圈。

三、南海区：加快城乡融合，树立改革新标杆

作为昔日广东“四小虎”成员之一，南海区有着雄厚的制造业底子，是国内知名的制造业大区。就综合实力而言，面积仅1074平方千米的

“小”南海，已连续6年位居全国中小城市综合实力百强区第二名，并获全国最具幸福感城市、全国新型城镇化质量百强区、全国科技创新百强区等一系列殊荣①。2020年，南海区的各项事业也取得新成效——全年实现地区生产总值突破3177.5亿元，迈上改革开放以来不断跨越发展的新台阶。

然而，在经济高质量发展的道路上，南海区也面临城乡体制改革的诸多问题。实际上，南海区是一个由7个镇（街道）组成的集合体，囊括612个村级工业园，平均每个工业园面积为300亩左右，散布在南海280多个村居。这意味着，南海区的发展模式既面临着农村管理体制向城市管理体制的并轨，也面临着“二元社会结构”的其他限制。

针对市域治理现代化中城乡融合这个难题，南海区决定做深化改革的先行者。在探索中锁定并围绕制约发展的痛点，以工农互促、城乡互补为抓手，推进空间连片集聚，探索出“新地改”“空天地”社会治理等改革品牌，并在国家改革开放政策鼓励和支持下敢闯敢试，探索出一条通过“三旧”改造突破南海经济可持续发展土地瓶颈的成功路径，为拓展发展空间、破解城乡二元结构注入强大动力。南海区凭借这股“创”的劲头、“干”的作风为城乡融合发展再添浓墨重彩的一笔，用“看得见”“感受得到”的大胆尝试，越发让南海区在新时代焕发生机与活力。

（一）找准改革痛点，明确上层设计

与同在佛山市的产业大户顺德区对比，南海区的工业贡献值比例完全不同。顺德区60%的企业产值增量由大企业提供，40%由中小企业提供；而南海区则是20%企业产值增量由大企业提供，40%由中型企业提供，40%由小型企业提供。造成这种现象的原因之一便是土地碎片化。据悉，当前南海区在农村集体建设用地上有村级工业园区612个，占地18.9万亩，其中200亩以下的个数达53%，碎片化问题突出②。

---

① 佛山南海：深化土地制度改革 让城乡融合“感受得到”发展［EB/OL］. 搜狐网，2021-02-26. https：//www.sohu.com/a/452760764_ 120178674.

② 佛山南海：以“新地改”撬动营商环境优化［EB/OL］. 中国小康网，2022-04-14. https：//news.chinaxiaokang.com/dujiazhuangao/2022/0408/1305758.html.

这一情况既成就了南海区以中小企业为动力的强大发展引擎，也阻碍了南海区优化营商环境的主要思路和高质量发展进程。南海区现有建设用地无论在产权还是在分布上，都难以承接新的大产业城、龙头企业以及包括战略性产业在内的新兴产业进驻，并且支柱性传统产业转型升级困难。失去了产业发展引擎，推动高质量发展难度无疑加大，南海区的产业集成效应也无法实现。因此，“土地碎片化”是南海区产业转型升级面临的最痛苦的问题。

作为广东省城乡融合发展改革创新实验区，南海区从土地入手，以推动土地腾挪归并为导向，致力于以土地改革撬动营商环境优化。南海区政府深刻认识到，只有全域、全方位、全要素的改革才能解决土地碎片化带来的问题，所以在顶层设计上要做好制度支撑。

因此，作为广东省唯一的区级国土空间规划编制试点单位，《南海区国土空间总体规划（2020—2035年）》（以下简称《规划》）的编制工作已接近尾声。《规划》明确，要以“四集中”推动南海区空间再造，形成生态、农业、城镇、产业四大空间集聚战略。

在空间规划“四集中”的引领下，南海区科学编制区镇两级实施方案，划定整治区域及以“土地整治+”的概念划定整治单元，形成“土地整治+产业转型升级”“土地整治+城乡融合发展”等整治单元，全面推进各类土地整治项目。

案例

政策支持百亿元“智慧产业园”起航，土地升级打造大湾区标杆

旧式的村级工业园无论从产能还是长远规划上，都已不适应南海区高质量发展的需要。因此，南海区在多方评估后，在2019年拆除1.6万亩村级工业园，为留出土地空间注入新的优质产业力量。

就这样，在“土地整治+产业转型升级”的推动下，总投资105亿元的“南海平谦国际智慧产业园”项目在佛山高新技术产业开发区核心园南海园落户，据悉，此次项目将重点引进以国内外先进制造业为主的世界500强企业以及行业龙头。而这些行业资源正好是南海转型升级过程中的

必要元素，并且与南海目前全力推动的“两高四新”产业体系高度吻合。

土地整治的上层规划助力南海搭建出战略性新兴产业平台，为实现南海区经济高质量发展增加更多可能性。

（二）进行“三旧”改造，实现融合发展

随着城乡融合改革进入深水区，农村集体建设用地多、布局分散、连片改造难、招商难、农民对集体转国有和征收意愿不强等问题日益凸显。对此，南海区创设“三旧”改造混合开发制度，制定了《佛山市南海区城市更新（“三旧”改造）实施办法》。

“三旧”改造混合开发制度是指以推动产业为主的连片改造和实体经济转型升级为目标，通过“国有+集体”“产业+社区”“出让+入市”三个层面的混合，将单一生产功能的连片项目改造为融合“住宅—商服—科研—高端制造”等功能齐备的综合性项目，适应不同土地权属人的差异化改造诉求的情形。在严控新增、盘活存量的现实背景下，混合开发利于支持新产业、新业态发展，提升连片改造地区的产业活力以及平衡不同产业开发的总体利益，促进城产人融合发展。

实施混合开发，一方面将部分集体土地转为国有住宅用地，让农民立即享受“三旧”改造的土地增值收益；另一方面将部分土地保留为集体产业用地，维护农民的长远和可持续收益。

同时，混合开发可化解国有、集体土地相互糅杂、土地权属混杂的情况，可适用不同土地权属人的差异化改造诉求，具有相对较高的适应性，推动了土地成片连片开发。通过混合开发，建成城产人融合的产业社区，将居住社区和高端产业实现无缝融合，让更多市民实现居住和就业零距离的梦想，大大节省通勤时间，降低生活成本，进而实现城产人融合。

并且，混合开发要求房地产开发商在开发住宅社区的同时开发产业载体，可以将房地产开发资金导入实体经济，建成产业载体之后再招入实体企业，解决实体经济建设资金不足问题。

在“三旧”混合开发模式的广泛应用下，南海区近年来在城乡融合治理上一直取得丰厚成果。南海区围绕大沥现代商贸、狮山装备制造+智能

制造、里水电子信息+食品医药、桂城资本+高端服务、丹灶新能源+智能安防、九江新材料、西樵文旅等产业主题，结合镇（街道）优势产业，打造了一大批配套完善的现代产业园区，为新一轮招商引资项目落地提供了充足的载体保障，成功助推“品牌南海”建设。

广东省人民政府在《广东省人民政府关于深化改革加快推动“三旧”改造促进高质量发展的指导意见》中，还将混合开发制度纳入省的“三旧”改造政策，在全省推广。由此可见，佛山市南海区创设的“三旧”混合开发模式是真实有效的制度设计，是可操作、可复制、可推广的改革优质成果。

案例 1

桂城爱车小镇项目深化“三旧”改造，实现人产城融合发展

借助南海区作为全国农村集体经营性建设用地入市改革试点、广东省新一轮深化“三旧”改造综合试点的机会，桂城街道积极打造大湾区城乡融合高质量发展的“桂城样板”。

其中，桂城爱车小镇项目便创造性地采用全国首创的“国有+集体、住宅+产业、出让+出租、以产业开发为主，住宅开发为辅”的混合开发模式进行改造。经过土地整合归宗、土地置换、统筹开发，打破原来土地权属界限，将部分国有土地和村集体土地进行置换，重新划分宗地和确定产权归属，实现土地连片整合。在出让国有土地的同时，将村集体土地进行出租作为产业用地。

经过改造后，村集体的土地收益提升至每平方米 20 多元，为改造前的 4 倍多，这让村民们尝到了甜头。在此模式下，村民不需要杀鸡取卵，通过土地出让获取收益，而是以土地租赁的方式实现“鸡生蛋”“蛋孵鸡”，取得长远和持续的收益。

案例 2

桂城天富科技城借力“三旧”改造完成蜕变

2015 年，借力“三旧”改造政策，桂城公有资产下属公司开始对该地块进行规划和整理，这是桂城首个“工改工”的村级工业园改造项目，也是南海探索的公有资产推动工业园改造的样本。

改造前的天富科技城其实是钢铁市场，不仅生产效益低，还面临着严重的噪声污染和重金属污染。2016 年底，怀揣着圆满完成桂城首个“工改工”梦想的天富科技城完成一期建设，借助桂城瀚天科技城管理、服务和运营的成功经验，华丽转身，成为桂城又一个以公有资产推动产业升级改造的示范性园区。

值得一提的是，因为科技城园区面积只有 80 亩，如何最大化实现土地利用效率，创造出更多的土地价值，是非常重要的问题。于是建设方在动工前，咨询了本地中型企业的相关情况。最终，改造升级后的建筑内部布局方正、少立柱、大柱距，空间利用率极高，很好地契合了规模化发展阶段科创企业对多层式生产及研发物业的需求。

天富科技城的建设引入了丰富的企业资源入驻，不仅改善了夏南二社区周边的环境，还在租金方面有明显的提升，为村（居）带来了更好的经济效益。同时，引入的科创企业对桂城实体经济起到积极的推动作用，有利于引导周边村级工业园参与改造提升，加速桂城“三旧”改造进程，助力桂城高质量发展。

（三）创新“三券”制度，推进土地整治

由于南海区在土地改革方面起步早，最初主要是将分散到农民各家各户的农地等归到集体，解决土地零散乱问题，村民按股份共享收益。虽然集体土地多，可以让农民充分享受土地带来的红利，但是也为政府的征地工作带来了难度。

作为此次推动全域土地综合整治改革和农村土地制度改革的牵头部门，佛山市自然资源局南海分局大胆试大胆闯，探索建立利益平衡机制，创设出“地券”“房券”“绿券”的“三券”制度：“地券”主要解决用地

空间腾挪问题，通过建立周转“指标池”，简化表决流程，争取增减挂钩审批权下放，探索指标分离管理，明确复垦指标交易流程，加快推进拆旧复垦项目；“房券”主要保障发展权问题，在产业用地集聚提升过程中，补充实物补偿形式，强化零散产业用地退出并集聚升级的内生动力，保障农村集体土地所有权人可持续收益；“绿券”则是“生态券”的进阶版，主要平衡城市发展与生态保护问题，鼓励边角地整治探索，实行用地指标奖励，提升城市生态品质，对主动垦造水田、恢复耕地等给予一定奖励①。

南海区这种优化升级，旨在通过全域整治激发全域活力。具体而言，通过“三券”配套政策的实施，激发整治工作动力，鼓励市场主体参与，减少土地集中归并的阻力，从而提高权属人和市场主体参与改造和腾退积极性，推动各类土地整治项目实施。

案例

南海区自然资源局试点“三券”制度，提升土地治理积极性

南海区是全省唯一以县域为实施单元的全域土地综合整治试点县区，这意味着在资源统筹与指挥调度上，南海区有更广阔的施展空间。为减少土地异地归并腾挪的阻力，提高参与主体积极性，并权衡好经济发展与自然资源保护之间的关系，南海区自然资源局创新并试点推行了“三券”制度，在实践中取得卓越成效。

首先在农用地整理方面，南海区统筹推进耕地提质改造、宜耕后备资源开发以及高标准农田建设等工作，试点期内通过提质改造和开垦耕地新增耕地4700亩；其次在建设用地整理上，南海区对存量建设用地进行连片化改造，未来两年腾退复垦低效建设用地10000亩，建设产业保障房200万平方米，每年整理连片产业用地8000亩；最后，生态保护修复方面同样受到重视，南海区在试点期内不仅推进了万亩千亩公园建设、河心岛修复、碧道建设等环境保护项目，还同步开展了矿山修复、土壤污染修复、

① 创新“三券”制度土地利用更优化［EB/OL］. 南海新闻网，2022-03-10. https：//nanhaitoday. com/nhxww/articles/2022/03/10/36f4e062b5bd4756aa5a575f4fd9f97d. html.

水体污染治理等工作。

在南海区自然资源局“三券”制度与配套政策的实施下，区内低效、零散建设用地资源被有效盘活，用地结构与空间布局得到优化，同时还提高了土地利用效率，保障土地权属人权益不受损，让整个南海区的土地生态得以可持续发展。

(四) 提高审批效率，优化营商环境

城乡融合建设的一大促进点是优化营商环境，特别是对于南海这个制造业强区，如何让企业安心、放心落地办厂，及时反馈企业诉求，保障企业“能办事、办成事”，都需要在营商环境的打造上加码发力。

在这方面，南海区率先作出创新与表率。南海区一体化在线政务服务平台上线“否决事项提级管理”功能，率先实施“否决权上移”管理机制，通过数据分析加强否决权分级管理，推动办事不受阻，及时发现并纠正“不给办”“办不成”的痛点与难点，以进一步督促行政审批慎用否决权，减少办事阻力。

目前，南海实施的申请政务服务事项近 1900 项，超过 90%下放到镇（街道）实施，超过 50%的事项可以在镇（街道）完成全流程审批。对企业来说，时间便是效益，项目从签约到投产涉及大量审批事项流程，中间只要有一项被否决，就可能导致项目进度延迟甚至流产。因此，南海区实施的否决事项提级管理促成了事项好办、易办，给企业群众带来便利，更重要的是，为南海区在城乡融合招商引资上减少阻力，提高了吸引力，加快企业落地脚步，助力了产业转型升级。

案例

三龙湾南海片区润慧科技园实现“拿地即开工”

润慧科技园是以数据中心为发展基础，以 5G 及新一代信息技术为产业核心，围绕工业互联网与智慧城市两大应用方向，连通上下游企业共同打造的南海区 5G+工业互联网产业高地。

值得一提的是，作为南海区重点招商引资项目，润慧科技园在基坑报建时，因为缺少部分报建材料，负责该事项审批的科室，本可按规定不予通过，但在“否决权上移”的政策指导下，基层经济社会得到“松绑”。润慧科技园的情况上报后经单位领导协调，确认项目申办事项合规，允许部分材料容缺审批办理。

最终，润慧科技园项目举行动工仪式，并实现“当天拿地、当天开工”的创举，南海区又一次跑出了“深圳速度”。这也是南海区推进审批制度改革，提升工程落地效率，优化企业营商环境的最新范例。

（五）引入科技手段，赋能高效治理

作为制造业强区，南海区内自建房和出租屋超过 20 万栋，工商登记市场主体超过 40 万户。在这种经济规模、市场体量下，要确保城乡融合建设治理有序、有效，靠传统治理方式和“人海战术”已难以为继，这迫切需要依托现代信息技术，变革治理理念和治理手段，从而实现社会治理效能的全面提升。

为了更加精细化地解决治理难题，南海区依托创建广东省数字政府城乡融合发展示范区的改革契机，加快构建以“城市大脑”为核心的数字政府工作体系，基于前期数据汇聚、应用赋能的基础，加强与航天宏图等行业龙头的合作，通过“人防+技防”手段，全面提升社会治理效能，打造出“空天地”一体化的社会治理新模式，确保城市高效、安全、有序运行①。

“空天地”一体化治理体系是深度应用“城市大脑”前期已建成的视频共享平台、算力资源、数据库、二维码等基础能力，新增卫星遥感、无人机、物联网等技术，组建天空、低空、地面“三张网”，实现基于卫星遥感的“天上看”，基于无人机和高位视频的“空中拍”，基于地面视频、物联感知设备和二维码的“地上巡”，并通过数据对碰和算法分析，让日常巡查智能化、精细化，更快速、更全面地发现问题。

可以说，“空天地”一体化治理体系为城乡融合治理破解了“小马拉大车”的问题，更为全面提升市域治理现代化水平提供了有效助力。

---

① 南海探索构建“空天地”一体化治理体系［EB/OL］. 南海新闻网，2021-07-09. https：//nanhaitoday. com/nhxww/articles/2021/07/09/f82f3a59674d4f5f93fa23e37cf0af06. html.

案例

丹灶镇试点“空天地”一体化治理体系，以信息化助力城乡融合发展

城乡融合是一盘大棋，尤其是在改革发展的新时代，要下好这盘棋，需要科技化手段的助力，以智治促成城市治理。

南海区丹灶镇率先布局“空天地”一体化治理体系，由500多条无人机三维航线织起的“低空遥感网”，基本覆盖了镇内所有重点监测区域，同时支持5—10分钟现场及时响应，这让纷繁复杂的违建、河道、交通、国土、应急、工业园区气体监测等巡查任务都被“一网打尽”。

以违建治理为例，“空天地”可以探索构建丹灶镇范围内建筑基准数据库，通过前后时相遥感影像比对分析，对镇内新建、扩建、改建等现象进行定期监测，识别违章建筑，跟进处置进度，进而强化城市规划的权威性，减少安全隐患。

可以说，“空天地”一体化治理体系如同一台“CT扫描仪”，可以全方位、实时对城市问题进行监测，进而全面提升城乡治理的智能化、精细化水平。

立足当下，放眼未来，当前南海正处在产业结构调整关键时期，新的发展动力空间不断涌现，高质量的经济发展格局基本形成。2022年1月30日，南海区发布了《佛山市南海区推进全面深化改革加快广东省城乡融合发展改革创新实验区建设三年行动计划（2022—2024年）》，围绕全域推进土地综合整治、全面提高社会治理现代化水平等，突出重点、系统发力，为推进高质量发展、打造现代化活力新南海提供有力的制度支撑。未来，南海将推进全面深化改革，加快广东省城乡融合发展改革创新实验区建设，为市域治理打造“南海范本”。

四、顺德区：多元协同共治，创社区治理样本

佛山市顺德区位于珠三角腹地，下辖4个街道、6个镇，共205个村

（社区），常住人口 322.9 万。一直以来，顺德区坚持率先发展，牢固实体经济根基，从产业规模到体系格局，都显现出强大的经济发展韧性，已连续 8 年位居全国综合实力百强区首位。

然而，经济的迅猛增长也让顺德区率先遇到了“经济建设腿长、社会建设腿短”的难题。尤其是在工业化、城市化的快速发展下，社会治理也迎来了新形势与新挑战。

党的十九大报告中明确提出，要“推动社会治理重心向基层下移”，即要求聚焦在与人民群众息息相关的社区，社会治理的基本单元在社区，由此，社区治理成为新时代市域治理现代化的重要课题。

因此，为破解经济建设与社会建设不平衡的“顺德之困”，解决社区治理中普遍存在的社区诉求多元而治理主体单一、社区管理事务入口宽而社区支持路径窄，以及社区资源丰富而利用能力低这三对关于人、事、资源的矛盾，顺德区积极开展社区营造，围绕党建引领、多元共治、民主协商等体制，着力打造共建共治共享格局的社区治理智慧样本。

值得一提的是，深耕社区营造多年后，顺德区取得了显著成效。从宏观上看，顺德区社区营造撬动政企社累计投入社区营造资金近 5000 万元，同时覆盖面和示范性分别达到 50%和 25%，即全区 205 个村（社区）中超过 100 个以社区营造手法推动社区治理和乡村振兴工作，48 个建成社区营造示范点。除了在宏观上取得卓越建树，微观上，顺德区社区营造还让居民归属感与幸福感大幅提高，通过及时发现和回应人民群众对美好生活的需求，真正实现居民安居乐业、社会安定有序。

（一）三阶循序渐进，以点带面增效

2013 年伊始，顺德区便持续开展社区营造实践。但由于顺德区辖有 205 个村（社区），各村（社区）由于历史背景不同，发展规划各异，甚至不少村（社区）现状是经济差、环境差、治安差。从哪里着手，如何推进，以及实现全面覆盖，都是难题。

面对这场持久攻坚战，顺德区在总体规划上确立三个阶段，并设立“以点带面”的主基调，从典型出发，循序渐进式推广至全区。同时避免“一刀切”懒政，以科学合理的治理方式保留社区特色，实现基层善治，

营造和而不同的社区氛围，探索出一条基层社区治理之道。

案例

顺德区实行三阶推进，循序渐进式实现社区治理全覆盖

顺德本土社区营造具有明显的“试点先行，循序渐进”的特点，主要通过三阶段推进步骤，构建党领导下既有活力又有秩序的社区治理格局。

在试点先行阶段，顺德区选取农村社区、城乡结合部社区以及城市型社区三个不同形态的样本开展社区营造探索，为顺德社会体制综合改革背景下实现社会协同、公众参与的目标提前探路。

2014 年，顺德区社区营造便进入完善深化阶段。一方面，试点范围不断扩大，在各镇（街道）都有不同程度的覆盖；另一方面，社区治理逐渐贴合区情，并形成了社区营造支持体系的雏形。

2016 年，顺德区在积累前期探索经验的基础上，通过评比建设社区营造示范点的形式，使其他实践主体更好地规划社区营造长远工作。在《顺德区社区营造示范点建设指导意见》的指引下，顺德区共有 22 个社区申报建设社区营造示范点，全面覆盖 10 个镇（街道）。

此后，顺德区社区营造实践便正式进入推广拓展阶段，在这一阶段中，不仅政策引领更强，基层动力也更足。顺德区委政法委先后出台了 3 份社区营造专门政策文件，实现从试点探索向示范点建设，再到“社区营造+”模式打造的“三次升级”，完成社区数量和工作领域“两个覆盖”。并且，集“人财智”一体的社区营造支持体系也逐渐成熟，据了解，2017—2021 年，区委政法委、区社创中心累计投入社区营造项目 137 个，资金 2541.1 万元，带动镇、村（社区）投入超过 4000 万元。

（二）建强社区党组织，以党建促凝聚

中共中央、国务院《关于加强基层治理体系和治理能力现代化建设的意见》提出，要完善党全面领导基层治理制度、加强基层政权治理能力建设。作为社会治理的基本单元，社区是党和政府联系、服务居民群众的“最后一公里”。因此，社区党建是城市党建工作的重要基础，对于社区治

理具有重要意义。

社区党建要发挥好引领作用，首先要打造坚固的党建领导力，对此，顺德区主要从三方面着手。一是在资金投放上，以基层党组织为申报主体或联合申报主体，增强其在领导基层治理、团结动员群众和推动改革发展的战斗堡垒作用；二是通过项目投放实施，为基层党组织创造了一个有资源、有项目、有方法、有抓手的干事平台，推进基层党组织和群团组织工作实务化；三是为基层党组织创造了高频次多渠道与村（居）民协商和合作的机会，厚植群众基础。

案例 1

顺德区特设党组织服务扶持项目，强化党建组织领导力

2021 年，顺德区创新设立村（居）党组织服务群众竞争性扶持资金达 1025 万元，鼓励各地以基层党组织为单位进行项目申报，进而激发村（居）党组织和党员积极性。最终，共有 50 个基层党建项目参加竞争性扶持项目评审会，申报总金额达 2200 万元。

据悉，基层党建项目申报范围涵盖十大类，突出“强基础、为人民、树威信、立标杆”的立意，均为村（居）党组织书记通过多次走访倾听、收集群众意见建议，整理申报的项目，项目内容充分反映出群众所需、所盼、所急，体现接地气、聚民心。

通过竞争性评比，评委会最终择优评出了 4 个一类项目，每个扶持 100 万元，以及 21 个二类项目，按得分高低确定，每个项目按实际申请金额最高不超过 30 万元进行扶持。顺德区通过开设扶持资金的形式，不仅能调动党组织积极性，一定程度上鼓励基层党组织从群众中来、到群众中去。择优评比出优秀项目，既能够发挥示范效应，也能真正赋予基层党组织责任感，进而推进高质量项目落地见效。

在坚实领导力的基础上，顺德区基层党组织进一步发挥引领带头作用，通过开展党史党建教育、法治教育、文化教育、志愿服务培训等，提升基层治理现代化水平。同时凝聚各方资源和力量，激活基层自治细胞，

带领群众攻坚克难解决社区问题，增强社区凝聚力。

案例 2

提升基层治理水平，推动乡村振兴建设

——容桂街道细滘社区党组织

2019 年以来，广东省佛山市顺德区容桂街道细滘社区抓住“村级工业园改造”的契机，积极打造环境美、人文美、风尚美、服务优的美丽文明村居。不仅改旧厂房为符合标准化的教育、艺术培训大楼睿智楼，还升级现有的休闲公园和篮球场为党建文化广场，建设以社会主义核心价值观为主题的公园等，短短一年时间，细滘社区焕然一新，而这一变化与细滘社区党群服务中心的努力密切相关。在党组织引领下，细滘社区坚持问计于民、问策于民、问需于民，多渠道多方式组织群众共同参与社区活动、议事协商。同时细滘社区也注重提高村民的整体素质，一方面带领群众参观学习深圳蛇口、禅城紫南村、龙江甘竹滩等乡村振兴示范村居；另一方面通过第三方机构加强群众志愿服务培训，组织群众参与基层治理，规范群众日常行为。

同时，在细滘，学生上学的第一课是参观村史馆，居住的群众参与的第一场社区活动是参观村史馆，走访参观细滘的打卡点也必有村史馆。细滘社区通过村史馆让群众了解细滘的历史变迁，以村史为荣，培养主人翁意识，增强了集体荣誉感，并且丰富了群众精神文化生活，激发群众爱家、兴业的信心和决心，引导群众参与基层治理，在全民参与、全民共享中建设美丽乡村良好局面。

（三）夯实网格基础，提升治理效能

经过社区治理的不断实践，网格化管理已发展成基层治理的成功模式之一。所谓网格化管理，是以网格员的主动服务，践行为了群众、依靠群众、深入群众的宗旨，把尊重民意、改善民生体现到基层治理中，展现服务基层、服务群众的担当作为。

网格化管理通过对社区区域位置进行科学、合理的分化，在化整为零的过程中形成基层治理网格，从而建立“方便管理、界定清晰、责任明

确”的基础。顺德多个社区在网格化治理的帮助下，能够及时、有效、妥善处置各类事件，让小网格在社区治理和服务中发挥巨大作用。

案例

以网格化管理为抓手，落实基层治理举措

——顺德区北滘镇黄龙村

2001年，顺德区北滘镇黄龙村还是经济差、环境差、治安差的“三差村”，并被认定为全区20个“经济发展较慢村”之一。习近平总书记2012年12月9日到黄龙村视察指导工作后，北滘镇党委政府、黄龙村“两委”干部谨记习近平总书记提出“农村党建工作让群众更满意”的殷切期望，通过一系列动作加快农村更新转型，如今，黄龙村已成为经济实力持续增强、基层和谐稳定的发展典范村。

在黄龙村的治理过程中，除了围绕以党建引领为核心这一基本准则，另一个重点是采用网格化管理方式，帮助基层治理向高质高效转变。

黄龙村通过完善村级视频监控系统，实行“天网”“地网”“屋网”“人网”的四网联防。一是形成全村“天眼”监控全覆盖；二是在村主要出入口安装警务E超市系统；三是建成大中型出租屋人脸识别系统；四是网格员和治安员对重点位置进行每日消防巡查。

在四网的基础上，黄龙村还建立“三支队伍”，形成力量互补，通过联勤联动联步，提高社区治理效能。三支队伍指“治安员、网格员和公共法律服务人员”，三者在治安防控管理、社会治理和公共法律服务的网格化管理中互为补充、互为支撑、互为倚重。首先是队伍联勤。按照一个网格约1800人的标准，将全村共划分为9个网格，并将9个网格合并为4个党建社会事务网格，共配专职网格员9名，实施一员一格。在此基础上，按照“1+1+N”（1个网格员+1个治安员+公共法律服务团队、党员、志愿者等N个力量）的标准充实网格治理力量。

在基础设施与人员的密切联动配合下，黄龙村始终贯穿网格化治理，不仅有效提升全村治安环境建设水平，增强了居民安全感和归属感，还推动形成了和谐有序的乡村生活环境。

（四）立足乡情治理，多元协同共建

党的十九大报告提出，要“打造共建共治共享的社会治理格局”，强调“加强社区治理体系建设，推动社会治理重心向基层下移，发挥社会组织作用，实现政府治理和社会调节，居民自治良性互动”，因此，吸纳更多行动主体参与社会治理成为应有之义。

一直以来，顺德区在社区治理上坚持突破治理主体单一的局限，建立起由党委政府、法定机构、村（居）委会、基金会、社工机构、居民等多元主体合作的共建模式，通过纵横联动协同共治，保证社区治理精细化、完备化。

值得一提的是，在顺德社区治理中，民营经济发达、企业家乡情深厚的优势不容小觑。数据显示，顺德区每千人拥有市场主体数量突破 108 户，民营企业占比全市第一，是顺德区的一面长期旗帜。在经济快速发展的同时，顺德区始终保留着比较完整的乡土社会和宗亲文化，顺德企业家群体也素来有反哺乡土的热情和使命感。由此，在顺德社区治理多元配合中，企业家、乡贤是重要一环，是推动社区治理健康发展的重要力量。

在乡情赋能下，一些社区治理难题，尤其是资金短缺问题能够迎刃而解，企业家、乡贤群体的参与，一定程度上补足了政府短板，助力社区治理取得新成效。而乡情治理也为“共建、共治、共享”的社会治理格局增加了“共荣”的精神动力和文化内涵。

案例 1

顺德龙江总商会贡献企业家力量，为社区治理赋能

龙江总商会于 1995 年 9 月成立，基本是由在龙江工商注册登记的民营工商企业自愿组成的非营利性民间组织。商会的成立不仅有利于协助政府管理和服务龙江镇内的非公有制企业的发展，维护企业合法权益，也为顺德区基层社会治理贡献了一份积极力量。

作为一个统战性、经济性、民间性的组织，龙江总商会紧密围绕党委、政府的要求，在促进社会力量参与、丰富社会服务供给等方面作出重

要贡献。首先是资金支持，2021年，龙江总商会企业单位捐赠超过2000万元资金定向支持乡村振兴和慈善福利项目，为乡村治理注入活力；其次是慈善关怀，每逢春节前夕，龙江总商会都会开展慰贫敬老活动，为龙江敬老院全体长者、护工及龙江镇多个社区中的低保困难家庭送上慰问和节日祝福，让受访对象、家庭过上温暖、欢乐的节日。

案例2

共谋共建社区空间　促进基层自治共治

——顺德推进参与式社区规划开展民主协商的实践探索

为贯彻党和国家关于基层治理的精神和指示，激发社区自治活力，顺德区社会创新中心以“参与式社区规划”为着力点，瞄准社区公有闲置建筑或场地，在推进群众自治、民主协商的策略上创新切入点，推行以参与式规划为手法的社区空间“微改造”，带动以社区居民为主体的相关方参与打造出一批“多方共同规划，居民持续参与”的社区共享空间。

播种子，培育参与式规划人才队伍。社创中心通过开展系列培训，传播参与式规划理念与技能的种子，储备社区引领与带动参与式规划的一线实践人才。让参与培训的基层工作者习得实践技巧及专业能力，同时鼓励培训学员通过具体项目转化培训成果。

引资源，点燃参与式规划动力引擎。社创中心联动多方力量共筑参与式规划项目的资金扶持平台。联合广东省佛山市顺德区容桂街道德胜社区慈善基金会等慈善力量资助参与式社区规划实践。有力推动社区自治共治延伸到更广范围、更具体的民生实事。

强指导，提升参与式规划专业支持。对获资金扶持的参与式社区规划项目实行全流程跟进及监测，提供走访交流、主题交流会、专家督导等支持。

扩大参与式规划辐射效应。一方面，为加强参与式社区规划已有实践的经验总结与成效推广，通过优秀项目的模式提炼，以点带面，辐射带动更多的村（社区）参与；另一方面通过编印《顺德社区营造案例集》等以及加大线上媒体宣传力度，传播参与式规划的价值理念与本土适用的工作手法，辐射带动效应明显。

纾矛盾，创新社区问题解决的议事共商场域。引导村（社区）党组织带领群众直面公共空间治理难题，让群众充分表达诉求、达成共识、开展行动，形成空间改造规划的“最大公约数”，缓解社区矛盾。

聚合力，赋能社区群众绘就基层自治同心圆。推动放权赋能，在实践中提升群众参与自治和共建共治的意识与能力。通过引入专业力量支持及理论传播普及，催化村（居）委会的价值认同，并为之“放权”“赋能”，把居民能干、想干、该干的事情放权给居民自己来干，形成有意识、有动力、有能力、有秩序参与社区公共事务的良好局面。

串链条，联动资源推广模式提升基层自治效能。随着参与式规划优秀项目涌现，各村（社区）依托项目联动社会资源能力逐步增强，项目价值理念与实践成果的凸显亦有助于参与式规划的广泛应用，促进基层治理效能的纵深延展。

（五）挖掘文化资产，转化治理能量

党的十九届五中全会提出到2035年建成文化强国的战略目标，由此，建立与新时代要求相适应的思想观念、精神面貌、文明风尚已然十分重要。党的二十大报告中亦提到要“全面建设社会主义现代化国家，必须坚持中国特色社会主义文化发展道路，增强文化自信”。面对人民不断日益增长的精神文化需求，文化繁荣发展的重要性再一次在国家政策的高度得到充分的体现。而社区文化嵌入居民日常生活实践之中，在文化繁荣发展的体系之中占据着基础性地位。

社区文化离不开居民的日常生活实践，它深深地根植于社区土壤之中，彰显社会文明程度，更加鲜明地体现出社区居民在社区实践中所构建的多样化生活样式，也深刻影响着居民对于社区家园的情感认同。由此，最大限度地激发社区群众的活力，充分发挥文化在基层社区治理中的潜在能量，是处理好新时期社会治理共同体中活力与秩序问题的重要思路①。

因此，在直面民生问题的同时，顺德社区治理工作也极为重视文化这

① 加强社区文化建设［N］．山西日报，2021-04-20.

种柔性力量。通过引导村（居）民共同挖掘优秀文化资产，举办各种喜闻乐见的文化活动，提高村（居）知名度，强化村（居）民参与活力和文化自信，从而构建社区治理共同体，借助共同体的作用解决和回应社区问题，有效地将顺德丰富的文化资源转化为治理能量。

案例 1

北滘镇黄龙村擦亮“黑皮冬瓜”文化品牌

北滘镇黄龙村种植冬瓜的历史已有数十载，自 20 世纪 80 年代开始形成特色。民间口口相传的有句话是这么说的：“碧江出只鸡，黄龙出个瓜。”这个“瓜”，就是象征黄龙村民勤奋、务实、拼搏品质的黑皮冬瓜。

自 2018 年开始，黄龙村每年 9 月都会举办“黑皮冬瓜文化节”，通过冬瓜船留影打卡、童心童绘冬瓜主题艺术创作、红色学习线路导赏、舞台表演、冬瓜厨艺大赛、店店有瓜美味尝鲜及评选、冬瓜主题文创新街、极鲜集市、水上拔河比赛等主题活动将冬瓜的魅力演绎得精彩万分，“黄龙黑皮冬瓜”的文化品牌越擦越亮。

依托村民对种植黑皮冬瓜的深厚感情和技术力量，北滘镇黄龙村挖掘故事、举办节庆、组建“黑皮冬瓜文化合作社”，实现农村党建与乡村文化紧密联结，乡村文化与基层治理融合发展。个别村民从公共治理的旁观者、传谣者，变成了正能量的弘扬者、文化建设的参与者，乡风更文明，治理更有效。

案例 2

陈村镇仙涌村传承发扬“朱子文化”与“年桔文化”

南宋末年，朱熹的后人迁居至仙涌村，遂在此繁衍生息，朱氏后人也将理学思想在仙涌村生根发芽，形成浓厚的文化氛围和注重教育的道德观念。

在 2019 年，仙涌村党委通过“美丽文明村”扶持资金，全力推进仙涌村“朱子学堂”项目。本着修旧如旧、复原传统建筑格局的原则，仙涌村将旧银杏驿站重新修葺活化为朱子学堂，并将其打造成传播文化史的实物载体，比如创立“耕读传家”项目，面向村里不同年龄阶段的群体，引进朱子家训、寻根之旅、文创DIY、村史教育等一系列形式多样的社区课程，丰富居民文化活动的同时传承历史经典。

此外，仙涌村不仅是理学大家朱熹后人的聚居地，更有着种植年桔近千年的历史。从2018年开始，仙涌村既本着修旧如旧的原则，又运用专业的规划和科学的修缮手段，将仙涌原旧幼儿园修缮活化为年桔文化展示馆，从不同方面展示仙涌年桔种植文化。

借助传统的年桔种植产业和传承朱子文化的基础，仙涌村结合“耕读传家”的理念，大力推进村容村貌改造、美丽田园建设、旧建筑修缮活化、历史文化资源挖掘、环境美化提升等项目建设，全面推动乡村振兴，提升居民幸福感。

（六）建立民主协商，重视柔性治理

民主协商的实质是治理主体通过一定的方式和程序聚集在一起，讨论研究事关治理主体利益及发展的相关问题。近年来，各级党委、政府为提升社区治理水平进行了积极探索，积累了不少宝贵经验，特别是把民主协商机制运用到社区治理之中，推动了社区治理理论和实践的不断创新。

在民主协商机制指导下，顺德区积极引导社区居民就身边民生实事和公共事务，充分表达诉求、达成共识、开展行动，通过自我管理和自我服务，实现“议而能决、决而能行、行而有效”，探索出基层矛盾从法律和行政手段到柔性治理和软性消化的可能性。

案例

龙江镇左滩村推动议事协商机制，打造乡村自治样板

在推动村民议事前，左滩村党委首先在党支部播下了种子，发挥党员先锋模范作用，以党建带动议事协商的开展。随后，议事协商在全村20个小组铺开，分别组建了基本的议事平台——议事协商会，并确定了议事协商的基本原则：对事不对人，聚焦议题，限时发言。

为推动议事持续开展和议事结果转化变现，激发村民建言献策和参与公共事务的积极性，左滩村党委乘势而上，建立“幸福基金”，开展乡村微创投“左滩村幸福基金库公益项目”，以小额资助方式，鼓励村民积极参与公共设施更新和开展民生服务。例如“耜耕田”项目最初是为了解决村内闲置地脏乱差等问题而开展的项目，在开垦耜耕田的过程中，遇到了水源、电源及资金不足等难题。村委会联动社会工作者为田主们搭建起了议事平台，围绕田地分配、公共服务认领、田地灌溉、奖罚细则等进行讨论，共同找出解决办法，在面对人力物力财力不足的问题时，通过众筹的方式去补足。

通过充分发挥党组织的领导作用，左滩村建立了规范的、接地气的农村协商议事工作机制，完善了群众参与基层治理的制度化渠道，变“为民作主”为“让民作主”，使农村公共事务民议、民决、民办，并从源头上预防和化解农村基层矛盾，提高党员群众的参与感、获得感、幸福感，形成“自己家园自己建自己管”的主人翁精神和良好社会氛围。

“全国看广东，广东看顺德。”改革开放初期的这句话，印证了顺德锐意改革的形象。40多年来，作为我国改革开放的“试验田”，顺德一直敢闯敢试。经历多年实践，顺德区在社区营造上也总结出一套专属打法。从党建引领到多元治理，从乡情治理到文化链接，顺德啃下了“农改+村改”的硬骨头，以善治打造多元开放的治理格局，推进“有温度”服务为群众共享。让民众在制造业、民营企业的历史背景下享受到改革春风下的幸福感与获得感。

五、高明区：发扬“枫桥经验”，矛盾纠纷巧化解

高明区是广东省佛山市五个行政辖区之一，位于广东省中部、珠三角西翼，是珠江、西江交汇的重要节点。作为一个自然资源丰富且风景优美的区，高明区以发展现代农业、优质绿色工业及生态环境旅游业为其经济产业主体，并在近年来于科技创新驱动基础设施建设、产学研合作以及质

量强区战略发展上取得了亮眼的成绩[①]。

在市域社会治理及基层社会治理的现代化工作上，高明区在推进市域社会治理体制现代化、防范化解社会矛盾和社会治安风险、构建“五治”体系并发挥其作用等方面都取得了一定的成就。其中，高明区在发扬“枫桥经验”、建立矛盾纠纷解决机制、从源头化解社会矛盾的工作上尤其作出了在佛山市域范围内具有领先地位的探索。高明区通过完善科学分流制度和资源整合机制，促成司法机关、行政机关、企事业单位、社会组织等多主体联合开展调解，重点化解跨地域、跨行业、跨部门的重大疑难复杂矛盾纠纷，有效形成了化解矛盾纠纷的合力。

（一）搭建协商平台，构建调解网络

2020 年以来，高明区司法局、区人民法院、区诉前和解中心等政府部门及机构就致力于创建“无讼”乡村（社区）示范点，通过建立上下联动联调平台，全面整合区内资源，并在镇、村级层面建立诉源治理暨矛盾纠纷多元化解机制，对各类矛盾纠纷及隐患进行就地发现和化解等方式，将基层矛盾纠纷化解工作落到实处，充分结合并发挥诉讼服务中心“总指挥”、各镇（街道）法庭“总战场”、各村居“战斗堡垒”的作用[②]，积极推动工作取得成效。目前，高明区共建有 139 个人民调解组织（含工作站、调解室），全区共有人民调解员 1163 名。建立起区、镇（街道）、村（居）三级调解网络，全区 4 个镇（街道）和 77 个村（居）全部建立了人民调解委员会。建立规模以上企业人民调解委员会 27 个，建立妇女儿童权益纠纷、物业纠纷、医疗纠纷、道路交通事故纠纷、信访事项、涉军事务等专业性、行业性人民调解组织 21 个，建立 5 个法庭调解室、1 个个人品牌调解工作室和 3 个住宅小区调解室。年平均化解纠纷 2000 多件，调解成功率在 97.5% 以上。落实“一村居一专职调解员”制度，全区所有村

① 2019 年高明年鉴［EB/OL］. 高明区档案馆，2020-08-12. http：//www. gaoming. gov. cn/gzjg/xzgllsydw/qdaj/gmnj/content/post_ 4847278. html.

② 高明在更合镇新圩社区设立“无讼”乡村（社区）示范点［EB/OL］. 佛山市高明区政府网，2021-05-17. http：//www. gaoming. gov. cn/zwgk/zwdt/content/post_ 4802458. html.

（居）均配置了专职调解员。人民调解员队伍建设进一步加强，公信力进一步提高。

案例 1

高明区人民法院诉调对接“一体化”，打造立体解纷平台

高明区在市委政法委的统一部署和区委政法委的领导下，高明法院主导建设高明区诉前和解中心，旨在把非诉纠纷解决机制挺在前面，中心于2019年6月6日正式成立并运行。高明法院建立案件甄别、分流机制，对于适宜调解的民事纠纷，积极引导当事人选择诉前和解；对不宜调解或被告下落不明的案件，及时登记立案，进入诉讼程序。诉前调解成功的案件当事人可申请司法确认，法院审查后出具裁定书，赋予了调解结果强制执行力。诉前和解中心成立以来共受理案件7886件，调解成功3838件，调解成功率为51.41%，取得了良好的效果。多方联动合力解纷，为人民群众提供更专业、更精准的纠纷化解服务，高明法院纵向搭建了“1+6+77”三级解纷平台，即1个诉前和解中心，6个诉前和解工作站，77个村（居）调解点；横向上设立了5个专业领域和解站，即围绕服务民生福祉、优化营商环境、助力乡村振兴、防范金融风险等中心工作完善诉调对接机制，分别设立医患纠纷、交通事故、市场监管、乡村振兴和金融纠纷等领域解纷平台，实现重点行业重点领域矛盾纠纷社会共治。

除了调解以外，高明区还大力建设各类议事协商平台，建构有效的纠纷矛盾化解机制。通过这些平台，各类群体代表都能共同参与公共事务的决策和讨论，有效顾及多方利益，让纠纷的解决方案和处理过程更为合理，增强解纷工作执行效果。实践经验表明，利用议事协商平台化解矛盾纠纷的方式相对其他方式更加灵活快速且成本低廉，对推进矛盾事前化解工作，形成止讼、化讼、少讼直至无讼的良好社会氛围具有重大意义。

案例 2

“议事协商”+“村规民约”

——高明区双创新发挥自治强基作用

自国家推行乡村振兴战略以来，高明区民政局始终在工作中认真贯彻落实相关政策，不断推进城乡社区协商制度化、规范化和程序化，不断完善基层群众自治机制。自2019年起，高明区民政局通过印发和落实《高明区做好村规民约和居民公约工作实施方案》《高明区加强城乡社区协商的实施意见》等文件，有效构建城乡社区议事主体架构，规范基层议事协商程序，畅通群众议事决策参与渠道，打造议事平台，成功汇聚乡贤民智出谋划策，在高明区的乡村振兴工作中发挥了自治强基的作用。

高明区民政局的创新之一是开创了“4+X”党建引领议事主体协商模式。该模式中，“4”是指各类协商组织的四类固定成员，包括村党委成员、村委会成员、镇驻挂村干部和村务监督委员会成员；“X”则指涉及协商事项的村民小组、股份社等基层组织、群众代表、其他利益相关方。依据该模式，通过在各村成立各类议事协商组织，发挥党员牵头主抓作用，其他类型成员全力配合，成功调动多元主体，广泛链接各类资源，有效地为村民解决许多“急难愁盼”问题。在此基础上，创新开展“星期二”微协商平台，根据议题，灵活采取恳谈会、圆桌会、网络协商、听证协商、专家咨询、入户协商等10余种协商形式，有效汇聚民力民智，合力推进村(社区)基层社会自治。

除了建立村（社区）协商机制，高明区民政局还推动各村积极制定村规民约。在相关工作中，完善村规民约的制定规范，并规定村（组）干部和村民在社区自治中的权利义务，制定出规范化的监督管理、议事决策程序，推进村规民约在各村的应用。例如塘南村属下的大塘岗和小洞村民小组，通过一起制定村规民约，有效地团结了村中乡贤、精干力量为集体发展出谋划策，号召外出乡贤回乡开展人居环境整治等乡村振兴工作，有力提高了村民参与度。

通过创新议事协商机制，以及结合积分榜落实村规民约等方式，高明区民政局有效帮助下辖各镇（街）村（居）调动社区内部资源和力量，化解乡村社区基层治理中常见的“议而不决、决而不行”，以及村民离心、乡村空心、“各家自扫门前雪”等问题，切实解决基层群众的问题和需求，进一步促进政府、社会、居民的合作共治，为基层治理提供大量创新经验。

（二）三大联动机制，推进多元调解

为完善和丰富矛盾纠纷多元化解工作机制，高明区通过建立“三个联动机制”，推进区内多元调解机制的构建和发展。

第一个联动机制是多部门协调联动机制。相关工作开展以来，高明区司法局、人民法院、信访负责部门等通过提高部门间的沟通频次及沟通效能的方式，频繁开展各类协调联动，在人民调解组织的建立培育工作上达成共识。其中，各部门通过沟通，在区内建立了调解员岗位购买机制试点，实现了调解员队伍的专业化①。

第二个联动机制是“诉调对接”联动机制。这一机制由区司法局与区人民法院共同建立，意在加强诉讼与非诉讼纠纷解决方式的有效衔接。区人民法院与区司法局联合制订了《推进矛盾纠纷多元化解工作机制进村居工作方案》，全区72名村（居）专职调解员被聘请为区法院特邀调解员，通过开展矛盾纠纷多元化解工作机制进村（居）工作，构建了诉调衔接机制、全方位覆盖的大调解格局，让矛盾纠纷调处、化解在家门口，从源头上化解矛盾纠纷，切实减轻群众诉累，构建和谐的社会关系，推进调解协议司法确认工作，将调解成果通过司法程序予以固定，达到定分止争、案结事了的效果。

第三个联动机制是“访调对接”联动机制。该机制由区司法局与区信访部门共同建立，其目的是进一步完善人民调解化解信访案件的组织网络体系和工作衔接。通过成立高明区信访事项人民调解委员会，并指导镇（街道）信访事项纠纷调解与镇（街道）、村（居）、企业等调解组织对接，高明区成功建立起了信访和调解两大工作的对接协调机制，有效化解了初信初访案件及群众反映的热点难点问题，从源头解决了矛盾，有效地

---

① “司法行政业务指导+主管部门落实主体责任”构建矛盾纠纷多元化解工作新格局［EB/OL］. 佛山市高明区司法局，2020-08-20. http://www.gaoming.gov.cn/gzjg/zfgzbm/qsfj/zfdt/content/post_4462311.html.

预防信访发生及信访问题的激化。

案例 1

高明区成立全市首个“市场兼管领域多元解纷中心”①②

高明法院联合高明区市场监督管理局成立“市场兼管领域多元解纷中心”，该中心设置在区市场监管局内，主要负责区法院、区市场监管局交办的市场监管领域矛盾纠纷多元化解工作。当中心收到区内消费纠纷、股权纠纷等市场监管领域社会矛盾纠纷时，由区法院、区市场监管局、行业协会、律师等组成 15 人的调解人才库将会在 3 日内对此展开调解工作。调解成功后，中心工作人员可协助当事人到区法院对调解结果申请司法确认，区法院对中心移交的申请司法确认案件开通绿色通道；调解不成功的纠纷亦可快速移交区法院进入诉讼程序。通过整合司法调解和行政调解资源，促使纠纷依法、公正、高效化解，把矛盾止于诉前，更好地保护当事人的合法权益。

案例 2

高明区建立镇（街道）治安纠纷人民调解委员会统筹辖区“警调对接”工作

高明区推动建立镇（街道）治安纠纷人民调解委员会，由公安分局组织各基层派出所牵头成立，治安纠纷人民调解委员会委员由派出所干警、镇（街道）综治办、司法所等有关部门人员担任，治安纠纷人民调解委员会调解员由派出所干警、镇（街道）综治办及司法所等有关部门人员、村（居）治保主任、专职调解员等兼任，治安纠纷人民调解委员会与镇（街道）人民调解委员会对接，互相配合，调处化解辖区内的包括治安纠纷在

① 高明法院联合区市场监管局成立市场监管领域多元解纷中心［EB/OL］. 澎湃政务：高朝法院，2021-12-05. https：//m. thepaper. cn/baijiahao_ 15710447.

② 高明法院：聚焦民生和营商需求，打造多元解纷新格局［EB/OL］. 网易新闻，2021-12-17. https：//gd. news. 163. com/foshan/21/1217/09/GRDKQ4JG04179HUN. html.

内的各类矛盾纠纷。目前，荷城街道、杨和镇已建立治安纠纷人民调解委员会。

案例3

“横向到边，纵向到底”
——高明区打造大调解工作格局①

2021年以来，高明区司法局主动适应新时代新形势发展变化，始终把有效预防和妥善化解矛盾纠纷，维护社会大局稳定、促进社会公平正义、实现人民对美好生活的向往摆在第一位。以努力打造“横向到边、纵向到底”的人民调解网络开展系列工作，加强调解组织建设，加强行业性专业性调解组织建设、个人品牌调解室建设等工作，积极在全区探索建立“一体运行”的矛盾纠纷多元化解新格局，积极推动矛盾纠纷解决机制“大融合、大联动、大共享”，着力从源头化解矛盾纠纷，努力实现矛盾不上交，形成了“全面铺开、重点突破、以点带面、常态推进”的良好态势，成为法治高明、平安高明建设的重要力量。

目前，全区共建有人民调解组织140个（含调解工作站、调解工作室），其中区、镇（街道）、村（居）各级人民调解委员会全覆盖，婚姻家庭纠纷、物业纠纷、医疗纠纷、道路交通事故纠纷、信访事项、涉军事务等行业性专业性领域建立人民调解组织25个，依托调解能手示范带动效应建立个人品牌调解室2个。全面建立诉调对接、访调对接、检调对接、警调对接等“四调”对接机制，建立了区信访事项人民调解委员会、诉前和解中心人民调解委员会、检调对接中心、荷城街道治安纠纷人民调解委员会。区司法局联合公安分局、荷城街道，通过探索党建引领、政府指导、群众参与的模式，建立了一批共47个住宅小区调解工作室（调解小组）。

通过实现行业性、专业性及个人品牌调解组织数量稳步增长，全面推

① 织密调解网络，强化队伍建设，高明区人民调解工作取得新发展［EB/OL］. 佛山市高明区司法局，2021-05-24. http：//www.gaoming.gov.cn/fsgmsfj/gkmlpt/content/4/4820/post_ 4820886.html#3085.

动“四调对接”工作机制落地见效，快速推进小区调解工作，高明区逐步建成大调解工作格局。2021年以来，全区各级调解组织共开展纠纷排查1344次，预防纠纷432件，调解纠纷868件（不含诉前调解），调解成功858件，调解成功率98.8%。

（三）巧用个人调解，创建调解品牌

除了政府部门之间的联动，高明区不断创新人民调解工作方式方法，积极推动个人品牌调解工作室建设，打造品牌化、规范化、实用型、辐射型、创新型人民调解工作室，坚持用群众身边人管群众身边事，聘用调解功底扎实和较高社会威望的调解员、法律服务工作者和社会志愿者，个人品牌调解室能发挥“人熟、地熟、业务熟、情况熟”的优势，将矛盾调解重心“触角”延伸至群众生活的各个角落，织好“亲情化”调解网络节点，以点拓面联动社区、网格，以“熟”人网络带动建立基层人民调解网络体系，实现群众矛盾纠纷就地解决。

案例

佛山市高明区司法局培育完善个人品牌调解室

高明区司法局通过个人品牌效应带动村（小区）本着“成熟一个、发展一个”的原则，指导各司法所结合地方特色，因地制宜，突出工作特色和亮点，挖掘热心调解工作且成效显著的个人和团队建立起个人品牌调解工作室。更合镇结合乡村振兴工作挖掘资源培育建立起“和维贵”调解品牌室，并探索在全镇推广品牌调解工作室。明城镇探索结合组织振兴试点工作，在明阳村通过建立品牌调解室，依托全国模范调解员莫敏基带动在新岗村委会步洲村建立“和事佬”品牌调解室等举措推动个人品牌调解室建设。杨和镇探索在河西社区依托该社区党委书记、治保主任退役军人身份及社区的一些热心人民调解工作的退役老兵，组成调解志愿队伍，在条件成熟时建立品牌调解室。

目前，高明区已建立4个个人品牌调解室，其中更合镇巨泉村委会把“和维贵”个人品牌调解室延伸至村民小组，结合支部党建平台，在该村

委会辖区的田村、洞心村建立“和维贵”品牌调解小组；明城镇步洲村“和事佬”个人品牌调解室建立在村民小组。

（四）制定村规民约，发挥德治力量

村规民约作为一种准则规范对于维护乡村社会秩序、弥合法律留白、化解矛盾纠纷有其重要功能，是通过村民之间的契约，着重构建道德标准、凝聚人心，是发挥道德约束“无形之手”的威力，通过合法、规范、实用的规章制度有效提升自身道德素质，在道德层面教化群众积极向善，同时在村民之间出现矛盾和纠纷时，按照村规民约处理，也能得到村民们的支持和拥护，合理合法的村规民约，能够拥有强大的群众基础，对建设社会主义核心价值观、推进基层民主法治建设、弘扬社会正能量有着重要作用。另外，村规民约作为一种民间非正式制度，具有一定的规范性和强制力，在乡村治理的过程中，会产生各式各样的矛盾纠纷，一些邻里纠纷也为村规民约发挥其内在功能提供了空间。

为了最大限度发挥村规民约在“德治”工作方面的作用，高明区致力于对区域内各村村规民约的制定及修订工作。目前，高明区 77 个村（社区）已全部完成村规民约和居民公约的制定修订工作，54 个村委会完成“红黑榜”建设，基本形成了基层自治、自我管理、自我服务、自我教育、自我监督的良好局面。

案例

高明区各村村规民约的治理经验

高明区各村积极开展以村规民约管理及引导村民的实践，利用村规民约化解矛盾纠纷，引导村民汇聚民智民力共同推进乡村振兴。

一是荷城街道范洲村。下辖坑边村民小组利用村规民约红黑榜，由村民小组长带头严格遵守“农村建房、宅基地管理、三清三拆补偿、公共设施维护、农机械管理、环境卫生”等条款，以“黑榜行为”公榜曝光人居环境黑点，建立村民小组微信交流群，要求各村按村规民约规定把例如房前屋后乱堆放杂物、乱搭建棚屋、乱丢垃圾等行为当天在微信群中上传及

时反馈和整改，打消村民疑虑同心协力回村开展环境整治。该村做法在《乡村振兴纪事》电视栏目宣传，获得市农村人居环境整治专项检查100万元奖励。

二是杨和镇人和社区。下辖的大楠居民小组制定了村规民约约束村民维护村中卫生环境，具体的做法是利用无职党员领岗制度设立环境监督岗，由专人对村中的环境进行监督检查，村中同步将村规民约红黑榜融合居民落实门前“三包”政策和人居环境积分制，成功获得市农村人居环境整治100万元奖励。

三是明城镇明阳村。通过党建引领深化村组重要事权清单管理，结合村规民约的修订，将党的领导融入村重大事项决策和村民自治全过程，并强化了村党委对村中其他各类基层组织的领导。修订完善村、组两级的村规民约，推动移风易俗、形成文明乡风，选取3个村民小组实行村规民约积分制管理试点，不断提升基层治理实效。该村做法获得《人民日报》——《广东走向振兴的“红色村”》专栏宣传报道。

通过深入贯彻实施《中华人民共和国人民调解法》，高明区全面加强了区内的人民调解工作，努力构建出了“横向到边，纵向到底”的人民调解组织网络。其通过搭建协商平台和调解网络、利用联动机制凝聚多元调解合力、创建个人调解工作室品牌及制定完善村规民约等特色举措，扎实开展了矛盾纠纷排查化解，并大胆探索和践行新时代“枫桥经验”，实现矛盾纠纷预防在先、发现在早、处置在小。

六、三水区：打造“三水方案”，创建治理新模式

2017年党的十九大以来，健全党组织领导的自治、法治、德治的乡村治理体系逐渐成为乡村振兴及基层治理的主要基调。党的十九大报告明确指出，要“加强农村基层基础工作，健全自治、法治、德治相结合的乡村治理体系”，这是乡村治理体系首次被写入党的政治报告中；2020年，党的十九届五中全会进一步提出，要完善社会治理体系，健全党组织领导的自治、法治、德治相结合的城乡基层治理体系。这些提法，标志着乡村治

理体系的现代化建构路径的基本成型，乡村治理体系现代化建设成为国家推动农村建设发展的重要战略内容。

三水区作为广东省乡村振兴综合改革唯一的县区级试点，大胆探索、创新实践，在“党建引领、三治结合”的基础上，不断研究完善，探索出“党建引领、三治结合、四会联动”的基层社会治理“三水方案”，是全面推进现代乡村治理、推动基层善治的重要实践。

（一）坚持党建引领，筑牢红色堡垒

习近平总书记在十三届全国人大一次会议广东代表团审议发表重要讲话，要求广东把基层治理同基层党建结合起来，在营造共建共治共享社会治理格局上走在全国前列。这深刻阐明了加强党的全面领导与构建中国特色社会主义制度下基层治理体系和治理模式的本质特征和内在逻辑，党政军民学，东西南北中，党是领导一切的，基层治理作为国家治理体系的重要组成部分，也必须置于党的全面领导之下。

为了贯彻党对国家治理工作的全面领导，将党建引领贯彻到社会治理的方方面面，2018 年以来，佛山市三水区大力实施第一轮基层党建三年行动（2018—2020 年），各社区、镇（街道）、村庄实施了一系列有力举措，不断推动全区基层党建工作走向一个个成就高峰。这些举措包括了高标准建设镇（街道）、村（社区）、村民小组“三级阵地”，让基层党组织开展组织生活、议事协商有阵地；推动农村无职党员设岗定责，让无职党员“有位有为”；构建三级党建网格，让党旗在新冠肺炎疫情防控一线高高飘扬；创新资源、需求、服务“三单”管理，让城市基层党建更加精准到位；坚持党建引领乡村振兴，让制度、人才、组织、惠民、善治“五大路径”更加全面深入；探索村组两级重要事权清单管理，让基层党组织在村务管理中更有话语权；等等。在 2021 年，三水区又进一步将党建引领基层社会治理作为系统工程整体谋划推动，把党的领导贯穿基层社会治理的各领域、各方面、各环节，出台了《佛山市三水区打造党建引领基层治理示范样本的实施方案》《佛山市三水区新一轮加强基层党组织建设三年行动计划（2021—2023 年）实施方案》等文件，紧扣权责划分、组织建设、风险预防、隐患识别、矛盾化解等核心要素，通过构建“五大体系”，全域

打造党建引领基层治理示范样本，使大抓党建、大抓基层的氛围更加浓厚，全面从严治党主体责任更加落实，党组织领导的基层治理体系更加完善，基层党组织和党员的作用发挥更加充分，党在基层的执政基础更加牢固。

案例▶

三水各镇（街道）加快打造一批党建引领基层治理示范点

作为三水目前最年轻的城市社区，云东海街道映海南社区坚持“三单”管理，通过构建党建三级网格，积极打造党群共享客厅、组建“红领联盟”区域化党组织、推动在职党员志愿服务常态化和长效化、实施党员楼长制度等，实现社区资源、居民诉求、党员服务的精准对接。结合街道的“三百工程”，映海南社区积极建立“1 室 8 站点”家门口调解工作体系和开展群众诉求连心服务微平台等试点工作，努力打造党建引领基层治理的云东海样本。

位于三水南部的白坭镇，外来人口众多。白坭镇园区党工委以党建联盟为基础，以新白坭人为核心推进工作，新白坭人参与行政村“两委”队伍、参与辖区的议事决策架构，由他们打造出来的关爱“小候鸟”活动已连续举办 5 年，为假期来到白坭探亲的青少年提供各种资助和服务，例如带领“小候鸟”畅游白坭乡村振兴示范点，疫情期间搭建起网上互助学习平台，让“小候鸟”在家也能学习等。

乐平镇既是佛山国家高新区三水园的所在地，也是三水的农业大镇。在园区，三水工业园区产业社区党委狠抓“两个覆盖”落实，倡导把业务骨干培养成党员，扩大非公企业党员覆盖率，同步提高非公企业党组织覆盖率，更好地发挥党组织在非公企业职工群众中的政治核心作用。在乡村，该镇在三水首创“新枫桥经验村”建设，其中源潭村党委已推动建设了 4 个“新枫桥经验村”，协调推进基层善治、乡村振兴、城乡融合发展。

在芦苞镇独树岗村，当地已初步构建起权责清晰的治理工作体系。有效落实重要事权清单管理工作，在落实村组分红及征地、重大资产交易、民生微实事、“红色+”等重要事项中，加强党组织的话语权，同时持续深化无职党员设岗定责，充分发挥党组织战斗堡垒作用和党员先锋模范作用。

大塘镇以“聚梦家园”党校、农业园区和产业社区党群服务中心建设为着力点，推动“1+2+N”全域党建，打造覆盖工农产业和农村村组的党建示范阵地，坚持以党建带群建，提升各领域党建工作规范化水平，全面增强基层党组织党建工作活力。

在南山镇六和村委会，当地重拳化解集体经济矛盾纠纷。自 2019 年起，六和村党委结合扫黑除恶专项斗争工作，通过一系列措施，解决了 83 户“霸耕”“占耕”问题，共追回土地承包款 10 万余元，挽回了集体经济损失，为今后进一步规范落实农村“三资”管理清理了障碍。①

（二）促进三治融合，强化治理效能

在发展乡村治理体系的大背景下，我国在总结过往的乡村政治和乡村治理经验的基础上，充分吸纳、发挥我国文化中的优秀德治传统，形成了自治制度体系、法律制度体系以及道德文化体系三者并举、三者结合、三者调和的“三治融合”乡村治理模式。“三治”本身天然存在着内在联系，在治理过程中，法治和德治的作用发挥必须以自治为载体，而自治的运行也要体现法治信仰和德治理念，这三者若只取其一，就会发生“单靠法治太‘硬’，单靠德治太‘软’，单靠自治太‘任性’”的情况。推进“三治融合”，有助于让三种不同治理模式充分发挥协同效应，保障乡村社会运转有序、提升乡村社会整体治理水平，最终实现乡村善治。

在党建引领下，佛山市三水区经过一系列大胆的创新探索，成功地在区内乡村地区基本构建起了“三治融合”的乡村治理体系。在“三治融合”中，所谓的“自治”指的是“乡村自治”，其关键核心是作为治理主体的乡村居民的自觉行动，既包含了治理主体对自身主体身份、主体地位和主体价值的认同，也包括了对主体参与意愿的激发。在这方面，三水区依托村民会议、村民代表会议、村组两级议事会等渠道，激发村民的主体

---

① 佛山市三水区委组织部：打造党建引领基层治理示范样本［EB/OL］. 广东组织工作，2021-06-02. https：//www. gdzz. gov. cn/zgxc/gddt/content/post_ 12177. html.

地位，建立健全民事民议、民事民办、民事民管的基层协商机制，吸引社会组织和社会各界人士参与乡村治理进程；同时利用互联网、微信、公众号等各种媒介，拓宽村民表达意愿的渠道，为村民提供参与乡村治理的平台，鼓励村民为村里事务建言献策，实现村民自我管理、自我监督、自我发展。

案例 1

乐平镇源潭村委建设乡村治理示范村

源潭村在基层自治上，一方面抓好村规民约传承创新，将农村人居环境整治长效管理工作纳入村规民约，有效调动了村民参与农村人居环境整治的积极性；另一方面，将实施重要事权清单管理写入村自治章程，重大项目、集体资产交易、组织换届等均列入清单管理，实行集体民主决策科学化、规范化。此外，为无职党员设岗定责，设置公共事务、社会维稳、环境卫生监督等岗位，让无职党员干事有机会、管事有名分，带领村民主动参与乡村治理。在党群服务站设置百姓议事厅、连心屋，开展“红管家”服务、党员评星定级，实施“综治中心+网格化+信息化”管理等“软机制”，引领带动村民共同参与乡村治理。

而“三治融合”的“法治”，指的是一种“规则之治”，规则思维是法治思维的核心要义①。这意味着打破传统的人治状态，将现代法律规则意识及法律手段引入乡村生活。在这方面，三水区通过着力健全法律法规体系，有效地解决在新农村建设、城镇化建设的过程中发生的一系列新问题和新矛盾，做到用法治对公民进行思想和行为的引导、利益的维护，用法治限定自治的范围和权限，弥补德治权威性、效益性不足的问题。

① 王文彬．自觉、规则与文化：构建“三治融合”的乡村治理体系［J］．社会主义研究，2019（1）：118-125.

案例 2

三水区西南街道：做好法治文章　筑牢和谐基石

近年来，西南街道以村居为着力点，以人民调解为抓手，从创新法治宣传、提升法律服务、做好人民调解等方面精准发力，不断完善基层社会治理体系，增强基层治理效能，提升群众的安全感和满意度。

木棉村是西南街道一个特别的民族村。据统计，木棉村现有户籍人口约 3600 人，流动人口约 1 万，除了本村的汉族村民，这里还居住着壮族、土家族、瑶族、布依族、蒙古族等 24 个少数民族。木棉村内目前共有企业 60 多家，部分企业是少数民族人口前来设厂投资的，随着企业发展，木棉村的少数民族员工逐渐增多。

为破解外来人口服务和管理的难题，木棉村优化法治宣传载体，创新法治宣传方式，形成了基层治理的一套有益经验。

多年来，木棉村密切村企交流，将法治文艺演出、法律服务活动送进企业和自然村，使法治宣传“飞入寻常百姓家”，让群众在潜移默化中接受法治熏陶，提升法治素养，在小村居里凝聚民族大团结。

木棉村将法治宣传融入文化活动的做法，是西南街道创新法治宣传方式的缩影。此前为了做好民法典的宣传，西南司法所创新制作了普法宣传 IP 形象——“西西”和“南南”，通过打造线上普法主题活动与传统线下宣传活动相结合，共同做好法治宣传。

此外，西南司法所还将文锋公园升级改造成法治文化主题公园——西南法苑，打造一个集休闲、健身、普法功能于一体的法治文化宣传阵地。同时在西南法苑启动“西南法律驿站”，资深律师、公共法律服务志愿者和社区工作者等人员驻点开展普法工作，使公共法律服务触手可及。

“三治融合”中的“德治”即道德教化，是乡村治理的价值保障，其实质是通过重新发掘和建构乡土文化价值，利用其内在孕育的道德价值体系对乡村中的人进行感召，对乡村主体的行为形成有效规制，并最终为自治和法治提供有效辅助①。在这方面，三水区加强基层道德建设，重视德治的重要地位和作用，通过建设“书屋”“活动中心”，举办各类读书活动，加强对村民的教育和引导，通过优秀的家风建设评比及道德评议等来鼓励优秀家风的传承和发扬，同时注重培育农村新乡贤，挖掘和树立道德模范榜样典型，发挥示范引领作用。

案例 3

江根村委会强化道德正面激励作用

近年来，江根村委会进一步加强道德建设，一是完善正面激励机制，评选出各级 265 户“文明家庭”。定期在“妇女之家”开展家风家教和家庭文明讲座，评选好媳妇、道德模范等先进典型，让好家风浸润村中每家每户。“尊老敬老、文明风俗”被写进了村规民约，有效规范村民道德行为。二是建立“红黑榜”机制。提升农村人居环境，需要群众参与，齐抓共管。江根村村民小组将“门前三包”等农村人居环境整治内容纳入村规民约，每月对村内各户的卫生环境情况进行考核，以红榜、黑榜的方式公开，发挥村民主人翁作用，让村民参与农村人居环境的共建共治共享，通过从建立长效管理机制、提升村容村貌等方面补齐自然村短板。其中沙塘村村规民约获评广东省 2019 年第二批优秀村规民约。三是构建典型引领示范机制。2017 年，以沙塘村和夏凰山村为示范点，江根村全面铺开美丽文明村居建设工作。2019 年以来，西南街道投入过千万元打造昆都山思贤滘片区，同时，还完成进村道路提升等各项配套建设，吸引不少市民走进江根村，扩大了江根村的知名度。

村委会下辖的 24 个村民小组均有文化室和健身路径，累计面积 3000 多平方米，极大地丰富了村民的业余生活，营造了良好的文化氛围。

① 王文彬．自觉、规则与文化：构建“三治融合”的乡村治理体系［J］．社会主义研究，2019（1）：118-125.

（三）创新四会联动，凝聚共治合力

“四会联动”是三水区在“党建引领”“三治结合”上的一项创新，旨在通过深化村民议事会、村务监督委员会、家乡建设委员会、乡贤慈善会“四会联动”工作机制，进一步提高了民主决策的效率和科学性，破解村治困局，能使不同群体、不同层级的村民参与乡村治理，构建多元共治的乡村治理格局，促进干群和谐、社会稳定，该项制度深受基层干部群众好评。2021 年以来，三水区充分发挥 48 个村民议事会和村务监督委员会、134 个家乡建设委员会和 133 个乡贤慈善会作用，成功将乡村各自治主体紧密凝聚在一起，共同形成乡村治理的强大合力，实现乡村治理中有人议事、有钱办事、有人做事、有人监事，让乡村自治得以真正实现、切实执行。

案例 1

江根村委会：“党建引领、三治结合、四会联动”构建现代化乡村治理新体系

江根村委会借力“四会”支起杠杆力量，通过村民小组党支部提议，村民议事会讨论研究、乡贤慈善会筹集资金、家乡建设委员会推动落实、村务监督委员会监督把关的形式，沙塘大道、村面绿化公园、赖镇庭书室修葺、江根花海等工程撬动各方资金共计 380 多万元顺利完成。同时，“四会”成员以自己的学识、专长积极为家乡建言献策。江根村乡贤代表陆阜年不遗余力担任江根村义务讲解员，成为 2020 年“感动三水”道德模范。下王山村的孝德文化浓厚，由村集体经济和乡贤共同出资为老人发放重阳红包已经成为传统。通过推动“四会联动”走深走实，引领村民见贤思齐，参与乡村治理，江根村各项事业取得不断进步。

农村人居环境整治开展以来，江根村通过发挥“四会联动”作用，发动党员、群众参与，通过实施一系列乡村景观提升工程，重点推进“厕所革命”、垃圾分类处理、水体治理、农房风貌升级改造等工作，下辖 24 个自然村全部通过区级干净整洁村验收，17 条村民小组创建了美丽宜居村，全面提升了江根村村庄品质和档次。

案例2

白坭镇“四会联动”基层善治[①]

2015年，白坭镇在探索成立村民议事会的基础上，不断深化“四会联动”基层自治模式。目前全镇72个村民小组均建立“四会联动”组织架构和工作机制。2019年，在沙围村等16个村民小组铺开“四会联动”示范村创建工作。白坭镇的做法、经验主要有以下四个方面。一是党建引领。坚持村（组）党组织在“四会联动”中的核心指导作用，提高“四会”组织成员中的党员比例，强化党组织的作用。目前，村（居）两级议事会的党员比例为83%，“四会”成员的党员比例超62%。二是制度先行。建立和完善村（社区）自治章程、村规民约的制定审批流程，并指导各村（社区）依法修订完善自治章程和村规民约，提升基层治理水平。三是点面结合。在集中资源打造中社村“四会联动”示范点的同时，以点带面，组织重点村民小组学习示范创建经验，在沙围村等16个村民小组铺开“四会联动”示范村创建工作。四是多元共治。在村民小组议事会议事决策、村务监督委员会监督的基础上，充分发挥乡贤慈善会和家乡建设委员会的作用，汇聚更多能量，筹集社会资金支持农村建设，有效解决农村发展中人才资源缺乏、不可持续等问题，实现了农村基层的共治、善治。

通过探索“党建引领”、“三治结合”与“四会联动”等崭新的治理手段机制，佛山市三水区确立了“政社归位、协同共治、规范管理、服务下移”的基层治理思路，调动农村各类组织积极参与基层治理，充分发挥这些组织参与社会事务、推动农村法治建设、推进农村精神文明建设等方面的重要作用，有效破解了农村治理能力协商不足、群众参与度不高等问题，进一步实现在基层党组织领导下的民事民议、民事民办、民事民管，推动基层治理效能不断提升。

---

① 以点带面，三水今年将建成12条“四会联动”“五有”示范村［EB/OL］. 南方Plus，2019-08-06. http：//static. nfapp. southcn. com/content/201908/06/c2495736. html?colID=0.

七、变盆景为风景：佛山绘就市域社会治理新图景

在市域社会治理试点创建的决战之年（2022），佛山市委平安办举办“市域社会治理十大创新案例”和“基层社会治理十大典型案例”评选活动，动员市政府各直辖单位和各区职能部门，总结提炼出一批具有佛山特色，可借鉴、可复制、可推广的社会治理经验做法，带动市域社会治理现代化提质增效，出新出彩。在2022年4月底举办的“市域社会治理创新案例”和“基层社会治理典型案例”擂台赛上，各参赛单位悉数亮出“独门秘诀”同台竞技，给在场人员带来了一顿社会治理“饕餮盛宴”。经过激烈角逐，禅城区农业农村局的“乡村大脑”、顺德区人民法院的“金融类案智审平台”、南海区的“新型特色社会动员体系”等“双十”创新典型案例脱颖而出，将社会治理“盆景”扩大成“园景”，形成具有佛山特色的社会治理“风景带”。

（一）坚持党建引领，巩固基层核心

党的十九届四中全会特别指出，要加快推进市域社会治理现代化，以基层党建为抓手，深化市域社会治理现代化，让基层党组织和党员在社会治理中树立旗帜、展示形象、争当先锋，完善党委领导、政府负责、民主协商、社会协同、公众参与、法治保障、科技支撑的社会治理体系，形成人人有责、人人尽责、人人享有的社会治理共同体。党的二十大报告中也提到：“全面建设社会主义现代化国家、全面推进中华民族伟大复兴，关键在党。”

一直以来，佛山市坚持党建引领，成立以市委书记为组长，市长、市委常委为副组长，市直47家成员单位主要负责人为成员的市委平安佛山建设领导小组，构建党委统一领导的社会治理工作格局。

同时，佛山市委还提出了“大党建、大服务、大治理”理念，突出基层党建与基层治理创新相结合，推进“堡垒型+服务型”党组织建设，全面构建“1+N+X”区域化大党建格局，即选准配强“1”这个龙头，充分发挥其核心作用，带头统筹区域内“N”个党组织、“X”个区域外党组织

和其他社会组织，搭建区域化党建组织架构。

在顶层设计——“党支部建在网格上”的统筹下，各区以现有村（社区）网格为基础，推进“党建网格”建设，将党建工作、民意征集、服务代办、矛盾化解等工作全部下沉到网格，有效打通了服务群众的“最后一公里”。各区还凸显党员示范带动作用，选派优秀年轻党员干部到城市重点项目建设等攻坚克难一线和急难险重任务中历练，深入社区网格开展摸排、值守、宣传、志愿服务工作，切实提升人民群众的知晓率、参与率、满意率。

区域化党建的推进，不仅盘活了党组织的力量资源，给他们提供了接触群众、服务基层的途径，还带动各类群团参与，推动了大党建格局的构建，形成了全社会共抓党建的良好局面。基层党组织在统筹力量和资源中增强了向心力，在联系服务群众“最后一公里”中增强了凝聚力，在解决基层治理难题中树立了威信，进而巩固了党组织在佛山市基层各类组织、各类群体中的核心地位。

在治理擂台赛中，各区展现了独具特色的党建引领基层治理模式。南海区积极探索社区治理新模式——“创建熟人社区”（以下简称“创熟”），坚持推动区域化党建网格与社区自治网格融合共生，大力培育楼长、巷长、街长、自治小组、街坊志愿互助会，形成以党员为模范先锋、各方主体主动参与社区治理的新格局，实现了社区各方力量有效联动。在“创熟”行动的牵引下，具有南海特色的党组织引领的新型特色社会动员体系逐渐成型。

禅城区祖庙街道南浦社区通过小区党支部针对近年疫情防控中暴露的传统小区治理的难点、堵点和痛点，精准发力。创新性地通过探索建立党员楼长制、把党支部建在小区上、党支部书记兼任业委会主任等一系列措施，不仅筑牢了疫情防控的铜墙铁壁，还破解了社区治理本身存在的各类问题，实现了“为民作主”到“由民作主”、居民“自治”到居民“善治”的巨大转变。

高明区公安分局坚持问题导向和源头治理，以“枫桥式”平安社区创建为牵引，主动牵头相关职能部门合力解决设施“老旧残”、事务“无人管”、矛盾“天天发”和改造“无资金”等老旧小区“四大难题”，探索出了一条“少投入、小改造、大收获”的基层治理新路径。

作为顺德行业商协会社会治理现代化示范点，龙江总商会充分发挥商会党委在社会治理中的作用，围绕“行业自治、政府管治、社会共治”三个路径，成功打造出了“双融双促”党建工作法、“法情理三结合”调解工作法、“青年创新委员会”“新市民商会联合会”等一批党建引领商会参与社会治理的特色做法和品牌项目，推动行业、地方经济实现良性发展。

（二）多元主体共治，凝聚治理合力

从空间结构上看，社会是一个由各种主体、区域交织而成的立体化形态，也是由大大小小的社区、地域组成的如拼图一般的平面结构。因此，对社区的治理从结构上讲是碎片化、幅面宽、不规则的。按照我国的行政层级架构，社区的管理机构有街道办事处、社会组织、市场监管等各种机构，是一个“复合型”的治理架构，但也同时造成了多元治理主体权责不清的现状，大大增加了管理难度，使政府的人力、物力、财力受到限制，管理呈现乏力状态。

此外，佛山市户籍人口与流动人口比例严重倒挂，流动人口具有很大的不确定性和游移性，且需求呈现多样化，导致大部分居民对于社区各类公共事务参与动力不足，参与意识不强烈。近年来，佛山市进一步优化基层治理架构，强调在党建引领下，各主体联合构建共建共享共治的服务体系，注重在社区治理过程中发挥多元主体协同作用。其一，在社区层面，强化村（社区）党工委的核心地位与方向引领，打好村（居）民自治、集体经济和村（居）务监督组织的基层治理基础，探索推进“政经分开”的现代化改革，充分发挥社区社会组织（城乡社区组织）、物业服务企业等各种经济社会服务组织的作用，补充基层治理的组织力量，使多元治理主体形成合力协同共治。其二，进一步推动政社合作，佛山市政府下放一定的权力，遵循市场规律，通过购买各种社会组织提供的公共服务，推进社会组织承接政府职能的进程，使全社会积极参与社区活动，培养全员参与社会治理的意识观念，推动政社合作及强强联手，使社区治理工作制度化、规范化、有效化、条理化。其三，激励企业参与，企业是提供人们在社会中求生、创造价值、创新生活的一个重要载体，社会面上的大中小各

类企业对社会稳定、社会综治、社会现象等有着极其重要的影响作用，是一支不能忽视的重要力量，佛山市文明委曾发布“友善企业、爱心企业”建设工作方案，目的是希望企业全力参与，努力在全社会形成无论是企业还是市民，都要秉承人企向善、人企扬善、人企行善的良好社会新风尚。

佛山各区通过鼓励不同主体参与营造共治共享新格局，形成不同的多元共治优秀案例。例如，为畅通村民议事决策参与渠道，凝聚全体村民力量参与乡村振兴，高明区民政局打造“议事协商+村规民约”双创新机制，进一步畅通民生议题渠道，链接各方主体资源，执行村规量化积分，创新线上线下应用，以点带面全覆盖，全面提高基层自治水平。截至目前，高明区已完成小洞村“4+X”微协商、明城社区“和事佬”、塘南村村规民约积分“红黑榜”等一批优秀示范点建设。其中，小洞村“4+X”微协商在2021年成为全市唯一上榜的“全国村级议事协商创新实验试点”。顺德区则因城镇化进程中出现的本外地居民融合程度不高、居民参与公共事务渠道有待进一步拓宽、公共活动空间不足等问题，瞄准社区公有闲置建筑或场地，在推进群众自治、民主协商的策略上创新切入点，推行以参与式规划为手法的社区空间“微改造”，带动以社区居民为主体的相关方参与目标拟定、方案编制、工程建设及日常维护与管理的全过程，一批“多方共同规划，居民持续参与”的社区共享空间已经形成。另外，顺德区还以社区公益小切口，借力德胜社区基金会的运作，补位政府治理的不足与短板，撬动广大企业家积极参与社会治理，推动社会问题有效解决。

以政府为主导搭建社区居民自治平台，促使驻区单位、社会组织、社区居民等多方主体参与社区治理，制定社区资源的供给与分配及社区公共事务规则，既可以对基层政府的决策和行为形成一定的约束，同时也是对以社区居民为核心的基层自治功能予以进一步的确认和扩展。

（三）加大智力支撑，推动数字建设

以数字化解决现实问题，不仅是立足城市自身发展的需要，也是着眼于实现治理现代化的要求。佛山市是“数字政府”改革建设和政务服务改革工作起步较早的城市之一，2018年《佛山市“数字政府”建设方案（2018—2020年）》实施以来，佛山在数字基础设施建设、“互联网+政务

服务”建设、智慧应用体系建设等方面取得显著成效，建设成果更广泛惠及社会民生发展。

2021 年，《“数字佛山”建设总体规划——佛山市智慧城市和数字政府建设（2021—2025 年）》出台，佛山市数字政府建设开始从 1.0 阶段迈向 2.0 阶段，实施“数字+科创、数字+兴业、数字+惠民、数字+智城、数字+优政”五大应用引领，夯实“组织能力体系、数字基础设施、数字智能中枢、标准规范体系、安全保障体系”五大统筹支撑，塑造“数字佛山·善政智城”城市新名片①。

近年来，佛山市“智治”能力不断提升，市政务服务数据管理局深入推进市域治理“一网统管”，畅通政民互动“一网呼应”，搭建“市长直通车”平台，主动问需于民，直面群众诉求，真心实意解决企业群众“急难愁盼”问题，做到件件有着落、事事有回音。

佛山市各区域也积极开展“智治”实践。在市域治理创新案例中，禅城区以数字化为抓手，强化顶层设计，从“人、事、财、物、组织”5 个维度着手打造“乡村大脑”，通过人工智能和电子地图，让数据可视化、任务智能化、沟通便利化、管理高效化，全面提高乡村治理水平和治理能力；顺德区人民法院为探索科技创新成果与政法工作的深度融合，着力打造金融类案件智能审判平台，以集约化、智能化手段高效便捷处理金融纠纷，推动金融类案件审判进入快车道；在破解“打电诈难”方面，禅城区公安分局通过深度分析电信网络诈骗犯罪，以大数据的关联思维和传统侦查的逻辑思维为主导，率先在全国探索研发出了电信诈骗案件侦办自动化的打电诈模型，实现了公安侦查部门从人工应对数据向运用数据应对数据的侦查模式转型，有望推动公安侦查模式的全新变革；佛山市生态环境局高明分局积极探索、创新生态环境治理信息化体系，将互联网、大数据、云平台等现代信息技术运用在生态环境治理中，持续巩固和深化提升国家生态文明建设示范区创建成果。由于基层社会治理成效显著，2021 年被广东省人民政府授予“广东省生态环境保护先进集体”荣誉称号。

---

① 佛山数字政府改革建设加速推进［EB/OL］. 广东云端科技，2022-01-25. http：//www.yun-soft.cn/portal/article/index/id/69.html.

（四）厚植乡贤文化，创新治理模式

乡贤作为乡之贤者，自古以来就是参与社会治理的重要主体。乡贤文化是中华优秀传统文化的重要组成部分，在乡村建设中有着推进文化繁荣发展、引领乡村社会风尚、助推乡村经济发展、促进乡村社会稳定和完善基层治理体系的重要作用。当前，随着乡村振兴战略的不断深入实施，以文化涵养乡村建设已经不再是一个孤立的论题。

佛山作为国家历史文化名城，历史上是“气标两广的人文之邦”，历史文化资源丰厚，孕育了一大批青年才俊，其中不乏德高望重的贤能者、乐善好施的慈善家。因此，顺德、三水等区域都进一步加大对这些古今乡贤资源的挖掘、研究、保护力度，通过颂扬“古贤”，即梳理建立乡贤名录，广泛开展乡贤文化建设活动，开辟乡贤馆、乡贤长廊等形式，形成崇德向善、尊贤爱贤的文化氛围，滋养乡村精神文明，构建乡村共同体；并且培育“新贤”，即通过梳理当前本村“在场”与“不在场”的贤能者，给予荣誉认同，加强乡贤的归属感，唤起建设家乡的责任感；通过将大学生纳入乡贤储备队伍，既能通过长期的关注给予他们成长需要，又可以引导培育其中有潜力的新乡贤群体，回归家乡建设。

如今，佛山人引以为傲的乡贤，已成为各区在基层善治中的中坚力量。顺德大良北区多个项目均由海外乡贤捐赠而建，不仅成为联系乡情的纽带，还成为北区社区文化建设的一大品牌；三水区白坭镇本土企业家辈出，形成热心家乡公益事业的企业家群体，通过出钱出力，集思广益，带头破解了农村公益文体事业资源不足的难题；南海区九江镇高度重视并大力宣传弘扬乐善精神，主动建立了镇领导与重点乡贤、企业家挂钩联系机制，凝聚乡亲、乡贤、企业家等先进榜样力量参与基层社会治理的方方面面。

乡贤文化不仅在精神层面引领乡村文明建设，通过乡贤文化嵌入乡村治理也可有效弥补基层治理的部分缺失，乡贤治村作为制度补充，可以在畅通民情、民意表达渠道上发挥作用，进而在基层治理中形成合力共治的良好局面。佛山对于乡贤文化的注重，将乡贤文化融入农村基层治理等民生工程的做法，能够形成一股合力，汇力量聚人心，为市域治理建设贡献

柔性力量。

（五）全面依法治市，托起法治基石

党的十九届四中全会指出，要加快推进市域社会治理现代化，坚持以法治思维和法治方式协调利益关系，化解矛盾纠纷，进一步提高市域社会治理的法治化水平。近年来，佛山紧紧围绕《法治广东建设第二个五年规划（2016—2020年）》的总体要求，全面深化依法治市，层层压实各级法治建设第一责任人职责，法治领域多项工作走在全省甚至全国前列。

首先，佛山市坚持推进“放管服”改革，提升依法行政质效。在简政放权方面，进一步吹响“向基层放权”的号角，既要“接得住”，又要“管得好”。据统计，佛山市向区累计下放2203项行政许可和公共服务事项，区向镇（街道）下放46673项许可、执法、公共服务事项。审批事项精简率超过50%，全市85%以上事项和99.5%以上业务均下沉到区、镇（街道）办理。

其次，为打造一流法治化营商环境，佛山市也为市场放权，实干托底为市场主体减负。对市场主体首次发生的轻微违法经营行为免予处罚，同时大幅减税降费，大大减轻市场主体负担。在规范“管”方面，佛山市市场监管局创新采用人工智能“深度学习”技术进行市场主体风险的高精准预测研判，在全国首创“人工智能+双随机”监管模式。如今，该模式已入选国务院办公厅推介的深化“放管服”改革优化营商环境经验做法。

最后，各区在市政府指导下，在法治建设上融入创新做法，取得卓越成效。南海区“南海普法”微信平台长期位列法制网舆情中心等权威榜单司法行政类官方微信排行榜全国前十，4个基地获评省级“法治文化主题公园”称号，各职能部门轮流开展超90场主题法治宣传，将法治南海建设走深走实；高明区在法治建设“四级同创”上先行一步，扭住关键，不等、不靠，扎实推进，争创标杆，涌现了一批务实、创新、惠民的法治好项目，多个“高明探索”走在全市乃至全省前列；三水区开设法治文化节，不断创新思维，深入挖掘法治文化资源，突出“法”味、不失趣味，让法治知识深入人心；顺德区推出“崇法向善明德”法治文艺巡演活动，借助“一镇（街道）一专场”法治文艺巡演项目打造和创造更多“滴灌

式”精准普法和“沉浸式”一线普法的新阵地、新平台、新渠道、新载体、新形式，让普法的成效更加凸显、受益的群众更加广泛。

在2016—2020年度法治广东建设考评中，佛山市4次获得优秀等次，并荣获第六届社会治理创新论坛“2020法治政府建设优秀城市”奖；《法治化营商环境“佛山模式”》案例入选《法治影响中国典范案例汇编》；南海、顺德、三水被授予“全国法治县（区）创建活动先进单位”；10个村（社区）获评“全国民主法治示范村（社区）”。一系列法治建设的扎实成果，成为托起法治佛山的坚固基石。

（六）完善德治内容，引导全民向善

德治思想是我国作为礼仪之邦的传统优势，不仅可以保护和传承好优秀传统文化，还可以有效提高乡村文明程度，作为一种软治理手段，德治在凝聚公众思想，提供共同的价值遵循上具有重大意义，在乡村治理的过程中，它往往以传统优秀文化、村规民约和现代先进理念为依托，发挥道德的教化功能，推进乡村治理现代化。

佛山市的“德治”是从弘扬传统文化、培育新型乡贤、加强村规民约建设等地方入手的。在弘扬传统文化以加强乡风文明建设方面，各区域各村通过建立书社、修葺古建筑、弘扬祠堂文化、传承醒狮文化等方式，进一步丰富道德教育，增强人们的认同感和归属感，以传统文化发挥价值导向作用，培育亲近和谐的社会关系，促进社会秩序的稳定。

在培育新型乡贤方面，佛山各地充分重视新乡贤的作用，通过搭建各种机制，让乡贤广泛深度地参与社区、乡村的治理，成为议事主体和调解纠纷矛盾的主力。在许多乡村，通过开展“讲文明树新风”宣传教育会，“好家风好婆媳”“敬老文明号”“佛山好人”等评选活动，让乡贤榜样变得有血有肉、可学可做，把文明风尚由抽象变成具体，引导全民向上向善。

而在制定村规民约方面，佛山将村规民约作为新乡土社会秩序构建的重要工具，将它的作用抬到了前所未有的高度。市域社会治理现代化工作开展以来，佛山各地就一直着力探索发挥村规民约作用的方法，在这方面积累了丰富的经验。如禅城区南庄镇东村村以朗朗上口的“四字歌”形式

编制村规民约，提升相关内容的传播度，同时还将新市民诚信指数与租赁房屋记录挂钩，将奖惩实体化，将村规民约的作用落实到生活之中；高明区荷城街道塘南村通过进行“五个一”工作，优化一份村规民约、制定一份积分管理考评制度、成立一个监督机构、建立一个公示栏、制定一个积分结果运用机制，将村规民约与积分管理和红黑榜机制联系到一起，强化了村规民约的作用。上述多方面的探索和尝试，成功地帮助佛山农村营造出了文明的村风、民风、家风，让岭南文化、文明风尚、现代人文在村居植根，在乡风文明建设上结出累累硕果。

（七）完善风险防范，构筑平安佛山

市域是社会矛盾和风险的汇聚地，是防范化解社会矛盾风险的力量支撑地，也是守住安全稳定底线的主阵地。在本次“市域社会治理十大创新案例”和“基层社会治理十大典型案例”评选活动中，令人欣喜地看到，在防范化解市域五类风险方面，不仅有市域层面的探索成绩，也有来自基层的实践成果。

改革开放 40 多年来，佛山实现经济社会的跨越式发展，但安全隐忧亦相伴而生。为了排除制约城市安全发展的风险要素，从源头上防范化解重大安全风险，佛山市应急管理局通过搭建城市安全运行综合监测预警平台，建设九大风险监测专题，打造“监测中心、指挥中心、研究中心”三位一体的城市安全风险监测预警建设模式。这一探索，在 2021 年 9 月 24 日召开的城市安全风险监测预警工作现场推进会上，得到了国务院安委办的充分肯定。

创新和完善防范打击犯罪的新机制新手段，不断增强人民群众安全感，是社会治理的应有之义。2021 年 7 月起，佛山市公安局治安支队持续深入推进“五合一”专项行动，全力实现基层社会治理的底数清、情况明。禅城公安分局探索电信诈骗案件侦办自动化亦取得明显成效，为破解“打电诈难”提供了宝贵的“禅城经验”。建立高质量治安巡防体系是适应社会发展新阶段的迫切需要。对此，高明区公安分局以 PTU（警察机动部队）为龙头，加强无人机小组、水警建设，打造出“海陆空”三合一巡防格局。

防范化解社会矛盾风险，是社会治理的关键一环。南海区以全省信访诉求综合服务中心（信访超市）建设试点为契机，充分整合社会矛盾多发领域的责任部门和第三方社会力量，构建矛盾调处“村居首阵地、镇街主战场、区级终点站、分级分层协同”工作模式，推动社会矛盾源头化解、信访案件办理质量、信访秩序等方面的全面进步。三水区云东海街道立足风险隐患“早发现、早报告、早化解、早处置”的要求，通过构建“诉求调处外送到家服务体系”，用有限资源，最大限度地为群众提供畅通无阻的诉求反映渠道、快捷便利的调处方法和高效满意的处理效果，扭转“陌生人社会”的社区治理困局，切实将矛盾问题有效解决在萌芽状态、化解在基层。顺德区司法局、公安局充分发挥社会矛盾纠纷全链条、多元化调解工作机制的优势，创新整合公检法系统工作流程与内部力量、深度联动多元社会专业主体，实现警访调一体化对接联动，及时高效化解社会矛盾风险，打造出“枫桥经验”顺德样本。

第六章

踩“鼓点”：展望未来，开拓前路

在佛山市的市域社会治理现代化崛起之路上，所有的步伐都是高瞻远瞩之后，深思熟虑地踏下的。这正是佛山市在这一工作上成功的原因。自然，在前路上，还有许多的困难和挑战尚待这只“南狮”克服。总结经验之后，便是展望，未来的道路已经在佛山的面前铺开。

一、回首过往辉煌，南狮雄起当为何

从党的十八届三中全会首次提出“推进国家治理体系和治理能力现代化”的改革目标，到党的十九届五中全会提出“加强和创新市域社会治理，推进市域社会治理现代化”。2022年，党的二十大报告中进一步提出“加快推进市域社会治理现代化，提高市域社会治理能力”。国家社会治理体系正在悄然发生变化。推动国家治理体系发展改革离不开全国各省份各城市的创新实践。佛山市作为推进市域社会治理现代化的城市之一，积极响应中央号召，投身市域社会治理改革创新的行列。佛山市主动发挥区位优势，因地制宜，创造性地进行了诸多社会治理新机制的探索与实践。

回望佛山市建设市域社会治理现代化的进程，无论是政府统筹规划、制定目标，还是各区各级单位组织敢于挑战、协同合作，都为佛山市社会治理体系的创新发展增添了动力。通过近年来稳扎稳打的实践努力，佛山市各区如雨后春笋般涌现了大量优秀的社会治理案例，成为建设佛山市市域社会治理现代化的推手，进而帮助佛山市制订了一套系统化、本土化、信息化的市域社会治理方案，成功地打造出了市域社会治理现代化的“佛山样本”。在推进市域社会治理现代化的过程中，佛山市所展现的是一头目标明确、敢于创新、勇往直前的醒狮形象，屹立在梅花桩上，时刻准备着迎接挑战。

（一）狮头寻向：坚定政治信仰，明确规划目标

在佛山市市域社会治理现代化的进程中，能够统筹做好各区社会治理建设，让政策方案顺利推行，依靠的是坚定的政治信仰、明确的治理方向、完备的前期部署与规划安排。佛山市政府作为市域社会治理的舵手，从整体上把控着佛山市市域社会治理现代化的发展方向，为市域社会治理规划蓝图，起到了“狮头寻向”的作用。

首先，在政治信仰方面，佛山市始终把握正确的政治方向，坚持以

习近平新时代中国特色社会主义思想为指导，坚定不移走中国特色社会主义社会治理道路。习近平新时代中国特色社会主义思想是马克思主义中国化的最新成果，为推进市域社会治理现代化提供了思想指导。佛山市将贯彻落实习近平新时代中国特色社会主义思想作为首要任务，坚持党的领导、人民当家作主、全面依法治国有机统一，走好中国特色社会主义社会治理之路。与此同时，佛山市不断提升政治站位，为进一步推进市域社会治理现代化奠定了良好基础。党的十八大以来，佛山市委、市政府高度重视中央文件精神，多次对中央工作规划及报告等内容进行研判。近年来，佛山市发布的政府报告多次强调高度重视社会治理的重要性，阐明了社会治理工作的意义及作用，为推进市域社会治理现代化提供了创新动力。

其次，在党建引领方面，为了贯彻落实中央指引的党建方向，发挥市域社会治理在基层治理中的统领作用，佛山市坚持以党建为引领，不断推进社会治理改革，积极聆听群众心声与呼声，扎实推动解决群众“急难愁盼”问题，全面提升了社会治理政治化、德治化、自治化、法治化、智治化水平。另外，佛山市紧紧围绕党中央关于打造共建共治共享社会治理格局的精神，以及深深牢记广东省赋予佛山高质量发展的使命，始终坚持发挥党组织的政治引领、组织引领、能力引领和机制引领作用，大力开展党建引领社区治理创新工作，推动政治引领、法治保障、德治教化、自治为基、智治支撑的“五治”模式，切实增强群众的获得感、幸福感和安全感，为佛山实现高质量发展奠定了稳定和谐的社会基础。

在佛山市坚持推进党建引领作用的过程中，党建成为基层治理的领路人，在社会救助、群众服务等多方面扮演了十分重要的角色。在佛山市率先在基层治理中大力推进建立全市机关事业单位党组织和党员的“双报到”制度，即每个单位党组织挂钩联系社区（村）1—2 户困难户，每个机关事业单位在职党员到居住地或户籍所在地社区（村）报到，每半年至少报到一次，参与社区（村）群众服务工作。同时，佛山市出台《佛山市民政局关于构建全覆盖高效社会救助体系改革试点工作的通知》，通过抓党建引领社会救助改革发展，强化困难群众兜底保障的办法和措施，促进了基层党建和社会救助深度融合。

最后，在政策规划方面，佛山市委高度重视市域社会治理现代化试点工作，先后多次召开市委常委会会议和专项工作会议，对相关工作进行研究部署。佛山市于2020年发布的《推进佛山市市域社会治理现代化试点工作的实施方案（2020—2022年）》，对打造具有佛山特色的市域社会治理新模式的工作进行了详细部署，其中提出了要推进方式革新，增强市域社会治理驱动力。随后，佛山市人民政府印发《佛山市国民经济和社会发展第十四个五年规划和2035年远景目标纲要的通知》，其中再次强调要发挥基层党组织战斗堡垒作用，构建党组织领导的区域统筹、条块协同、上下联动、共建共治的社会治理工作新格局。多项社会治理规划方案的提出为佛山市域社会治理现代化谋划蓝图，保障了后续建设工作的稳步推行，为激发社会治理创新活力奠定了政策基础。

（二）狮腿探路：坚持创新精神，实践检验真知

实践是检验真理的唯一标准，建设现代化的市域社会治理体系离不开佛山市各区各级单位组织的切身实践。在市域社会治理现代化的实践探索中，佛山市各区各级单位组织争做“狮腿探路”，勇于挑战困难，坚持创新精神，脚踏实地落实好政策规划，将佛山市域社会治理的规划蓝图描绘到现实中。

首先，佛山市在市域社会治理中勇于挑战社会治理的痛点难点。在推进市域社会治理现代化的进程中，佛山市主动出击，精准探析行政组织框架问题。在传统的行政条块结构组织框架中，佛山市存在地方和单位协同联动不紧密的“三差”问题，即上下互动有“落差”、部门协同有“误差”、条块联动有“逆差”，极大降低了行政办事效率，是推进市域社会治理现代化的一大阻碍。为打破条块壁垒、形成发展合力，解决各级党组织统筹能力不强、辖区单位党组织游离于条块之外、彼此联动不紧密不高效等问题，佛山市在上下联动、条块结合上用力，全面深化城市基层党建，持续抓重点、破难点、塑亮点，有效破解条块联动不紧密、党建与业务“两张皮”等突出问题。为此，佛山打破了“就条抓条、就块抓块”的惯性思维，强化系统谋划，坚持系统集成，把与民生息息相关的行业党建作为城市基层党建的重要组成部分，推动了条线力量和资源下沉。

其次，佛山市在市域社会治理中涌现了坚持不懈的创新精神。在佛山

市域社会治理的推进工作中，求新创新是社会治理工作的一大亮点。在佛山各区各级单位稳扎稳打、实践前行的过程中，形成了点连成片的创新合力，为佛山建设现代化市域社会治理体系提供了源源不断的活力。第一，依托党建平台创新。佛山市委提出了“大党建、大服务、大治理”理念，突出基层党建与基层治理创新相结合，推进“堡垒型+服务型”党组织建设，全面构建“1+N+X”区域化大党建格局，即选准配强“1”这个龙头，充分发挥其核心作用，带头统筹区域内“N”个党组织、“X”个区域外党组织和其他社会组织，搭建区域化党建组织架构。第二，依托基层组织创新。在佛山各区的基层治理实践中，街道社区也为市域治理增添了创新力量。以丽豪社区“五个一”模式为代表的社区治理创新案例，构建了自治、法治、德治相结合的社区治理体系，夯实了基层党组织的战斗堡垒作用，整合优化了分散的资源，并实现了“问题矛盾不上交，社区大多能解决”的良好局面，成功地将社区组织优势转化成了治理成效，构建起“人人参与、人人共享”共建共治共享社区治理格局。第三，依托智能技术创新。在佛山市“数字政府”改革建设和政务服务改革工作的推进过程中，佛山在数字基础设施建设、“互联网+政务服务”建设、智慧应用体系建设等方面取得了显著成效，建设成果更广泛惠及社会民生发展。同时，佛山市各区域也积极开展“智治”实践，为市域社会治理提供“智治”创新思路。其中，顺德区、高明区率先开展“数字+优政”建设工作，创新政务工作机制，通过数字化智能服务提升了行政效率。

最后，佛山市在市域社会治理中保持了脚踏实地的务实风格。佛山市在推进市域社会治理的过程中，重点聚焦解决群众难题，为群众办实事。为坚决贯彻落实习近平总书记重要指示精神，贯彻以人民为中心的发展思想，强化公仆意识和为民情怀，佛山市深入研究新时代群众工作规律，掌握科学的思想方法和工作方法，发扬优良作风，真正把实事办好、把好事办实、把急事办妥、把难事办成，始终把人民对美好生活的向往作为奋斗目标，倾听人民群众的呼声和诉求，着力解决人民群众“急难愁盼”之事和“最恨最怨最烦”问题，办强信心、暖人心、聚民心的实事，不断增强人民群众的获得感、幸福感、安全感。佛山市通过构建“一月三问”机制，即“月初问任务、月中问进展、月底问成效”，推动重点工作落地见效，做好民生工程和城市管理治理，不断提升人民群众的获得感、幸福感、安全感。

（三）狮被盖网：创新网格管理，优化基层治理

建设市域社会治理现代化的目标是要构建一个体系化的共建共治共享的理想社会治理机制，达到“人人参与社会治理，人人共享治理成果”的效果。基层社会治理作为密切联系群众的重要环节，是国家社会治理的重要组成部分，也是最难攻克的治理难点。在复杂多变的基层社会治理环境中探索出了一条行之有效的社会治理道路，是佛山市域社会治理现代化进程中的一大亮点。佛山在基层社会治理的过程中，完成了一套“狮被盖网”的治理“组合拳”，通过网格化的治理手段、多元化的治理主体、智能化的信息管理，形成了一张基层治理大网，覆盖了基层社会治理的方方面面。

在治理手段方面，佛山市积极借鉴“网格化”社会治理创新模式，将网格员引入基层治理的队伍行列，精准对接群众需求，完成了一系列基层治理工作，收获了显著的工作成效。近年来，佛山创造性地提出了构建“1+3+X”群众诉求服务运作体系、“四个一”运作模式、“群众诉求+网格化”工作模式，为基层社会治理构建了一张治理网络，以网格化服务为桥梁连接政府和群众，将政府公共资源、社会公益资源、市场商业资源等资源整合到网格化管理信息平台，及时收集、反映和协调人民群众各方面、各层次的利益诉求。佛山市群众诉求服务体系坚持以人民为中心，主动为群众做“减法”、为群众促“和”，为群众提供多渠道、多方式提交诉求以及多元、便捷的矛盾纠纷解决方式，以佛山“和功夫”打造新时代佛山“网上枫桥”。

在治理主体方面，佛山市积极推动多元主体参与基层社会治理，激发多元创新思维活力，在集思广益中推动市域社会治理现代化的建设与完善。在党建引领的基层社会治理体系中，群团组织、企业社会组织、基层群众等一同构建了基层治理主体的多元有机网络，构成了基层社会治理的良性“生态圈”。在群团参与中，佛山市妇联是基层社会治理的主力军之一。凭借专业优势，佛山市妇联通过建设妇女儿童维权工作站、12338 妇女热线，搭建“舒心驿站”心理服务平台等，在营造和谐家庭文化、妇女

儿童权益保障、关爱社会心理健康等多方面起到了举足轻重的作用。同时，作为群团组织的佛山市共青团开展了“我为群众办实事”十大项目，既关心重视青少年成长发展，也着力于鼓励动员青年参与为人民群众办实事的实践，充分体现团市委在抓“学党史、悟思想”的同时，大力推进“办实事、开新局”的行动决心。另外，作为佛山地区特色组织的各地商会则依靠自身优势，成为化解基层矛盾纠纷的主力军。佛山市还依靠基层群众，积极搭建群防群治社会治理防线，让群众参与社会治理，贯彻市域社会治理中共建共治共享的治理理念，在治安防控、应急管理等多方面发挥了重要作用。

在信息管理方面，智能数据服务被引入佛山市域社会治理的体系建设。在基层治理中，数字信息化服务为网格化管理提供了极大的便利。近年来，佛山市打造集社会共治指挥平台、群众诉求服务处置信息平台、社会共治基础数据库、网格化管理信息平台、一体化视频监控平台于一体的佛山市社会共治智云。其中，群众诉求服务处置信息平台和网格化管理信息平台两大工程已基本建成，其余项目正有序推进，初步形成完备、高效、立体的“群众诉求+网格化”工作模式。与此同时，人工智能与大数据技术的采用也在市域治理法治体系与应急管理中崭露头角。在案件办理中，人工智能技术的引进帮助各区法院建立了案件快审系统，大大提高了案件办理效率。另外，大数据管理技术的采用为应急与治安管理提供了高效运作的保障。佛山市在智能数据服务建设中，完善城市运行智慧大脑，建设城市安全运行监测中心，打造了一条城市安全运行管理的智能化道路。

二、克服困难挑战，提质升级攀高峰

（一）结合地方特色，实现政策灵活落地

在佛山市市域社会治理现代化的进程中，佛山市政府领头为各级单位组织制定了一系列的政策方针，为市域社会治理机制指明了发展方向。然而，佛山市市域社会治理现代化的建设并不是一蹴而就的，从政策方针的

颁布到落地实施需要经过层层的把关和漫长的实践之路。如今，佛山市市域社会治理收获了显著的成效，离不开各级单位组织的耐心实践。这也进一步说明，在市域社会治理规划中，衔接好政策方针与实地落实之间的关系尤为重要。在今后推进市域社会治理现代化建设的过程中，也需要继续坚持协调好宏观的方针政策与微观具体的区域实践之间的平衡。具体来说，可以从以下三个方面着手。

一是要灵活理解政策目标和规划方案。在佛山市市域社会治理现代化的进程中，佛山市出台了一系列治理规划文件，为社会治理发展梳理了定位与目标。这些定位目标的设定为下级各单位贯彻落实市域社会治理现代化的规划政策找准了发展方向。然而，市域社会治理体系的搭建不仅需要绘制蓝图，还需要将规划政策落到实处。佛山市市域社会治理展现的优势是各级单位组织的实践特色，这来源于各地各级单位组织对政策目标和规划方案的灵活理解。

二是要抓住主要矛盾，挖掘地方特色。佛山市市域社会治理的政策文件给各区各部门提供了发展建设的大方向引导，但对于具体的区域内的发展矛盾而言是难以触及的，这也为各区各部门提出了工作上的挑战。在区域间推行宏观的现代化治理目标，还需要激发各区域的地方特色。这要求各区域单位抓住治理发展中的主要矛盾，主动挖掘地方特色，找准痛点难点，在政策的宏观指引之下，探索出一条适合自己的特色道路。

三是要具体问题具体分析，切忌生搬硬套。在市域社会治理现代化的推进过程中，佛山市勇于探索，敢于创新，各区涌现的大量优秀案例绘制了一幅亮丽多彩的实践版图，展现了佛山市市域社会治理现代化的成功典型。这些优秀的实践案例一方面证明了各项社会治理方案的可行性，另一方面为其他区域提供了新的实践样板。诚然，在市域社会治理现代化的推进过程中，借鉴先进的成功案例可以帮助辖区更高效地制订新的治理方案。但是，在借鉴优秀案例的同时，不能陷入生搬硬套、盲目跟风的泥沼中。对市域社会治理优秀案例的学习，既需要联系案例背景，深刻理解案例机制创新的内涵，又需要结合本地优势和具体问题，融会贯通地进行学习借鉴。

（二）保持创新活力，推动可持续发展

敢于挑战困难，勇于创新机制是佛山市市域社会治理现代化的优良特色。在佛山市完善市域社会治理的过程中，涌现了一批优秀的经典案例和创新机制。其中，新机制的采用为佛山市各区域增强治理能力添加了不少活力。然而，新机制之所以“新”，是因为开拓了新的治理方式，或是在原有的治理机制上进行了改良。“新”是一个相对的概念，意味着不断调整，与时俱进。同样，推进市域社会治理现代化也是一个不断调整、不断前进的过程。以往佛山市所建设的市域社会治理机制不是一成不变的，市域社会治理现代化是动态发展的，要不断根据时代发展要求和具体的问题、主要的矛盾进行调整，这也为今后佛山市推进市域社会治理留下了更多的发展空间。具体来说，可以从以下三个方面着手。

一是要积极展开调研，主动发现问题。无论是在构建治理机制方案前，还是在实施治理机制方案后，开展实地调研都是必需且重要的。在进行实地调研时，可以采取走访入户的方式深入基层，只有深入最小的管理单位，才能洞悉最尖锐的问题。同时，还需要建立良好的目标与评价机制，对机制的运行效果进行定期考核，既从横向上评价机制的运行效果，也从纵向上把握机制的发展和适应能力。

二是要树立看齐意识，学习先进经验。在佛山市推进市域社会治理现代化的过程中，由于探索新机制的不稳定性等因素，难免会存在短期内各区域发展不均衡的状况。此时，在各区域中要形成看齐意识，切勿闭门造车，要向走在社会治理先进行列的同僚看齐，学习对方的优势，补齐自身的短板。在各区域的新机制实践中加入交流学习环节，可以有效帮助佛山市市域社会治理现代化的机制建设在区域动态中寻求平衡发展。

三是要敢于试错，不怕困难。近年来，市域社会治理现代化是一个走在时代前沿的社会治理机制。其中，很多治理理念与运行机制不同于以往的社会治理经验，这容易成为社会治理机制创新的短板和瓶颈。同时，面对一个全新的治理方向，在探索创新治理机制的过程中，难免会遇到困难挫折，甚至走了弯路、错路。此时，各级政府部门在推行社会治理创新机制的同时，还需要容许不同的参与主体试错，敢于在挑战中不断完善治理

理念，在曲折的道路上探索出新的治理方向。

（三）加强流动治理，建设和谐社区家庭

佛山市作为汇聚了多条制造产业链的城市，走在广东省乃至全国的发展前列。这些丰厚的产业创造了数不胜数的就业岗位，吸引了众多人才涌入佛山市。这造就了佛山市人口流动性大的特点，成为佛山市市域社会治理现代化建设的一大难点。同时，近两年来席卷全球的新冠肺炎疫情也给佛山市提出了新的挑战。在推进市域社会治理现代化的进程中，佛山市作为一座人口密度大、流动性强的城市，其安全生产、灾害应急、疫情防控等风险防控治理面临着诸多困难。在佛山市市域社会治理的建设过程中还有许多治理理念和治理机制等待完善。具体来说，可以从以下三个方面着手。

一是要加强建设网格治理机制。在佛山市推进社会治理机制创新的过程中，建立网格员队伍、网格化的管理机制为佛山人口流动管理提供了新的治理思路。目前，网格化的管理机制还在佛山市部分辖区中继续推行，主要为基层治理服务，尤其是在基层矛盾纠纷化解方面展现了巨大的潜力。通过网格化的策略，将辖区治理对象细化，做到与网格员精准对接，能够有效联系流动人口，倾听群众诉求。

二是要注重多元包容的社区文化建设。营造和谐包容的健康社会氛围是佛山市市域社会治理的目标之一。在流动人口聚集的地区，聚集着不同的乡音面孔、不同的文化习俗。社会氛围和谐包容的发展需要在不同的文化背景中寻找共鸣。政府作为治理的先导主体，需要注重引导建立包容尊重的社区文化，比如举办佛山市本土文化活动、多地文化交流活动等，帮助各地居民感受不同的文化魅力，达成文化共识。

三是要建立健全数字化流动人口信息管理机制。数据量大、变化快是流动人口成为治理难点的主要因素。在佛山市流动人口治理的进程中，引入大数据信息技术等数字化信息管理手段是十分必要的。依托大数据技术，能够快速完成流动人口的及时登记反馈，实时跟进人口流动状况，为人口流动治理提供高效的辅助管理。尤其是在疫情防控方面，数字化的信息管理模式能够精准对接流动人口，快速完成疫情流调工作。

（四）警惕技术风险，保障数字隐私安全

智能化、数字化是佛山市市域社会治理现代化的重点发展方向，人工智能、大数据算法的运用也成为技术导向的社会治理新方案。在大量数字信息技术的辅助下，无论是基层治理、行政办案，还是风险应急防控，各个环节的运行效率都得到了很大的提升，佛山市市域社会治理的工作成效也十分亮眼。但是，在技术为导向的治理方式中，也存在着极大的技术应用风险，包括代际差异、技术信息教育不平衡等因素带来的数字鸿沟、算法黑箱中隐藏的算法鸿沟，以及大数据信息管理带来的隐私保护问题等，为智能数字化技术服务社会治理提出了新的挑战。如何应对技术风险的挑战，可以从以下三点着手。

一是要合理运用数字信息技术。在佛山市推进市域社会治理现代化的过程中，对智能数字技术的采用需要建立好数字信息技术的风险评估机制，正确认识技术运用的利弊。尤其是在正式采用智能技术之后，需要时刻检测技术风险，查缺补漏。同时，还需要建立技术应用风险的应对机制方案，当技术风险暴露时，能够快速采取措施，在最短时间内化解风险损失。

二是要重视培养技术人才队伍。智能化的市域社会治理方式，不仅需要引入数字科技等硬技术，还需要培养专业人才作为软实力。一方面，政府可以通过第三方合作机制与科技公司达成战略合作，扩充自己的技术实力；另一方面，政府也需要组建自己的智能社会治理队伍，保证政府在社会治理体系中的主导地位。

三是要建立数字隐私保护机制。在信息技术日趋发达的互联网时代，数字隐私保护是个热议的话题。在佛山市推进智能社会治理服务的过程中，多项治理内容会涉及个人信息、人员流调、监控视频等与个人隐私相关的内容，做好个人隐私信息的保护也是完善市域社会治理智能化方案的重要工作。这需要建立完善的数字隐私保护机制，尤其是需要防止外部技术侵入与数据盗取，要做好数字信息保护屏障，保障数字信息安全。

三、展望宏伟愿景，绘就未来新方向

（一）链接湾区，合作共赢

佛山市作为参与构建粤港澳大湾区的主力城市之一，推进市域社会治理现代化也是助力佛山市跟上粤港澳大湾区发展脚步的重要举措。同样，在粤港澳湾区建设发展的过程中，佛山市在建设市域社会治理体系的同时，也要贴合粤港澳大湾区发展需求，在市域社会治理现代化与粤港澳大湾区建设发展中寻求双赢。

一要跟紧粤港澳大湾区的发展步伐，发挥产业优势。在佛山市推进市域社会治理现代化的过程中，佛山市对经济产业结构进行了优化改革，在推进传统制造产业转型升级的同时，引进高新技术和专业人才，打造智能科技产业园区，积极链接粤港澳大湾区产业生产现代化，为未来佛山市市域社会治理提供了技术基础与实践平台。在未来市域社会治理的体系发展中，要继续发挥产业技术优势，对接粤港澳大湾区建设需求，以市域社会治理现代化为基础，推进粤港澳大湾区的区域建设。

二要积极链接湾区各城市地区，相互学习，寻求合作。粤港澳大湾区将佛山市纳入共同建设的体系，为佛山市寻求市域社会治理体系创新提供了契机。佛山市在参与粤港澳大湾区建设的同时，也是在与其他湾区城市地区协同合作，相互学习。佛山市在未来的市域治理发展中，要抓住湾区合作的机会，积极与其他湾区城市地区合作构建学习交流平台，主动学习先进经验，保持社会治理的创新能力。

（二）多元共治，人人共享

代表人民、为了人民、解放人民是中国共产党的本质要求。同样，坚持党的领导，以人民为中心，维护广大人民的基本利益，也是推进市域社会治理现代化工作的基本原则。在社会治理建设当中，共建共治共享是现代社会治理格局的根本方向，是建设和谐健康社会的基本理念。在近年来佛山市市域社会治理工作的推行中，涌现了大量多元主体参与治理的优秀案例，但全市域内的多元主体治理体系还有待完善。未来继续推进、做实做好多元化的社会治理工作，是佛山市域社会治理现代化的重要工作方向之一。

首先，要继续加强社会治理环节联系群众、依靠群众的工作方针，做好群众参与社会治理的动员工作，让群众切身体会到参与社会治理的好处，享受到社会治理的成果。在近年来市域社会治理的工作中，佛山市引入了网格化治理、群防群治等治理机制，达到了精准对接群众困难，高效解决群众问题的工作效果。在未来的基层群众治理体系中，还有待发展群众参与社会治理的工作机制，加强群众对基层社会治理工作内容的理解，更好地服务群众需求。

其次，要继续积极完善多元主体共治合作体系。在佛山市构建的市域社会治理体系中，许多群团组织、社会组织作为治理主体参与其中。在近年来的多元主体治理实践中，各主体依靠各自的能力优势，创造了很多优秀的治理案例。在未来的多元主体治理发展趋势中，跨领域组织间的合作也许是可以尝试的实践方向。比如，在维护妇女劳动保障领域，可以结合群团组织妇联和社会组织商会的力量，寻求问题的共性，共同解决群众问题。

最后，要聚焦共同富裕，创造公正平等和谐的社会氛围。积极鼓励公益慈善组织参与社会治理，提供社会救助通道是佛山市近年来推进市域社会治理体系构建的重要工作之一。如今，共同富裕政策的推行为佛山市社会治理提出了新的要求。在未来的市域社会治理中，佛山市还需要着眼于建设公益慈善事业与倡导企业积极承担社会责任，让公益慈善之力也加入社会治理的体系，配合好共同富裕、完善第三次分配的政策指引。

（三）做好实践，讲好故事

市域社会治理现代化是中国特色社会主义发展道路上的重要实践，展现了中国共产党卓越的领导能力与中国特色社会主义的制度优势，是中国精神、中国价值、中国力量的集中体现。如今，我国国际地位日渐提升，逐渐走向世界舞台中央，这也是向世界介绍中国主张、中国智慧、中国方案的绝佳机会。佛山市作为推进市域社会治理现代化队伍中的一员，在做好市域社会治理现代化实践工作的同时，也要积极承担传播国家社会治理优秀方案精神的责任与担当。

首先，要讲好佛山故事，总结好佛山经验。如今，市域社会治理现代化模式在全国推行，佛山市作为率先加入市域社会治理行列的试点城市，在近年来收获了许多优秀的工作成果，积累了不少先进的实践经验。这些成果和经验不仅是展现佛山市市域社会治理成效的材料，也是与其他试点城市合作交流的学习桥梁。在未来佛山市市域社会治理的工作中，要继续秉承开放包容的合作精神和谦虚共勉的学习态度，打造好、传播好“佛山样本”，发挥好示范作用，为全国推行市域社会治理现代化贡献一份力量。

其次，讲好佛山故事也是讲好湾区故事、讲好中国故事。佛山市在市域社会治理工作中的经验成绩，体现了粤港澳大湾区现代化的发展魅力，更是展现了中国特色社会主义的体制优势与道路自信。在未来的市域社会治理工作中，“佛山样本”的传播也需要和粤港澳大湾区以及国际接轨，积极构建湾区交流平台与国际传播渠道，主动发声，将市域社会治理现代化的治理方案和机制优势传播出去。